专科层次小学教师培养规划教材　总主

教育部卓越教师培养计划改革项目"基于实践取向的卓越小学教

小学英语课程与教学

（第2版）

主　编　姚小淑　王修文

副主编　王雅梦　张　臻　龙　程

刘梅香

参　编　（排名不分先后）

刘娟丽　唐飞云　李泽民

黄明香　杨桂琴　杨　婕

黄明洁　刘晓霞　边　俊

王芳幼　何怡度　刘孟云

李　敏

主　审　李文岩

湖南大学出版社 · 长沙

内容简介

本书共九章，在概述小学英语课程的性质、基本理论与总体目标及外语教育的基本理论与方法的基础上，较为全面地论述了小学英语教材分析、小学英语教学技能、小学英语语言知识教学、小学英语语言技能教学、小学英语课堂教学技巧、小学英语教学课件设计与板书设计，最后对小学英语教师应该具备的教育教学理论知识与语言素养进行了简要介绍。适合专科层次小学教育专业和小学英语专业学生使用，小学教师和小学教育工作者也可以作为参考。

图书在版编目（CIP）数据

小学英语课程与教学/姚小淑，王修文主编．—长沙：湖南大学出版社，2020.9（2025.8重印）
专科层次小学教师培养规划教材/蒋蓉总主编
ISBN 978-7-5667-2032-0

Ⅰ.①小…　Ⅱ.①姚…　②王…　Ⅲ.①英文课—小学教师—师资培养—教材　Ⅳ.①G623.312

中国版本图书馆 CIP 数据核字（2020）第172164号

小学英语课程与教学
XIAOXUE YINGYU KECHENG YU JIAOXUE

主　　编：姚小淑　王修文
丛书策划：刘　锋　罗红红
责任编辑：刘　锋　龚　仪
特约编辑：周小喜
印　　装：湖南省众鑫印务有限公司
开　　本：787 mm×1092 mm　1/16　　**印　张：**15.25　**字　数：**340千字
版　　次：2024年1月第2版　　**印　次：**2025年8月第2次印刷
书　　号：ISBN 978-7-5667-2032-0
定　　价：48.00元

出 版 人：李文邦
出版发行：湖南大学出版社
社　　址：湖南·长沙·岳麓山　　**邮　　编：**410082
电　　话：0731-88822559（营销部），88821173（编辑室），88821006（出版部）
传　　真：0731-88822264（总编室）
网　　址：http://press.hnu.edu.cn
电子邮箱：553501186@qq.com

专科层次小学教师培养规划教材
编　委　会

序

2018年1月，中共中央、国务院印发了《关于全面深化新时代教师队伍建设改革的意见》（以下简称《意见》）。这是新中国成立以来党中央出台的第一个专门面向教师队伍建设的文件，具有重要的战略意义。这是在习近平新时代中国特色社会主义思想指导下，贯彻落实党的十九大精神，深化教育改革的重大战略决策。

当前，中国特色社会主义进入了新时代，开启了全面建设社会主义现代化新征程。面对新方位新征程新使命，教师的思想政治素质和师德水平需要提升，专业化水平需要提高。为此，《意见》中提出要培养造就"高素质专业化创新型"教师。所谓"高素质"，就如习近平总书记所讲的，教师要"有理想信念""有道德情操""有扎实学识""有仁爱之心"；所谓"专业化"，就是要求教师掌握教育规律和儿童青少年成长发展规律，因材施教，为学生提供适合的教育；所谓"创新型"，就是要求教师有创新精神，勇于改革，在教育教学改革中积累新的经验，培养创新人才。

培养"高素质专业化创新型"教师，无疑是师范院校的任务。改革开放四十多年来，我国师范教育的规模由小到大，为我国基础教育培养了大批合格教师，现在在岗的1400万名左右的中小学教师基本上是改革开放以来培养起来的。但是，随着时代的发展，教师教育也需要改革创新。但不得不说，有一段时间，师范院校在改革大潮中迷失了方向，师范教育走过一段弯路。1999年6月，中共中央、国务院发布的《关于深化教育改革全面推进素质教育的决定》提出："鼓励综合性高等学校和非师范类高等学校参与培养、培训中小学教师的工作，探索在有条件的综合性高等学校中试办师范学院。"目的是通过高水平综合性大学和非师范类高等学校的参与来提高教师队伍的建设水平。但是，这次尝试并没有让师范教育加强，反而削弱了，因为非师范类高等学校除了培养少量教育专业硕士外，几乎没有参与其他层次的教师培养。失误在于：一是1000多所中师被撤销，小学教师的学历提高了，但适合小学教育的能力却降低了；二是许多师专纷纷扩展为综合性高校，热衷于升格，不关心教师的培养，极大地削弱了师范教育；三是许多师范院校为了挤入名牌高校行列而发展为综合大学，热衷于扩充非师范专业，甚至抽调师范专业的教师去充实其他新建立的学科，这必然削弱了师范专业的实力。这些做法与改革的宗旨背道而驰。

《意见》中提出，要大力振兴教师教育，要加强师范院校建设，并对各级各类教师提出了高标准新要求。我国的国情是人口多，学生多，区域间教育发展不均衡，师范院校在一个较长的历史时期还是教师教育的主体。师范院校要认真学习习近平总书记教育思想，认真贯彻《意见》提出的改革要求，加强教师教育专业训练，夯实教育实践环节，把学校真正办成培养“高素质专业化创新型”教师的基地。

当前教师队伍建设，短板在农村。长期以来，贫困乡村，特别是边远山区，由于地理条件的制约，教育很不发达。为了改变农村教育的落后面貌，党的十八大以来，党和政府采取了多种措施来提升农村的教育水平。比如，实施了“公费师范生”“特岗教师计划”“乡村教师支持计划”等政策，大幅扩大了中西部地区乡村教师的规模，提高了教师队伍的素质。但是由于东中西部经济发展差距大、城乡发展差距大的问题尚未得到根本解决，农村基础教育，尤其是中西部贫困地区的农村基础教育，仍然面临着许多困难，最主要的困难是师资匮乏、教育观念落后、人才培养模式错位等。近几年来，国家教育咨询委员会“推进素质教育改革”工作组走访了一些省份的农村，发现那里学校的办学条件逐年改善，孩子也十分活泼可爱，但课堂教学却不尽如人意。如有些地方课程还开不齐全，有些教师的教学水平不高，照本宣科，甚至连概念都讲不清楚。因此，如何进一步加强乡村教师队伍建设是当前实现教育现代化必须解决的问题。

加强乡村教师队伍建设，我们要改变一些思路。高质量并非高学历。过去为片面追求高学历，将小学教师学历一下子提高到本科水平，许多学校办起了本科层次的小学教育专业。这确实对提高小学教师队伍整体质量起了一定的作用，特别是对城市小学而言。但从现实情况来看，这些本科师范毕业生不愿去农村，所以农村小学教师还是以专科师范毕业生为主。目前进行专科层次小学教师培养的学校有 300 多所，年培养毕业生近 10 万人。由于大部分学生生在乡村、长在乡村，更熟悉和热爱乡村，对乡村有天然的情感，他们扎根乡村的意志更坚定，专业情意更浓，可以“下得去、留得住”。因此，加强高等师范专科学校的建设，应该成为当前小学教师培养工作的重点。

培养专科层次的师范生，需要有一套适合他们的教材。但是，目前还没有一套专门针对农村小学教师培养的专科层次的教材。湖南大学出版社秉承岳麓书院传统，重视农村文化教育建设，以教育部卓越教师培养计划改革项目“基于实践取向的卓越小学教师培养”为依托，组织全国 20 多所多年从事小学教师培养的专科学校，共同编写了本套教材，填补了当前专科层次小学教师培养教材的空白。这套教材具有以下特点：

一是针对性。针对学生的文化基础、地区差异和培养目标的需要，教材力求符合学生的认知规律和能力培养规律，注重与学生已有的知识、经验与环境的联系。在注重知识传授的同时，强调对学生教学能力特别是学习能力的培养，为学生毕业后从事教学和专业发展做好充分的准备。

二是科学性。这套教材是在精心研究大纲的基础上编写的，力求培养基础知识深厚、专业知识扎实、综合素养高、具有推进基础教育新课程改革能力的小学教师队伍。在教材内容的选择上，不仅考虑学科的系统性和完整性，更注重学生必需的知识。

三是时代性。教材重视“课程思政”，着重强调社会主义核心价值观与师德教育，引入课程改革和教育研究最新成果以及优秀小学乡土教育教学案例。与教材配套的音频、视频、课件、阅读资料等教学资源都将以二维码方式呈现，做到纸质文本与数字资源相结合、线下面授与线上学习相结合。

四是实践性。这套教材注重学生实践能力的培养，增加了小学教师职业道德与法律法规、小学教育实践、小学班级管理、小学教育科学研究方法等课程相关教材，加强了见习和实习环节。

这套教材立意高远、特色鲜明，既有传承性，又有开拓性，对于快速提高农村小学教师培养质量、全面提升农村小学教育水平以及有序推进新课程改革，都有重大的意义。

2020 年 8 月 15 日

序

科技的进步、社会的发展以及基础教育新课程改革的不断推进，对教师的知识、能力和素质提出了新的要求，而当前的小学教师队伍，尤其是广大乡村地区的小学教师队伍建设，不同程度存在师德弱化、年龄老化、结构失衡、素质不高、流失严重、补充不畅等一系列问题。

党中央和国务院高度重视乡村教师队伍建设，出台了一系列政策和措施。中共中央、国务院印发的《关于全面深化新时代教师队伍建设改革的意见》要求“采取到岗退费或公费培养、定向培养等方式，吸引优秀青年踊跃报考师范院校和师范专业”。《教师教育振兴行动计划（2018—2022 年）》提出：“推进本土化培养，面向师资补充困难地区逐步扩大乡村教师公费定向培养规模，为乡村学校培养‘下得去、留得住、教得好、有发展’的合格教师。”

为增加乡村教师培养数量，提高培养质量，促进城乡义务教育均衡发展，湖南省从 2006 年开始在全国率先启动实施了乡村教师公费定向培养计划。在培养五年制公费定向乡村小学教师方面，制定了《湖南省五年制专科层次小学教师培养课程方案（试行）》，并组织省内师范院校编写了五年制专科层次小学教师培养教材。“公费定向培养计划”实施十多年来，吸引了一大批优秀初中毕业生报考师范院校并顺利完成五年学业，走向小学教师岗位。其中，很多毕业生迅速成为学校的教学骨干或者管理骨干，在很大程度上缓解了湖南乡村小学教师队伍人才短缺的现象。同时，该培养计划也得到了教育部的高度肯定，很多兄弟省份纷纷来湘考察学习。

“五年制大专层次小学教师培养教材”自 2006 年出版以来，在学校教育教学、小学教师培养等方面发挥了积极作用，但由于课程体系、教材内容、呈现方式久未更新，已经不符合当下小学教育教学的实际。鉴于此，在湖南省教育厅的规划和指导下，湖南大学出版社组织省内所有承担五年制专科层次小学教师培养的学校及省外的部分师范学校，以教育部卓越教师培养计划改革项目“基于实践取向的卓越小学教师培养”为依托，在教育部高等学校小学教师培养教学指导委员会的指导下，编写了这套“专科层次小学教师培养规划教材”。从总体上来看，这套教材有如下鲜明特点：

一是倡导以学生为中心，创新教材体系。严格按照小学教师专业标准、小学教师教育课程标准、师范专业认证标准的要求构建教材体系和内容，给学生提供未来进行小学教育教学所需要的基本理论、方法、规律，使学生能运用理论知识和科学方法探寻和剖析小学教学中诸多问题，并能举一反三。

二是凸显产出导向，注重能力培养。教材品种、内容选择完全覆盖毕业生核心能力素质要求的各项指标。每种课程教材都与小学教师培养目标及毕业生要求相对应，从而实现学习效果良好、切实提高人才培养质量的目的。根据小学教育专业认证的新要求，除了开发传统文化课、教育理论课和实践课教材，还增加了四门课程的教材，分别是践行师德的教材——《小学教师职业道德与法律法规》、学会教学的教材——《小学教育实践》、学会育人的教材——《小学班级管理》、学会发展的教材——《小学教育科学研究方法》。

三是强化知行合一，坚持实践育人。这套教材由全国各地多年从事小学教师培养的一线教师编写，充分考虑了当地学生的文化基础水平与接受水平，注重学生实践能力的培养，体现小学教育的科学性、时代性、针对性、实用性，强化课程思政，强化社会主义核心价值观与师德教育；充分吸收学科前沿知识，引入课程改革和教育研究最新成果以及优秀小学乡土教育教学案例，并根据教学要求及时更新，以满足专业教学不断改进的需要。

四是顺应数字时代需求，推进教材融媒体化。这套教材除了纸质教材采用双色印刷、体例上大胆创新采用章节体与模块化结合外，还将与纸质教材配套的音频、视频、课件、阅读资料等教学资源以二维码方式呈现，做到纸质文本与数字资源相结合、线下面授与线上学习相结合，能够极大地方便教师教学，提高学生的学习兴趣和主动性。

这套教材的编写坚持立德树人的指导思想，以学生的需要为出发点，以学生的专业发展为目的，注重学生教学能力、育人能力和研究能力的培养，必然能够充分调动学生学习的积极性、主动性、创造性，对顺利达成专科层次小学教师培养的预期目标、有效促进基础教育教学改革，将发挥重要作用。

王玉清
2020 年 8 月

目次

CONTENTS

第一章 小学英语课程概述

学习目标

- 了解小学英语课程的性质。
- 了解小学英语课程的总目标和学段目标。
- 了解小学英语课程的理念。
- 了解小学英语课程的内容。

案例导入

姚老师多年来多次负责某市义务教育阶段英语教师的培训工作，且多次深入各学校进行英语教育专业学生的实习和见习指导工作，她发现在过去的小学英语课堂上，英语教师普遍具有较好的专业知识，但是在专业技能方面却参差不齐，特别是对小学英语课程的性质和目标认识非常模糊，认为小学英语课堂就是教学生认识几个单词、背会几个句子、考试取得好成绩，因此，在教学方法上也是以“认读”“背诵”“抄写”为主。随着课程改革的逐步深入，小学英语教师普遍有了较大的变化，主要表现在教学方法多样化，“情境教学法”“全身反应法”“任务型教学”等各种教学方法及模式出现在小学英语课堂，“说唱”“玩演”“简笔画”“游戏”等各种教学技巧被教师熟练运用，教学目标也由过去单纯的学习语言知识转变为培养学生的综合语言运用能力。近年来，随着课程改革的进一步深入，小学英语教师又逐渐以“核心素养”培养为目标而设计课堂。如此大的变化，究竟来源于什么呢？

案例分析：多年来，小学英语教学普遍存在的现象是教师不清楚小学英语课程的性质和总体目标，完全不了解《义务教育英语课程标准》中的内容，教学缺少纲领性文件的指引，随意性和盲目性比较严重。近年来，随着全国性英语课程改革的实施，各种国培、省培、市培项目的开展以及师范院校对学生教学能力的重视和强化，尤其是加强了对《义务教育英语课程标准》的探究学习，英语教师对小学英语课程有了较清晰的认识，教学理念有了很大改变，教学目标更趋向于培养学生的核心素养，教学方法也更灵活。

第一节 小学英语课程的性质、课程内容和总目标

一 小学英语课程的性质

在小学开设英语课程是21世纪初我国进行基础教育课程改革的重要内容之一，随着课程改革的发展，到2005年，全国大多数的城镇小学及部分乡村小学都开设了英语课程。为了规范小学英语教学，教育部2001年颁布了《全日制义务教育英语课程标准（实验稿）》，通过试行和修改，2011年颁发了《义务教育英语课程标准（2011年版）》。为了全面贯彻落实党的教育方针，遵循教育教学规律，落实立德树人根本任务，发展素质教育，2022年颁发了《义务教育英语课程标准（2022年版）》（以下简称《标准》），对小学英语课程的性质和总体目标、课程体系、小学英语课程的基本理念、教学建议等内容做了规定和介绍。

《标准》指出："义务教育英语课程体现工具性和人文性的统一，具有基础性、实践性和综合性特征。学习和运用英语有助于学生了解不同文化，比较文化异同，汲取文化精华，逐步形成跨文化沟通与交流的意识和能力，学会客观、理性看待世界，树立国际视野，涵养家国情怀，坚定文化自信，形成正确的世界观、人生观和价值观，为学生终身学习、适应未来社会发展奠定基础。"

小学英语课程具有工具性和人文性相结合的双重性质，表明了在该课程中，既要重视学生的语言知识、语言能力的发展，又要培养学生的创新能力和思维能力，更要培养学生的家国情怀和文化自信，关注学生的正确的人生观与价值观的形成与发展。

案例1-1

Unit 3 What would you like? 第一课时教学设计

一、教材内容

小学英语人教版PEP五年级上册Unit 3 What would you like? 的Part A Let's learn&Role-

play。

二、教学目标

1. 知识目标

能够听、说、读、写词汇 sandwich、salad、hamburger、ice-cream、tea，能用“What would you like to eat/drink? I'd like...”进行食物话题的交流。

2. 技能目标

能够结合本课所学句型“What would you like to eat/drink? I'd like...”表达自己想要的食物并能在实际情境中灵活运用。

3. 情感态度目标

培养学生敢于表达、大胆参与的学习精神，初步了解中国茶文化，引导学生养成健康合理的饮食习惯。

三、教学重难点

1. 教学重点

(1) 单词 sandwich、salad、hamburger、ice-cream、tea。

(2) 句型“What would you like to eat/drink? I'd like...”。

2. 教学难点

能够熟练运用“What would you like to eat/drink?”句型进行交流。

四、教学准备

课件、手工锅和杯子、大胃王教具等。

五、教学过程

1. Warm up and Lead in

向学生问好，say a chant.

设计理念：利用歌谣激发学生学习兴趣，自然引出和本节课相关的食物单词，以便更好地了解和接受新知识，也为下面的学习做铺垫。

2. Presentation

(1) 出示 sandwich 图片，询问学生“What's this?”学生回答，教师画三明治简笔画，领读、拼读 sandwich，教师再次领读并发出“high voice”指令，学生跟读。

(2) 出示 salad 图片，询问学生“What can you see?”学生回答，教师画沙拉简笔画，领读、拼读 salad。教师再次领读并发出“low voice”指令，学生跟读。

(3) “Look! What's this? Do you like it?”学生回答，教师画汉堡简笔画，领读、拼读 hamburger，教师再次领读并发出“read three times”指令，学生跟读。

(4) “Guess what it is? It's sweet, we all like in summer.”学生回答，教师画出冰激凌简笔

画，领读、拼读 ice-cream，教师再次领读并发出“read twice”指令，学生跟读。

（5）Which letter is a drink? 谜语，提问学生“What's this?”学生回答，教师画茶简笔画，领读、拼读 tea，教师再次领读并发出指令“high voice and low voice”，学生跟读。随后向学生展示中国茶文化。

设计理念：通过课件、简笔画、谜语等生动形象的直观事物，为学生提供了形象、直观的语言材料，容易使学生把抽象的英语单词与具体的实物相联系，既激发了学生的学习兴趣，也培养了学生用英语思维的能力，同时向学生展示了中国茶文化，让学生初步接触并热爱茶文化。

3. Practice

（1）冰墩墩单词游戏：学生根据冰墩墩所出示的食物图片大声朗读单词。

（2）小厨手变变变：幻灯片中出现小厨师的手，手中放着不同的食物，教师通过切换幻灯片向全班逐个出示单词图片，学生们集体回答和个别学生回答。当小厨手变换手中的食物时，学生大声朗读，出现炸弹时读“bomb”，出现表情时做表情，完成相应指令。

（3）点餐环节：教师展示食物，提问学生，由学生点餐。

（4）Pair-work：practice new pattern in pairs，并让学生展示。

（5）大胃王角色扮演：教师向学生展示大胃王，学生利用本节课所学句型询问大胃王想要什么食物，在大胃王吃饱后引出“Don't eat too much!”教师扮演结束后，请学生扮演大胃王，扮演大胃王的学生将获得礼物。

设计理念：兴趣是学好语言的重点，激发学生学习英语的兴趣是小学阶段授课的一项重要任务，在英语授课中加入适合的游戏有利于培养学生的兴趣，切合乐学原则，化难为易，所以设计了以上游戏。

Summary

New words：sandwich、salad、hamburger、ice-cream、tea。

New pattern：What would you like to eat/drink? I'd like...

六、家庭作业

1. Try to collect more words about food。

2. Play with your friends with today's pattern。

3. Draw the words with stick pen and write down the words.

案例来源：陇南师专 2019 级小学英语教育专业　马甜　指导老师　姚小淑

（2022 年获得甘肃省高校教师教育联盟第三届师范生教学技能大赛文科组一等奖）

案例分析：本案例为小学五年级第一学期的教学实例，选自第三单元的第一个课时，内容为 Part A Let's learn & Role-play。本节课是对四年级上册 what would you like? 内容的拓展与延伸，学生有一定的语言基础，因此，本节课做到以下几点：一、通过多种学习方式，促进学生能力发展。课堂采用个体活动、全班活动等多种活动形式，由易到难，循序渐进地发展学生的语言运用能力。二、创设真实语境、关注学生学习过程。首先利用 chant 进行导入，通过直观形象的教学方法教授单词，用生动有趣的冰墩墩单词游戏和小厨手变变变游戏进行操练，激发学生的学习兴趣和动力。同时通过点餐环节、大胃王角色扮演为学生创设真实的情境，让学生在真实语境中体验和学习英语。三、在教学中有效融入课程思政元素，通过本课新授单词"tea"的教学，让学生初步认识中国茶文化，培养民族自豪感；同时，通过大胃王角色扮演活动，反复提醒学生，不要暴饮暴食。

本环节的教学，教师需要具备较高的课堂组织能力和应变能力，对于学生的语言运用能力有较高的要求。本节课在教学中以学生发展为本，为学生构建快乐的学习课堂，通过各种活动创设情境，使语言教学变得生动有趣。通过各种有趣的活动，让学生学习语言、运用语言，在活动情境中突破难点，秉持在体验中学习，在实践中应用的理念，坚持学思结合，在实践活动中内化所学的语言和文化知识，并用所学的词汇和句型解决生活中的实际问题达到学以致用的目的。

人教版英语（三年级起点）五年级下册

Unit 2 My favourite season

Step 1 Free talk（自由交谈）

T：What day is it today? What's the weather like today?

Ss：It's warm/cool/hot...

T：What's your favourite fruit/food...

Ss：My favourite fruit/food...

出示课题，T：What's your favourite season? 引出课题：My favourite season is...（注意强调 favourite 的发音）

Step 2 Presentation（新课呈现）

（1）教师出示四季图，对学生说："There are four seasons in a year." 出示单词 season，让学生明白其意思，并尝试发音［si:］，［zn］→［ˈsi: zn］，学生跟读。

（2）教师播放出清明节的图片，说："Look at this picture! Which season is it?" 引导学生回答"It's spring"并在四线三格内呈现单词 spring，字母 p 在这里发生爆破读［b］，学生拼读。教师问学生："What's the weather like in spring?" 引导学生用已学过的表示天气的词来回答：

"It's warm and windy."

（3）教师播放池塘里荷花的图片问："Which season is it?"引导学生回答"summer"，并拼读单词 summer，告诉学生："It's very hot in summer."问学生："What can you do in summer?"让学生回答："I can go swimming and eat ice-cream."

（4）"Look! Now it's cool. The leaves fall down. Which season is it now? Oh, it's fall now."引出 fall/autumn。教师在 PPT 上展示秋天的单词，fall 以及 autumn，鼓励学生自己读出来，并且让学生仿写出曾经学过的与 fall 相似的单词，如 wall，ball，tall。

（5）教师出示有雪的图片，提到"The weather is very cold"，接着询问学生："Which season is it?"引出 winter。接着问学生，说："What can you see/do in winter?"引导学生回答："I can see snow. I can make a snowman."

（6）教师先提问：在春、夏、秋、冬四个季节都有哪些相应的活动？学生用汉语回答。然后教师利用 PPT 展示一些活动的图片。每展示一幅图片，选一名学生首先说出这项活动的汉语意思以及这项活动属于哪个季节，然后根据以前所学过的知识，说出这项活动的英文表述，最后进行对号入座。学生回答正确，给相应的组加 1 分。

（7）教师提问：除了老师展示出来的这些活动以外，还有哪些活动？它们属于什么季节？小组进行合作学习，每四人一组，两分钟后每组选出一个代表来回答，回答正确的一组加 2 分。

（8）教师向学生展示自己喜欢的季节，说："I like spring，summer，autumn/fall and winter. But I like winter best. Because I like to make a snowman and have a snowball fight with my friends."然后提问学生："What's your favourite season? My favourite season is... Why do you like...? Because I..."了解学生最喜爱的季节以及喜欢这个季节的原因。然后分小组编对话，两分钟结束之后叫学生在讲台上表演。

案例分析：本课内容选自五年级下册第二单元，教师确定本课的教学目标为：①能听、说、读、写本课时的"四会"单词：season、spring、fall、summer、winter。②能认读句子"What's your favourite season?""My favourite season is... ""Why do you like...""Because I..."并能在情景中正确运用。③让学生有兴趣用英语表达，能够积极参与课堂活动。在这节课上，教师设计了很多活动，关注了学生语言知识的学习，但是在语言技能方面，存在以下几个问题：①大多数的语言交流都是以老师问、学生答的方式进行，不符合语言交流的真实情境，也不利于培养学生真正的交际能力。②学生在小组中讨论自己最喜欢的季节及原因之前，教师并未对该语言的运用进行有效的引导和练习，学生的自由运用达成的可能性不大。③教学活动中对学生的学习主动性激发不够，学生被动参与课堂。④没有体现对学生学习策略的培养，学生的学习能力未在语言实践中得到提升。⑤没有结合本课教学内容对学生进行文化意识和思维品质的培养。在此案例中，根据教师的设计，语言工具性和人文性都没有得到很好的落实。

二　小学英语课程的内容和总目标

构成英语课程内容的六要素包括主题、语篇、语言知识、文化知识、语言技能和学习策略，它们相互关联，共同构成促进核心素养发展的基本内容。语言活动都是围绕着主题展开，而语言又是以语篇的形式存在。学习语篇的过程中，需要学习语言知识，了解文化意识，以加强对语篇的理解。语言学习是通过一系列的听、说、读、写、看等活动展开的，即需要一定的语言技能才能达到学习目标。为了提高学习效率，还要培养和改进学生的学习策略。

图 1-1　义务教育英语课程内容结构示意图（中华人民共和国教育部，2022）

《标准》指出，英语课程应该围绕核心素养，体现课程性质，反映课程理念，确立课程目标。基础教育阶段英语课程的总目标是“发展语言能力、培育文化意识、提升思维品质、提高学习能力”。

语言能力是指学生在语言实践过程中，通过感知、体验、实践等形成的语言理解能力和表达能力；文化意识是指在语言学习的过程中，通过中外文化的比较，形成正确的价值观，增强学生的家国情怀，树立国际视野，坚定文化自信；思维品质是指对学生的观察、辨析、归纳、创新等能力的培养，帮助学生形成发现问题和解决问题的能力；学习能力是指帮助学生养成良好的学习习惯，形成有效的学习策略，发展学生的自主学习能力。

在小学英语教学中，教师应该围绕如何培养学生的核心素养制订教学目标、设计教学过程，让学生通过大量的综合性语言实践活动，在真实的语言交际中表达思想、交流情感，既培养学生的语言能力，又提高学生的学习能力，同时，帮助学生提升思维能力，形成正确的价值观，达到育人目的。

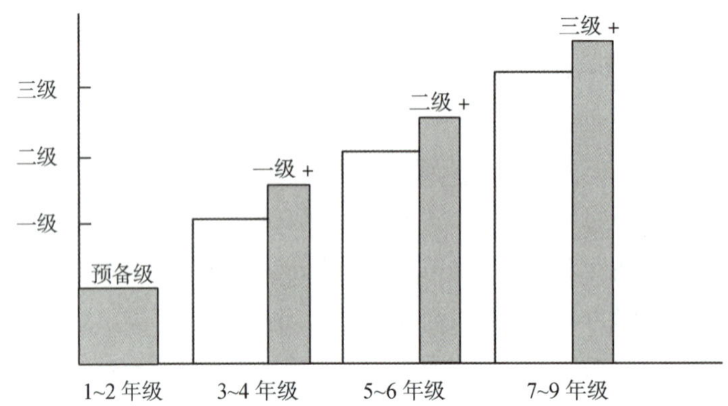

图 1-2　义务教育英语课程内容分级示意图（中华人民共和国教育部，2022）

为了使教师能够更加明确各个教学阶段的目标和任务，《标准》在设定总目标的同时，又设立了学段目标。《标准》建议小学 3~4 年级达到一级目标，5~6 年级达到二级目标，学段目标以学生在哪个学习阶段属于哪个级别，对小学英语课程培养学生的核心素养的四个方面，即语言能力、文化意识、思维品质、学习能力在不同的学段应该达到的目标进行了预设，这不仅有利于教师明确教学目标、安排教学活动，也有利于调动学生的学习积极性，促进学生英语学科核心素养的逐步提升，更加科学、合理地评价学生的学习效果。

以下为分级标准的描述框架（中华人民共和国教育部，2022）。

表 1-1　语言能力学段目标

表现	3~4 年级/一级	5~6 年级/二级
感知与积累	1. 能感知单词、短语及简单句的重音和升降调等； 2. 能有意识地通过模仿学习发音； 3. 能大声跟读音视频材料； 4. 能感知语言信息，积累表达个人喜好和个人基本信息的简单句式； 5. 能理解基本的日常问候、感谢和请求用语，听懂日常指令等； 6. 能借助图片读懂语言简单的小故事，理解基本信息； 7. 能正确书写字母、单词和句子。	1. 能领悟基本语调表达的意义； 2. 能理解常见词语的意思，理解基本句式和常用时态表达的意义； 3. 能通过听，理解询问个人信息的基本表达方式； 4. 能听懂日常学习和生活中简单的指令、对话、独白和小故事等； 5. 能理解日常生活中用所学语言直接传递的交际意图； 6. 能读懂语言简单、主题相关的简短语篇，获取具体信息，理解主要内容。

续表

表现	3~4 年级/一级	5~6 年级/二级
习得与构建	1. 在听或看发音清晰、语速较慢、用词简单的音视频材料时，能识别有关个人、家庭，以及熟悉事物的图片或实物、单词、短语； 2. 能根据简单指令作出反应； 3. 体会英语发音与汉语发音的不同； 4. 能借助语音、语调、手势、表情等判断说话者的情绪和态度； 5. 能在语境中理解简单句的表意功能。	1. 在听或看发音清晰、语速适中、句式简单的音视频材料时，能获取有关人物、时间、地点、事件等基本信息； 2. 能识别常见语篇类型及其结构； 3. 能理解交流个人喜好、情感的表达方式； 4. 能根据图片，口头描述其中的人或事物； 5. 能关注生活中或媒体上的语言使用。
表达与交流	1. 能围绕相关主题，运用所学语言，进行简单的交流，介绍自己和身边熟悉的人或事物，表达情感和喜好等，语言达意； 2. 在书面表达中，能根据图片或语境，仿写简单的句子。	1. 能围绕相关主题，运用所学语言，与他人进行简单的交流，表演小故事或短剧，语音、语调基本正确； 2. 在书面表达中，能围绕图片内容或模仿范文，写出几句意思连贯的话。

表 1-2　文化意识学段目标

表现	3~4 年级/一级	5~6 年级/二级
比较与判断	1. 有主动了解中外文化的愿望； 2. 能在教师指导下，通过图片、配图故事、歌曲、韵文等获取简单的中外文化信息； 3. 观察、辨识中外典型文化标志物、饮食及重大节日； 4. 能用简单的单词、短语和句子描述与中外文化有关的图片和熟悉的具体事物； 5. 初步具有观察、识别、比较中外文化的意识。	1. 对学习、探索中外文化有兴趣； 2. 能在教师引导下，通过故事、介绍、对话、动画等获取中外文化的简单信息； 3. 感知与体验文化多样性，能在理解的基础上进行初步的比较； 4. 能用简短的句子描述所学的与中外文化有关的具体事物； 5. 初步具有观察、识别、比较中外文化异同的能力。
调适与沟通	1. 有与人交流沟通的愿望； 2. 能大方地与人接触，主动问候； 3. 能在教师指导下，学习和感知人际交往中英语独特的表达方式； 4. 能理解基本的问候、感谢用语，并作出简单回应。	1. 对开展跨文化沟通与交流有兴趣； 2. 能与他人友好相处； 3. 能在教师引导下，了解不同文化背景下人们待人接物的礼仪； 4. 能注意到跨文化沟通与交流中彼此的文化差异； 5. 能在人际交往中，尝试理解对方的感受，知道应当规避的谈话内容，适当调整表达方式，体现出礼貌、得体与友善。

续表

表现	3~4 年级/一级	5~6 年级/二级
感悟与内化	1. 有观察、感知真善美的愿望； 2. 明白自己的身份，热爱自己的国家和文化； 3. 能在教师指导下，感知英语歌曲、韵文的音韵节奏； 4. 能识别图片、短文中体现中外文化和正确价值观的具体现象与事物； 5. 具有国家认同感，对中华优秀传统文化感到骄傲。	1. 对了解中外文化有兴趣； 2. 能在教师引导下，尝试欣赏英语歌曲、韵文的音韵节奏； 3. 能理解与中外优秀文化有关的图片、短文，发现和感悟其中蕴含的人生哲理； 4. 有将语言学习与做人、做事相结合的意识和行动； 5. 体现爱国主义情怀和文化自信。

表 1-3　思维品质学段目标

表现	3~4 年级/一级	5~6 年级/二级
观察与辨析	1. 能通过对图片、具体现象和事物的观察获取信息，了解不同事物的特点，辅助对语篇意义的理解； 2. 能注意到不同的人看待问题是有差异的； 3. 能从不同角度观察周围的人与事。	1. 能对获取的语篇信息进行简单的分类和对比，加深对语篇意义的理解； 2. 能比较语篇中的人物、行为、事物或观点间的相似性和差异性，并作出正确的价值判断； 3. 能从不同角度辩证地看待事物，学会换位思考。
归纳与推断	1. 能根据图片或关键词，归纳语篇的重要信息； 2. 能就语篇信息或观点初步形成自己的想法和意见； 3. 能根据标题、图片、语篇信息或个人经验等进行预测。	1. 能识别、提炼、概括语篇的关键信息、主要内容、主题意义和观点； 2. 能就语篇的主题意义和观点作出正确的理解和判断； 3. 能根据语篇推断作者的态度和观点。
批判与创新	1. 能根据个人经历对语篇内容、人物或事件等表达自己的喜恶； 2. 初步具有问题意识，知晓一问可有多解。	1. 能就作者的观点或意图发表看法，说明理由，交流感受； 2. 能对语篇内容进行简单的续编或改编等； 3. 具有问题意识，能初步进行独立思考。

表 1–4　学习能力学段目标

表现	3~4 年级/一级	5~6 年级/二级
乐学与善学	1. 对英语学习感兴趣、有积极性； 2. 喜欢和别人用英语交流； 3. 乐于学习和模仿； 4. 注意倾听，敢于表达，不怕出错； 5. 乐于参与课堂活动，遇到困难能大胆求助。	1. 对英语学习有较浓厚的兴趣和自信心； 2. 能积极参与课堂活动，注意倾听，大胆尝试用英语进行交流； 3. 乐于参与英语实践活动，遇到问题积极请教，不畏困难。
选择与调整	1. 能在教师帮助和指导下，制订简单的英语学习计划； 2. 能意识到自己英语学习中的进步与不足，并作出适当调整； 3. 能尝试借助多种渠道学习英语。	1. 能在教师指导下，制订并完成简单的英语学习计划，及时预习和复习所学内容； 2. 能了解自己英语学习中的进步与不足； 3. 能在教师指导下，初步找到适合自己的英语学习方法； 4. 尝试根据学习进展调整学习计划和策略； 5. 能借助多种渠道或资源学习英语。
合作与探究	1. 能在学习活动中尝试与他人合作，共同完成学习任务； 2. 能在学习过程中积极思考，发现并尝试解决语言学习中的问题。	1. 能在学习活动中与他人合作，共同完成学习任务； 2. 能在学习过程中认真思考，主动探究，尝试通过多种方式发现并解决语言学习中的问题。

由小学英语课程的学段目标可以发现，各学段目标之间具有连续性、顺序性和进阶性。对于学生核心素养培养中包含的四个方面，学段目标中对于达到其标准的具体表现进行了说明，该要求遵循了由易到难、循序渐进的原则，符合学生的学习规律。

表 1–5　语言知识一级内容要求

语言知识		内容要求
一级	语音知识	1. 识别并读出 26 个大、小写字母； 2. 感知字母在单词中的发音； 3. 感知简单的拼读规则，尝试借助拼读规则拼读单词； 4. 感知并模仿说英语，体会单词的重音和句子的升调与降调。
	词汇知识	1. 知道单词由字母构成； 2. 借助图片、实物理解词汇的意思； 3. 根据视觉或听觉提示，如图片、动作、动画、声音等，说出单词和短语； 4. 根据单词的音、形、义学习词汇，体会词汇在语境中表达的意思。

续表

语言知识		内容要求
一级	语法知识	1. 在语境中感知、体会常用简单句的表意功能； 2. 在语境中理解一般现在时和现在进行时的形式、意义、用法； 3. 围绕相关主题，在语境中运用所学语法知识描述人和物，进行简单交流。
	语篇知识	1. 识别对话中的话轮转换； 2. 知道语篇有不同类型，如对话、配图故事； 3. 体会语篇中图片与文字之间的关系。
	语用知识	1. 使用简单的称谓语、问候语和告别语与他人进行得体的交流； 2. 在语境中使用基本的礼貌用语与他人交流； 3. 对他人的赞扬、道歉、致谢等作出恰当的回应。

表 1-6 语言知识二级内容要求

语言知识		内容要求
二级	语音知识	1. 借助拼读规则拼读单词； 2. 使用正确的语音、语调朗读学过的对话和短文； 3. 借助句子中单词的重读表达自己的态度与情感； 4. 感知并模仿说英语，体会意群、语调与节奏； 5. 在口头表达中做到语音基本正确，语调自然、流畅。
	词汇知识	1. 在语境中理解词汇的含义，在运用中逐步积累词汇； 2. 在特定语境中，运用词汇描述事物、行为、过程和特征，表达与主题相关的主要信息和观点； 3. 能初步运用 500 个左右单词（见《标准》附录 3），就规定的主题进行交流与表达，另外可以根据实际情况接触并学习三级词汇和相关主题范围内 100~300 个单词，以及一定数量的习惯用语或固定搭配。
	语法知识	1. 在语篇中理解常用简单句的基本结构和表意功能； 2. 在语境中理解一般过去时和一般将来时的形式、意义、用法； 3. 在语境中运用所学语法知识描述、比较人和物，描述具体事件的发生、发展和结局，描述时间、地点和方位等。
	语篇知识	1. 判断故事类语篇的开头、中间和结尾，辨识时间、地点、人物，以及事件的发生、发展和结局等； 2. 发现语篇中段落主题句与段落内容之间的关系； 3. 利用语篇的标题、图片等信息辅助语篇理解。
	语用知识	1. 根据具体语境的需求，初步运用所学语言，得体表达自己的情感、态度和观点； 2. 在具体语境中，如购物、就医、打电话、问路等，与他人进行得体的交流； 3. 对他人的邀请、祝愿、请求与帮助等作出恰当的回应。

《标准》中对语言知识的内容要求从语音知识、词汇知识、语法知识、语篇知识和语用知识五个方面对一级和二级内容要求做了具体说明。对每个级别的“主题”“语篇”“语言知识”“文化知识”“语言技能”“学习策略”等主要内容作出了详细的说明和要求，表1-5和表1-6中语言知识一级和二级内容要求描述显示，小学阶段英语学习中语音和词汇学习不是简单的学习音标和背诵语音规则及单词，而是要通过实践应用培养语音意识以及对所学词汇在实际环境中的应用能力，语法方面强调在交流中的运用，形成“形式—意义—使用”的统一体，而不是对于语法规则的掌握；语篇知识和语用知识方面都强调了对于小学阶段所涉及的相关内容的运用和表达，以及对于学生的思维品质，即观察与判断能力、归纳与推断能力的培养。语言知识的教学通过在具体语境下各种听、说、读、写等教学活动的开展进行，不再是简单的知识传授，而是语言知识包含的各要素的相互协调统一发展。

表1-7　语言技能一级内容要求（一级、一级+）

语言技能	内容要求
理解性技能	1. 理解课堂中的简单指令并作出反应； 2. 根据图片和标题，推测语篇的主题、语境及主要信息； 3. 在听、读、看的过程中有目的地提取、梳理所需信息； 4. 推断多模态语篇（如动画、图书及其他印刷品的封面和封底、邀请卡及预卡）中的画面、图像、声音、色彩等传达的意义； 5. 借助语气、语调、手势和表情等推断说话者的情绪、情感、态度和意图； 6. 课外视听活动每周不少于30分钟； 7. 课外阅读量累计达到1500~2000词。
表达性技能	1. 在语境中与他人互致简单的问候或道别； 2. 演唱所学的简单英语歌曲； 3. 大声跟读音视频材料，正确朗读学过的对话、故事和文段； 4. 交流简单的个人和家庭信息，如姓名、家庭情况等； 5. 表达简单的情感和喜好，如喜欢或不喜欢、想要或不想要； 6. 简单介绍自己的日常起居和生活，如作息时间、一日三餐、体育活动、兴趣爱好等； 7. 简单介绍自己的学校和学校生活，如学校设施、课程、活动，以及同学、老师等； 8. 简单介绍自己喜欢的动物，如外形特征和生活环境等； 9. 用简单的语句描述图片或事物； 10. 在教师指导下进行简单的角色扮演； 11. 正确书写字母、单词和句子； 12. 根据图片或语境，仿写简单的句子； 13. 在画面的提示下，为所学对话、故事或动画片段配音； 14. 口头描述事件或讲述小故事。

表 1-8 语言技能二级内容要求（二级、二级+）

语言技能	内容要求
理解性技能	1. 理解日常学习和生活中的简单指令，完成任务； 2. 借助图片、图像等，理解常见主题的语篇，提取、梳理、归纳主要信息； 3. 在听和读的过程中，根据上下文线索和非文字信息猜测语篇中词汇的意思，推测未知信息； 4. 归纳故事类语篇中主要情节的发生、发展与结局； 5. 对语篇中的信息进行分类； 6. 比较语篇中人物、事物或观点间的相似性和差异性，尝试从不同视角观察、认识世界； 7. 概括语篇的主要内容，体会主要信息之间的关联； 8. 理解多模态语篇（如动画、海报、图书及其他印刷品的封面和封底等）传达的意义，提取关键信息； 9. 课外视听活动每周不少于 30 分钟； 10. 课外阅读量累计达到 4000~5000 词。 11. 阅读有配图的简单章节书，理解大意，对所读内容进行简单的口头概括与描述。
表达性技能	1. 运用所学的日常用语与他人进行简单的交流，如询问个人基本信息； 2. 完整、连贯地朗读所学语篇，在教师指导下或借助语言支架，简单复述语篇大意； 3. 围绕相关主题和所读内容进行简短叙述或简单交流，表达个人的情感、态度和观点； 4. 在教师帮助下表演小故事或短剧； 5. 简单描述事件或讲述简单的小故事； 6. 围绕图片内容，写出几句意思连贯的描述； 7. 模仿范文的结构和内容写几句意思连贯的话，并尝试使用描述性词语添加细节，使内容丰富、生动； 8. 正确使用大小写字母和常见标点符号，单词拼写基本正确； 9. 根据需要，运用图表、海报、自制绘本等方式创造性地表达意义； 10. 结合相关主题进行简短的主题演讲，做到观点基本明确、逻辑比较清楚、语音正确、语调自然； 11. 结合主题图或连环画，口头创编故事，有一定的情节，语言基本准确。

由表 1-7 和 1-8 可发现，在一级和二级的语言技能内容要求的描述中，把语言技能分为理解性技能和表达性技能。理解性技能包括听、读、看，表达性技能包括说和写。在语言学习过程中，各种技能相互促进，协同提升，使得英语教学过程中学生应用英语语言做事情，通过感知和体验、应用和交流等具体的语言实践活动，把核心素养的培养落到了实处。

《标准》制定了学业质量标准，对于不同级别应该达到的学业质量进行了规定，以核心素养和学段目标为基础，从学习结果的角度描述了不同阶段应该获得的语言能力、文化意识、思维品质和学习能力等方面的要求。学业质量标准是检验学习结果的关键指标，也是考试评价的重要依据，但是，如果脱离了课程目标和课程内容，缺少了丰富多样的学习内容和学习过程，仅仅依靠学业质量标准，就会造成学习和评价的片面性。

表 1-9　一级（3~4 年级）学业质量标准

序号	学业质量描述
1-1	能听懂日常生活中的问候并进行回应，用语基本得体。
1-2	能与他人互动交流，对赞扬、道歉、致谢等作出回应，用语礼貌。
1-3	能借助图片、手势等，听懂简单指令并作出反应。
1-4	能通过简单的动画、配图故事等语篇材料了解世界主要国家的风土人情。
1-5	对英语有好奇心，在阅读配图故事、对话等简单语篇材料时，能积极思考，尝试就不懂之处提出疑问。
1-6	在跟读简短的音视频材料时，能模仿说话者的语音、语调。
1-7	能用简单的语言介绍自己的基本情况和熟悉的事物（如个人喜好、学校生活等）。
1-8	能通过读、看等方式，认读或说出典型的中外文化标志物。
1-9	能正确书写所学的单词和句子。
1-10	能参照范例，仿写简单句。
1-11	乐于观察生活中的语言和文化现象，尝试从不同角度看待事物。
1-12	愿意参与课堂活动，与同伴一起通过模仿、表演等方式学习英语。

表 1-10　二级（5~6 年级）学业质量标准

序号	学业质量描述
2-1	能对他人的邀请、祝愿、请求等作出回应，用语得体。
2-2	能借助关键词语推测说话人的观点和态度。
2-3	在听或看简单的音视频材料时，能获取有关人物、时间、地点、事件等基本信息。
2-4	能通过简短语篇了解世界主要国家的生活习俗、饮食习惯、文化传统等，初步比较文化异同。
2-5	能借助图片、上下文线索尝试推测语篇中生词的含义。
2-6	在阅读相关主题的语篇材料时，能梳理人物、场景、情节等信息，独立思考，提出个人见解。
2-7	能流利地朗读课内所学语篇，发音清晰，语音、语调基本正确。
2-8	能围绕相关主题与他人交流，表达自己的情感、态度和观点，基本达到交际的目的。
2-9	能用简单的句子描述与中外文化有关的具体现象和事物，语句基本通顺。
2-10	能运用所学词句讲述简单的小故事，表意基本清楚。

续表

序号	学业质量描述
2-11	进行书面表达时，能正确使用大小写字母、标点符号，拼写基本正确。
2-12	能参照范例仿写简单的贺卡、邀请卡等，语言基本准确。
2-13	能用简单的语句描述图片内容，意义连贯，句子形式基本正确。
2-14	愿意通过阅读等方式了解不同的语言和文化现象，尝试从不同角度分析问题。
2-15	对英语学习有兴趣，主动参与课堂活动，与同伴一起围绕相关主题进行讨论，合作完成学习任务。

人教版英语（三年级起点）三年级上册

Unit 3 Look at me（Let's learn 和 Let's do 部分）

教学目标：

1. 知识目标

（1）能听、说、认、读单词 ear、eye、mouth、nose、face。

（2）能听懂、会说句型"This is..."

2. 能力目标

（1）能听懂 Let's do 部分中的指令并做出相应动作。

（2）能用句型"This is..."简单介绍自己的五官。

3. 育人目标

培养学生认真观察的良好习惯，激发学生学习英语的兴趣，树立学习英语的自信心。

教学重难点：

1. 重点

掌握 ear、eye、mouth、nose、face 并正确运用句型"This is..."，根据教师发出的指令做出相应的动作。

2. 难点

掌握 mouth 的正确发音，能够用句型"This is..."介绍自己的五官。

教具准备：

PPT 课件、单词卡片、脸谱、玩具熊、奖励贴。

案例分析：本课内容为三年级第一学期第三单元内容，学生刚刚开始学习英语，且学生年龄普遍在9岁左右，认知能力较低，因此从内容要求来说，本阶段对于学生的语言技能学习目标的设定处于一级要求“理解课堂中的简单指令并作出反应”，对于语言知识的目标则按照一级要求中“借助图片、实物理解词汇的意思”的要求设定，对于语法知识则是按照一级要求中“在语境中感知、体会常用简单句的表意功能”的要求设定。从学业质量标准方面，通过本节课的设计，培养学生“能借助图片、手势等，听懂简单指令并作出反应”的能力。同时，结合英语课程的育人功能，促使学生乐学、善学，积极参与课堂活动。本教学设计紧紧围绕本节课的教学内容，结合学生的学习情况和心理、生理特点，确定了本节课的教学目标，再结合学生的学情分析，又确立了教学重难点。

第二节　小学英语课程的基本理念和新课程标准的教学建议

一　小学英语课程的基本理念

（一）发挥核心素养的统领作用

义务教育阶段英语课程具有人文性与工具性并重的特点，围绕核心素养，集中体现课程的育人价值，一方面要强调学生的语言知识和语言技能的发展，另一方面要注重培养学生的文化意识和思维品质，同时，学习能力的培养是学生核心素养发展的关键要素。小学英语课程围绕着核心素养的四个方面确立课程目标，在课程教学实施过程中，这四个方面互相融合、互相促进，最终共同实现发展。英语课程的基本任务就是要推进素质教育，培养学生的必备品格和关键能力，促进学生的全面发展，培养有理想、有本领、有担当的时代新人，达到落实立德树人的根本任务。

（二）构建基于分级体系的课程结构

英语学习具有明显的渐进性和持续性的特点，语言的学习不是一蹴而就的，需要一个长期的积累和学习过程，这个过程应该遵循由易到难、循序渐进的规律。根据此特点，《标准》设定了总目标和学段目标，既对义务教育阶段的英语教学进行了总体规划和要求，又对不同阶段的英语学习应该学什么、怎么学做了规定和指导，保证英语课程的整体性、渐进性和持续性。

（三）以主题为引领选择和组织课程内容

《标准》把英语课程内容分为三大主题范畴，即人与自我、人与社会、人与自然，设置不同的主题群，包括“生活与学习”“做人与做事”“社会服务与人际沟通”“文学、艺术与体育”“历史、社会与文化”“自然生态”“环境保护”“科学与技术”等，紧密联系现实生活，在不同类型的语篇中融入对于语言知识、语言技能、文化意识、学习能力等的内容要求。

（四）践行学思结合、用创为本的英语学习活动观

外语教学不仅要关注语言的学习结果，还要注重语言学习的过程，现代外语教学强调语言学习的实践性，通过感知、体验和理解，在大量实践的基础上习得语言。因此，在教学中要尽可能多地为学生创造在真实语境中运用语言的机会，鼓励学生在教师的指导下，通过体验、实践、参与、探究和合作等方式，坚持学思结合，在理解的基础上逐步掌握语言知识，获得语言技能，形成有效的学习策略。引导学生运用所学知识解决实际问题，在学创结合中形成正确的价值观。

（五）注重“教—学—评”一体化设计

课程评价方式对课堂教学起着至关重要的作用，传统的评价方式注重学习结果，忽略了学生的学习过程，不利于激发学生的学习兴趣，也没有真正关注到语言学习的本质，忽视了对学生在学习过程中的情感态度、学习策略、文化意识等方面的培养。《标准》指出，要坚持以评促学、以评促教，将评价贯穿英语课程教与学的全过程。英语课程评价体系应包括形成性评价和终结性评价，通过采用多元化的评价方式，建立以核心素养为导向的英语课程评价体系。优化评价方式是课程改革的重要因素，要引导教师及时、全面地对学生在学习过程中的表现给出建议和意见，提供有效的帮助；也要引导学生自觉地对评价结果进行反思，及时改进。

（六）推进信息技术与英语教学的深度融合

在教育信息化背景下，英语课程发生了巨大变化，线上线下融合教学为教师教学的多样性和学生学习的实操性和便利性提供了可能。丰富多样的课程资源对提高英语课程教学质量尤其重要，教师应根据教和学的需求，在设计教学、开展教学活动时为学生提供贴近生活、紧密联系学习内容的英语学习资源，以此为学生创设真实的语言学习环境，达到“学以致用、以用促学”的目的。充分利用现代教育技术，如使用音频、视频等，激发学生学习兴趣、提高学习效率。

二 新课程标准的教学建议

要把新课程标准的基本理念落到实处，课堂教学是关键，《标准》对于如何开展教学提出了以下建议：

（一）坚持育人为本

《标准》建构了以核心素养为统领的课程目标，提出了层级化的“树人”目标体系。在英

语学习过程中，既要让学生获得积极的学习体验，又要让学生增强中华文化认同感，树立正确的价值观和人生观，充分体现英语课程的育人价值。教师要依托课程内容，结合学生实际学习水平和学习能力，设定恰当的育人目标。

（二）加强单元教学的整体性

单元整体教学要求教师要围绕单元主题，确立单元目标和教学主线，对单元内各语篇和主题进行探究，完成必要的整合和重组，形成关联性。

（三）深入开展语篇研读

语篇是英语课程内容六要素之一，是英语教学的基础，基于语篇的语言教学理念是指语言教学的各个环节都要以基于语篇的语言观和语言教学观为指导。因此，教师要充分认识到语篇在语言学习中的重要作用，要以语篇研读为起点开展有效的教学设计。在研读语篇时要注意语篇的主题和内容，语篇的意义，语篇的文体特征、内容结构和语言特点。

（四）秉持英语学习活动观组织和实施教学

《标准》提出，要践行学思结合、用创为本的英语学习活动观。英语学习活动观强调让学生参与到语言学习活动中才能学会语言，即语言学习是在语言实践活动中实现的，要在真实的情境中解决实际问题。英语学习活动观把教学活动分为学习理解活动、应用实践活动和迁移创新活动三大类，学生是语言活动的主体，语言学习的过程是基于学生核心素养培养的过程，教师要积极为学生创设情境，引导学生实践、探索、构建，达成课程目标。

（五）引导学生乐学、善学

学习兴趣是最好的老师，教师要根据学生的学习能力和认知特点设计符合学生实际需求的教学活动，让学生在丰富有趣的语言学习活动中，通过参与、感知、体验，达到语言学习和交流的目的。教师还要注意引导学生使用合理有效的学习方法，形成恰当的学习策略，通过不断地反思自己的学习过程和效率，适时地调整自己的方法和策略，以达到更好的学习效果。

（六）推动“教—学—评”一体化设计与实施

《标准》指出，教师要准确把握教、学、评在育人过程中的不同功能，树立“教—学—评”的整体育人观念。教师的教学设计、学生的语言实践活动，以及对教与学活动的效果测评这三者是相互影响、相互促进的，教师要注意三者间的关联，在教学之中体现以学定教、以教促评、以评促学，发挥协同育人功能。

（七）提升信息技术使用效率

随着信息技术的发展，教育理念和教学方法得到了改变和提升，更加优质丰富的教学资源、更加灵活多变的教学方法、线上线下相结合的教学模式，为教学的实施营造了便利的信息化教学环境。教师在关注语言教学方法的同时，要不断提升自己的信息素养，以便合理恰当地使用现代教育信息技术。

教学建议不仅提出要关注学生的发展，实现课程的育人功能，还对如何加强单元教学、深入开展语篇研读，秉持英语学习活动观组织和实施教学提出了建议和要求。教师要不断加深对课程理念和课程目标的理解与认识，充分吸收和继承各种教学方法的可取之处，根据课程理念进一步优化教育教学方式，充分使用教育信息技术，通过创设具体语境并采用循序渐进的语言实践活动，引导学生乐学、善学，通过“教—学—评”一体化设计组织教学过程，达到提升学生核心素养的目的。

案例1–4

人教版英语（三年级起点）四年级上册
Unit 5 Dinner's Ready（Let's learn 和 Let's play 部分）

1. Warming-up

Good afternoon, boys and girls, are you happy today? Okay. I am good at count numbers from one to twenty, can you? Let's together.（为下面食物数字价格做铺垫）

2. Presentation

展示 PPT 餐厅图片引出 restaurant，教师模仿餐厅老板：“Welcome to Zara's restaurant. We have many yummy foods.”（教师呈现菜单 PPT）“Let's have a look.”（让学生很快地复习其中一些三年级学过的单词）教师模仿 Zara 说：“We have many new foods. Do you want to know?”（教学单词过程中用“升降调”）

教学 noodles：First, it's usually long and white, what's this? 板书 noodles，领读（noodles, noodles, long noodles）并强调［uː］的发音。

教学 vegetable：教师呈现蔬菜图片，板书 vegetable，问 What colour is it? 领读并强调［v］的发音。

教学 beef：We have vegetable noodles, beef noodles. What would you like? 引导学生看图说出 beef，板书 beef 并领读（beef, beef, some beef）。

教学 chicken：Beef noodles are yummy! yes? 出示 chicken 图片，Do you like it? What is it? 领读（chicken, chicken, some chicken）。

教学 soup：出示 soup 图片，问 What is it? 引出 soup 并领读。

We have vegetable soup, fish soup, beef soup. What would you like?

3. Practice

“大小声”读单词：Okay. Now, if I read this word loudly, you should read this word lowly. If I read lowly，you should read loudly.

What's missing：There are five pictures. Can you guess what's missing?

4. Production

（1）教学短语：Okay，now I have a question，what would you like? （出现句型）I have a menu.（展示菜单 PPT）单词图片一个一个出现，学生复习刚才所学单词，教师提问个别学生 Do/Would you like...?（两种以上食物，引出 What would you like? 提问个别学生）学生再问教师这个问题，教师回答引出答语“I'd like some...”。

（2）Role-play：教师与学生做示范，再请学生扮演服务员和顾客进行简单情景对话。（奖励学生）

A：（简单的问候）What would you like?

B：I'd like some...

A：Here you are. It's... yuan.

B：Thank you!

（3）情感教学：播放关于不要浪费食物的短视频，告诉学生不能浪费食物的道理。

（4）家庭作业：如果你是餐厅的老板，请设计一份菜单，画出菜品，写上它们的名称并标上价格。

案例分析：本案例为四年级的教学实例。通过本课学习，学生要能够听、说、认、读单词 noodles、vegetable、beef、chicken、soup，并能熟练运用句型“What would you like? I'd like some...”进行简单的餐厅情景交流。在词汇教学环节，通过运用已学语言知识，借助图片，启发和帮助学生进行新知识的输入，且对于新单词进行各个突破，每学习一个单词，都会在下一个单词的学习中有效运用，这样既加深和巩固了所学词汇，又减轻了学生的学习负担；在句型教学环节，通过已学句型“Do/Would you like...?”询问学生喜欢的食物，自然地引出新句型“What would you like? I'd like some...”并以此创设餐厅情景进行师生交流和生生交流；作业布置环节要求设计菜单，画出菜品并标出价格，以生动有趣的方式复习了本课单词，也为下节课的语言训练做好准备。总之，本教学设计符合英语学习的基本规律，由易到难，循序渐进。教学过程中，教师通过大量的图片、PPT、身体语言的应用帮助学生理解；通过设计不同层次的游戏，增强课堂的趣味性，符合四年级学生活泼好动和感性认识的心理特征；通过给学生提供大量的英语听、说情境，引导学生积极思维，教师及时帮助，让语言能力比较弱的学生也敢于开口，获得不同程度的语言体验。

人教版英语（三年级起点）三年级上册
Unit 3 Look at me

Step 1 活动热身，营造氛围，导入新课

（1）教师与学生互问好，复习上节课所学内容。

（2）师生同唱英文歌 ABC Song。

（设计意图：在教授新知识之前，借助英文歌营造一个轻松愉快的英语氛围，让学生以轻松的状态进入课堂，同时师生之间简单的对话不仅复习了旧知也拉近了师生的距离。）

Step 2 呈现新知，教学新词

（1）教师拿出 Teddy bear，指向其中一个部位，逐渐引出新单词 ear、eye、mouth、nose、face，学生有节奏地跟读，同时教师将相应的单词卡片贴于黑板并强调 mouth 的发音。

（2）学生读完单词后，教师拿着 Teddy bear 走到学生中间，亲切地捏捏学生的鼻子、摸摸学生的耳朵，然后问："What's this?" 学生说出相应答案后，教师给予奖励。

（3）教师将一张卡通动物脸谱挂在黑板上，做"What's missing"游戏，依次拿掉眼睛、耳朵等，学生回答所拿掉的五官名字。

设计意图：五个单词的学习是本节课的重点，为了让学生集中注意力，借助粘贴画和玩具熊，让学生直观地感受教学，激发其兴趣。师生互动一方面检查了学生对新知的掌握，另一方面也拉近了师生距离。"What's missing" 游戏的设计，目的是培养学生的记忆力，进而减少学习单词时反复跟读的枯燥感。

Step 3 巩固所学单词，操练句型

（1）教师随机指黑板上的单词，让学生读并同时指自己的对应五官，引出句型"This is..."。

（2）教师做示范，说出"This is my ear"等，并让学生用句型"This is..."介绍自己的五官。

设计意图：采用多种形式的教读，可提高学生的注意力。学生在句型中运用单词，可有效地消化新知，提高效率；让学生运用句型操练可加深他们的理解，体现了三年级学生好模仿的特点。

Step 4 趣味操练，强化新知

（1）抢答。

PPT 展示卡通人物"光头强"图片，教师随机点击任一五官，学生进行抢答，对回答正确的同学给予奖励。

设计意图：一方面巩固了新知，加深理解，另一方面针对三年级学生好竞争的特点，让学生在玩中学。

（2）听指令，做出相应动作。

教师先做示范，将 touch、open、close 形象地表示出来，接着教师依次发出指令“Touch your ear”“Open your eyes”等，先带领学生齐做，接着学生自己做，最后学生进行“开火车”训练，学生自己发出指令并往下传，每个学生发出的指令不同。

设计意图：紧紧抓住学生的注意力，让他们积极参与到课堂中来，鼓励学生大胆开口说英语，强化理解 touch、open、close 的含义。

（3）Let's chant.

教师带领学生有节奏地进行说唱，将英文字母和 ear、eye、nose、mouth、face 衔接起来。

e. g. A B C, touch your ears. D E F, touch your nose...

设计意图：将所学的单词编成歌谣的形式，可增加趣味性，让学生眼、手、脑一起动起来，增加学习英语的积极性。

Step 5 作业布置

用句型“This is...”与同桌相互介绍自己的五官。

案例分析：《标准》中语言技能一级内容要求包括：理解课堂中的简单指令并作出反应；用简单的语句描述图片或事物。同时，语言知识一级内容要求中指出：“借助图片、实物理解词汇的意思。”小学英语教学的基本任务之一就是培养学生对英语的学习兴趣，而丰富的课堂设计、灵活多变的教学方法、有效的游戏活动，是激发学生学习兴趣的重要手段。本节课通过歌曲、游戏、说唱等简单的教学活动，让学生充分参与到英语语言的应用之中，真正体现了“玩中学，学为用”的教学思想。同时，各种活动的设计紧扣本节课的学习目标，每一个活动都具有开展的必要性，活动的难度关注到了全体学生，适合三年级学生的认知水平。

Unit 3 When is your birthday?（Part B Let's talk 部分）

Step 1 Warming-up

（1）教师通过日常对话，引导学生复习有关季节的知识。

Which season is it now?

Do you like fall?

Is fall your favourite season?

What's your favourite season?

（2）教师播放动画视频英文歌曲 My Favourite Season，激发学生兴趣，为进一步学习营造良好的氛围，同时引入话题。

Why do you like fall best?

Because my birthday is in fall.

Is your birthday in fall?

Whose birthday is in fall?

Step 2 Review

（1）利用课件，复习序数词。

（2）利用课件图片，复习、练习。

What's the date?

It's ________.

Step 3 Presentation

（1）教师通过课件给学生展示出他们感兴趣的一些明星照片，并发指令。

①Pair work（讨论）：

When is his/her birthday?

②Guessing（竞猜）：

Who has a birthday in September?

③Group work（合作探讨）：

What's the date?

It's ________.

（2）明星揭秘。

①教师给出明星的具体生日，并要求学生选择自己喜欢的明星进行对话练习。

Who is she/he?

He/She is ________.

When is his/her birthday?

His/Her birthday is in ________.

What's the date?

It's ________.

②对话表演。

（3）动画欣赏。

①通过欣赏动画，让学生解决以下问题：

Q1：When is Sarah's birthday?

Q2：When is Zhang Peng's birthday?

②看动画，角色扮演。

③看动画，句子补充练习。

（4）生日调查。

①选择三位同学，进行生日调查，完成调查表。

②调查结果汇报。

Step 4 Practice

（1）听力练习。

①看动画视频，完成 Listen and tick。

②看动画视频，完成 Check the answers。

③听力材料展现。

（2）阅读练习。

①教师给出阅读材料，要求 Read and answer the questions：

Q1：Is Grandma's birthday in June?

Q2：What's the date?

②教师给出动画视频，让学生欣赏并检查答案。

③看视频，根据阅读材料进行角色扮演。

Step 5 Consolidation and extension

（1）师生一起小结本课内容。

（2）课后调查父母及一些伟人的生日，并进行对话练习。

案例分析：《标准》指出："语言技能分理解性技能和表达性技能，主要包括听、说、读、看、写等方面的技能以及其综合运用"，学生应通过大量的专项和综合性语言实践活动，形成综合语言运用能力，为真实语言交际打基础。因此，听、说、读、写既是学习的内容，又是学习的手段。在本课的教学中，教师以学生感兴趣的动画视频和明星作为铺垫，尽可能拓宽学生的学习空间，激发学生创造性地使用所学语言的动力，最大限度地使学生的思维得以激活，让学生自主学习的能力得以发展。在教学过程中，教师应用任务型教学模式，多次给学生设计不同难度的任务，让学生通过探究、合作完成任务。整个教学活动很好地促进了学生的语言运用能力的培养。

人教版英语（三年级起点）四年级下册
Unit 3 Weather（Story time 部分）

一、教学目标

（1）知识目标：复习“三会”单词 hot、warm、cool、cold、sunny、windy、cloudy、snowy、rainy 及句子：What's the weather like in? It's warm/cool/hot/cold in?

（2）能力目标：能借助图片，通过阅读趣味故事复习巩固本单元所学语言，增加学生对语言的输入，并能理解、表演故事，恰当运用故事中的语言。

（3）情感目标：让学生在表达语言的过程中体会说话者惊讶、苦恼、遗憾等不同的情绪体验，初步形成语感。

二、学情分析

小学四年级的学生天真活泼，好奇心强，有较强的模仿能力和求知欲望，而且富有一定的思维能力，对英语的喜好已初步体现出个性；他们敢于大胆地表现自己，善于在生活中运用自己学过的语言。根据学生的特性，本节课采用猜谜游戏、阅读趣味故事，以及分角色表演等多样形式，不仅复习巩固了本单元所学的语言，而且增加了语言的输入以及运用能力。

三、教学重点

（1）复习本单元的单词和句子。

（2）能读懂并表演 Story time 的趣味故事。

四、教学难点

（1）能借助图片读懂 Story time 中的故事。

（2）能熟练运用课文中的重点句子进行交流：I have a cold. I'll go to Dalian to see you. Tomorrow will be warm in Dali. You look terrible.

五、教学准备

单词卡片、Story time 中配套 VCD、PPT 课件。

六、教学过程

1. Warming-up

（1）师生问好。

（2）Do and chant.

2. Revision 复习

（1）先抽读单词卡片 hot、warm、cool、cold、sunny、windy、cloudy、snowy、rainy，然后

让学生看图说单词。

（2）Play the games "What's missing?".

活动方式：教师出示六张单词卡片，全班齐读一次，然后抽出一张单词卡藏于身后，让学生猜什么单词不见了。教师将单词卡片奖励给猜对的学生，直到所有卡片都分给学生为止，最后比一比哪组获得的单词卡片多，哪组就胜出。

（3）活动："Guessing weather"

活动方式：教师事先准备一些与天气相关的图片，然后出示图片的一半并让学生猜一猜是什么天气。如：教师发问 What's the weather like in Guangzhou？猜一猜并回答如：It's sunny and hot.

3. Presentation 新课呈现

（1）通过猜谜游戏引入故事。

（2）看图猜故事内容。

（3）教师表演故事并让学生根据图片理解故事。

（4）学生用中文讲述故事内容：Zip 生病了，Zoom 要去大连看他，但 Zoom 听错了天气预报，到了大连 Zoom 也感冒了。

（5）教师播放故事的视频，让学生通过视频理解故事内容，最后让学生模仿故事中人物的语音、语调学说以下句子：

I have a cold.

I'll go to Dalian to see you.

Tomorrow will be warm in Dali.

You look terrible.

Bless you!

（6）模仿角色的语音、语调学说故事。

（7）鼓励学生分角色表演。

4. Consolidation and extension 巩固与拓展

（1）Look and make a dialogue.

教师将故事的顺序打乱让学生根据故事的情节重新排序。

（2）Listen and tick and say.

教师让学生看图表后分别说出六个城市的名称和五个天气图标。教师播放录音并让学生勾出各地的天气，最后讲评订正。

5. Homework 家庭作业

（1）听录音，进一步理解故事内容。

（2）完成活动手册配套练习。

（案例来源：陇南师专附属实验小学教师 刘雨霞）

案例分析：在传统的小学英语课堂上，学生的学习目标被确立为单词的认读和句型的背诵，因此，教师普遍采用大量读、写、背诵等方式。教师是课堂的主体，是知识的传递者，学生是知识的接受者，传统课堂教学很少关注到学生学习兴趣的培养，甚至完全忽略了学生语言技能的训练。《标准》指出，要秉持在体验中学习、在实践中运用、在迁移中创新的学习理念。学生要通过英语课程掌握基本的英语语言知识，发展基本的英语听、说、读、写技能，初步形成用英语与他人交流的能力，课堂教学要体现学生的主体地位，要让学生参与到教学活动之中，要重视学生的语言运用能力的培养。本案例为小学四年级第二学期第三单元的最后一个课时的教学实例，内容为“Story time”。故事教学是小学英语教学中的难点，本部分是对本单元的语言知识和语言技能的一个综合检测。本环节的教学，对于学生的语言运用能力有较高的要求，教师需要具备较高的课堂组织能力和应变能力。本节课在教学中以学生为本，为学生构建快乐的学习课堂，通过各种活动创设情境，使语言教学变得生动有趣。通过“What's missing?”等有趣的活动，把语言知识的学习与语言技能的训练有机地结合在一起，让学生在活动情境中学习语言，运用语言，突破难点，帮助学生正确理解新语言的意义，同时达到学以致用的目的。本节课有效地拓展了学生英语知识的语用功能，注重了学生语言自我习得能力的培养。

本章知识结构导图

- 小学英语课程概述
  - 小学英语课程的性质、课程内容和总目标
    - 小学英语课程的性质
    - 小学英语课程的内容和总目标
  - 小学英语课程的基本理念和新课程标准的教学建议
    - 小学英语课程的基本理念
    - 新课程标准的教学建议

知识点检测

1. 核心素养的内涵是什么？
2. 如何正确理解课程目标和基本理念？
3. 新课程标准对小学英语教学有什么指导和启示？

外语教学的基本理论和方法

学习目标

- 了解外语教学的基本理论。
- 了解小学英语教学法的概念、原则和特点。

案例导入

在多年的小学英语教学中，刘老师发现小学英语教学普遍存在两种状况：一、教师教学方法单一，普遍以语法翻译法为主，学生缺乏学习兴趣；二、教师缺乏必要的专业理论知识，不了解基本的语言教学理论和语言学习理论，英语课堂教学设计、教学实施的合理性及科学性欠缺，教学设计违背语言学习规律，教学效果欠佳。

案例分析：针对以上两个问题，我们可以从三个方面来解决。首先，要提升英语教师的专业素养。目前，小学英语教师普遍缺乏英语专业理论知识的指引，当今教育界学者建议，提升英语教师的专业素养应该不断提升教师的与时俱进能力、知识掌握能力、教学能力以及教学方法的灵活运用能力等。其次，要创造轻松、愉快的学习氛围。轻松愉快的课堂氛围，将会直接或者间接地激发学生的学习动力和兴趣，这就要求上课教师必须精神饱满，全身心投入教学中，要充分运用“情景教学”“游戏教学”“讲故事”“师生配合”等教学方法。最后，要因材施教，灵活运用多种教学方法。单一的教学方法会让学生感到单调无味，即使是好的教学方法，把它滥用也会使之失去魅力。所以，在小学英语教学中教师应该恰当运用适合相应教学模式的教学方法，让课堂教学丰富多彩。

第一节 外语教学的基本理论

一 行为主义学习理论

（一）概念

行为主义学习理论是指运用行为主义的理论和方法研究学习的一种心理学流派，是在对动物和人类进行一系列控制较严密的实验研究的基础上，发现并提出的一系列有关学习的原理和规律。

（二）理论介绍

行为主义者认为，学习是刺激与反应之间的联结，他们的基本假设是：行为是学习者对环境刺激所做出的反应。他们把环境看成是刺激，把伴随的有机体行为看作是反应，认为所有行为都是习得的。行为主义学习理论应用在学校教育实践上，就是要求教师掌握塑造和矫正学生行为的方法，为学生创设一种环境，尽可能在最大程度上强化学生的合适行为，消除不合适行为。

（三）理论观点

下面着重介绍华生和斯金纳的观点。

约翰·华生（John B. Watson），1913 年首先提出行为主义心理学，是美国历史上将巴氏的研究结果作为学习理论基础的第一人。他认为学习就是一种刺激替代另一种刺激、建立条件反射的过程；人类的行为都是后天习得而成，环境决定了个人的行为模式，无论是好的行为还是坏的行为都是经过后天学习而获得；了解了环境刺激与行为反应之间的规律性关系，就能根据反应推断刺激，达到预测并控制人和动物的行为的目的。行为就是有机体适应环境刺激的各种躯体部位反应的组合，只是有的表现在外表，有的隐藏于内部，这一方面，人和动物的学习都是一样的，都遵循相同的规律。

美国心理学家伯尔赫斯·弗雷德里克·斯金纳（Burrhus Frederic Skinner）认为心理学可以观察到外表的行为，而不是行为的内部机制。所以他研究的任务就是要确定实验者受到的刺激和有机体反应之间的函数关系。当然他不仅考虑到一个刺激与一个反应之间的关系，也考虑到那些改变刺激与反应关系的条件。行为主义的主要观点是认为心理学不应该研究意识，只应该研究行为，把行为与意识完全对立起来。在研究方法上，行为主义主张采用客观的实验方法，而不使用内省法。斯金纳更是将行为主义学习理论推向了高峰，他提出了操作性条件作用原理，并对强化原理进行了系统的研究，使强化理论得到了完善的发展。

 认知主义理论

（一）概念

认知主义学习理论认为，学习就是面对当前的问题情境，经过内心的积极组织，从而形成和发展认知结构的过程。该理论强调刺激反应（S-R）之间的联系是以意识为中介的，强调认知过程非常重要。

（二）理论介绍

认知主义学习理论家认为学习在于内部认知的变化，学习是一个比 S-R 联结要复杂得多的过程。他们注重解释学习行为的中间过程、目的、意义等，认为这些过程才是控制学习的可变因素。

（三）理论观点

认知主义者有以下几位代表人物，他们的理论观点各不相同。

克勒（W. K. Khler），德国心理学家，他与魏特墨（M. Wertheimer）、科夫卡（K. Koffka）为格式塔心理学创始人。克勒以黑猩猩为对象进行了 18 个实验，依据实验结果，撰写了《猩猩的智慧》一文，他发挥了格式塔理论，提出了顿悟说。

托尔曼（E. C. Tolman），美国心理学家，担任过大学的心理学教授，曾任第 14 届国际心理科学联合会主席。他的学习理论有符号学习说、学习目的说、潜伏学习说、期待学习说等。

加涅（R. M. Gagne），美国加利福尼亚大学教授，当今美国一流的教育心理学家和学习实验心理学家，其著作《学习的条件》《教学设计原理》《知识的获得》代表了现代认知派学习观的一个新动向和新发展。

皮亚杰（J. Piaget），当代最著名的儿童心理学家和发生认识论专家之一，瑞士日内瓦学派的创始人。

奥苏伯尔（D. P. Ausubel），美国纽约州大学研究院的教育心理学教授。主要著作有《意义言语学习心理学》《教育心理学：一种认知的观点》《学校学习：教育心理学导论》。

布鲁纳（J. S. Bruner），美国著名的教育心理学家、哈佛大学教授，1960 年创建了哈佛大学认知研究中心，任认知研究中心主任。主要著作有《教育过程》《认知心理学》《思维的研究》《发现的行为》等。

认知主义理论是对以上学习理论的继承与发展：它不仅涵盖了皮亚杰（J. Piaget）与维果斯基（Lev Vogotsky）的建构主义思想，也有对传统认知学派理论的继承与发展，同时吸收了

行为主义学习理论的一些精髓，人本主义强调以学生为中心的教学思想也被吸收进来。①

认知主义理论认为：(1) 学习的本质是构建网络结构知识。学习所获得的知识并非完全是结构化的，它是围绕着关键概念的网络知识结构，包括事实、概念、概括化以及有关的价值、意向、过程知识等。(2) 学习是主动的意义构建过程。主动建构是指学习不是学生被动接受老师所传授的知识，而是学生自己构建知识的过程。②

三 建构主义理论

（一）概念

建构主义理论是一种关于知识和学习的理论，强调学习者的主动性，认为学习是学习者基于原有的知识经验生成意义、建构理解的过程，这一活动常常是在社会文化互动中完成的。

（二）理论介绍

建构主义理论源自关于儿童认知发展的理论，由于个体的认知发展与学习过程密切相关，因此利用建构主义可以比较好地说明人类学习过程的认知规律，即说明学习如何发生、意义如何建构、概念如何形成，以及理想的学习环境应包含哪些主要因素等。总之，在建构主义思想指导下可以形成一套新的比较有效的认知学习理论，并在此基础上实现较理想的建构主义学习环境。

（三）理论观点

建构主义理论的主要代表人物有：皮亚杰（J. Piaget）、科恩伯格（O. Kernberg）、斯滕伯格（R. J. Sternberg）、卡茨（D. Katz）、维果斯基（Vogotsgy）。

皮亚杰是认知发展领域最有影响的一位心理学家。他的基本观点是，儿童是在与周围环境相互作用的过程中，逐步建构起关于外部世界的知识，从而使自身认知结构得到发展。儿童与环境的相互作用涉及两个基本过程："同化"与"顺应"。"同化"是指个体把外界刺激所提供的信息整合到自己原有认知结构内的过程；"顺应"是指个体的认知结构因外部刺激的影响而发生改变的过程。

科恩伯格在皮亚杰的"认知结构说"的基础上对认知结构的性质与发展条件等方面做了进一步的研究；斯滕伯格和卡茨等人强调个体的主动性在建构认知结构过程中的关键作用，并对认知过程中如何发挥个体的主动性做了认真的探索；维果斯基提出了"文化历史发展理论"，认为个体的学习是在一定的历史、社会文化背景下进行的，社会可以为个体的学习发展

① 李新旺. 教育心理学［M］. 北京：科学出版社，2011.
② 李新旺. 教育心理学［M］. 北京：科学出版社，2011：61-64.

起到重要的支持和促进作用。所有这些研究都使建构主义理论得到进一步的丰富和完善，为实际应用于教学过程创造了条件。

四 二语习得理论

（一）概念

二语习得研究的是学习者在习得母语之后，怎样学习另外一种语言。自 1960 年开始，有学者研究人们获得语言能力尤其是获得外语能力的机制，并综合了语言学、神经语言学、语言教育学、社会学等多种学科，慢慢发展出一门新的学科，叫“二语习得”，即 Second Language Acquisition，简称 SLA。①

（二）理论介绍

自 20 世纪 60 年代开始，学者对二语习得从各个不同的方面进行了研究，所运用的研究方法也各具特色。60 年来，第二语言的多侧面、多方法的研究格局导致了该领域中的理论层出不穷。其中有：

1. 普遍语法论

乔姆斯基（Avram Noam Chomsby）和其支持者们认为，遗传基因赋予人类普遍的语言专门知识，他们把这种先天知识称为“普遍语法”。他们认为，假如没有这种天赋，无论是第一语言还是第二语言的习得将是不可能的事情，这是因为在语言习得过程中，语言数据的输入（input）是不充分的，不足以促使习得的产生。乔氏认为，语言是说话人心理活动的结果，婴儿天生就有一种学习语言的能力，对他们的语言错误不须纠正，随着年龄的增长他们会在生活实践中自我纠正。从本质上说，语言不是靠“学习”获得的，只要语言输入中有足够的正面证据，任何一个正常人都能习得语言。

2. 监控理论

克拉申（Stephen D. Krashen）提出的监控理论（Monitor Theory）是 20 世纪末影响最大的二语习得理论，他把监控论归纳为语言习得与学习假说、自然顺序假说、监控假说、语言输入假说和情感过滤假说等五项基本假说。克氏认为第二语言习得涉及习得过程和学得过程两个不同的过程。所谓“习得”是指学习者通过与外界的交际实践，无意识地吸收到该种语言，并在无意识的情况下，流利、正确地使用该语言。而“学得”是指有意识地研究且以理智的方式来理解某种语言（一般指母语之外的第二语言）的过程。克拉申的监控假说认为，通过“习得”而掌握某种语言的人，能够轻松流利地使用该语言进行交流；而通过“学得”而掌握

---

① Rod Ellis. 第二语言习得概论［M］. 上海：上海外语教育出版社，1999.

某种语言的人，只能运用该语言的规则进行语言的本监控。通过一种语言的学习，我们发现，“习得”方式比“学得”方式显得更为重要。克氏认为，学习者是通过对语言输入的理解而逐步习得第二语言的，其必备条件是“可理解的语言输入”(comprehensible input)。只有当学习者接触到的语言输入是“可理解的”，才能对第二语言习得产生积极作用。

3. 环境论

环境论认为，就某一生物的发展而言，后天的经验比先天因素更为重要。早期的环境论以“行为主义”（behaviorism）的刺激-反应（stimulus-response）理论为基础，认为语言是一套行为习惯，语言习得是这种行为形成的过程。第二语言习得就是克服旧的语言习惯（即母语）的干扰，培养新的语言习惯（即第二语言）的过程。环境论阵营里还有新提出的“文化迁移模式”(Ac - culturation Model)。该理论认为学习者在学习过程中受社会和心理上同母语之间距离的影响。“社会距离”指学习者作为社会群体中的一员与另一种语言的社会群体的接触；“心理距离”指学习者作为个体所受到的影响因素。这些社会和心理距离构成第二语言习得的一个重要因素：“文化迁移”，即学习者适应一种新文化的过程。第二语言习得只是文化迁移的一个方面，学习者向目的语迁移的程度决定了他们第二语言习得的程度。文化迁移模式分两种类型，在第一种类型的文化迁移模式中，学习者融入目的语社会，对目的语保持开放心态。在第二种模式里，学习者不仅融入社会，心态开放，而且希望采取目的语社会的生活方式和价值观念。总之，第二语言习得取决于学习者对目的语文化的接触、适应、接受和趋同程度。

第二节 小学英语教学的方法

一 TPR 教学法

（一）概念

TPR 教学法（Total Physical Response）也叫“全身反应法”，[①] 是美国著名的心理学教授詹姆斯·阿歇尔（James J. Asher）提出的。TPR 教学法是他在经过大量的观察和针对儿童的语言教学实验后，结合儿童心理发展、左右脑理论和二语习得理论所得出的语言教学方法。全身反应法强调将身体的协调运动与语言联系起来，通过肢体行为与言语的协调一致来学习语言，即指教

① https://wenku.baidu.com/view/630b21264b35eefdc8d333d8.html.

师通过自身的肢体语言向学生发出指令的信号，期待或者要求学生依据教师的指令信号，配合教师做出语言上或者动作上的反应，也就是要求教师在教学中利用图片、体态语言和课堂指令让学生眼看、耳听、手动和动作表演等来体验语言、感知语言、表达语言从而习得语言。

（二）TPR 教学法的特点

TPR 教学法倡导把语言和行为联系在一起，通过身体动作教授外语。根据语言学习的规律，从小孩学母语的过程来看，首先是要学习听的能力，然后在这个基础上，逐步发展成说的能力，再发展成读和写的能力。所以它具备以下几个特点：

（1）听力理解领先。首先培养学生听的能力，然后再要求学生开口表达。

（2）学生通过身体动作反应来加强对语言的理解。这种身体反应应该由教师用有计划的指令来控制，学生根据教师的指令做出相应的动作，从而感知并理解语言。

（3）允许学生在预先做好准备的情况下发言，教师不强迫学生发言。在学生说的过程中，不要急于纠正学生的错误，要培养他们自己纠错的能力。

（4）教学应强调教学的意义而不是形式，这样可以降低学生的焦虑。

（三）TPR 教学法应遵循的原则

（1）理解能力要在说话之前发展，即“听力先行”。只有在充分理解听的基础上，才能自然地转移到说。如果同时进行听和说两种技能的训练，学生在没有充分理解听的基础上开口说，很容易出错。

（2）理解能力要通过全身动作来发展。学生应该根据教师有计划的指令做出相应的全身动作，通过这些动作来感知掌握语言，其理解能力才得以发展。

（3）不可强迫学生说话。学生听到可接受性词汇，然后在认知结构中内化理解，就产生了一个说话的待发点。这时，学生就有说话的欲望，自然而然地开始说话。如果给学生以压力，强迫他们说话，就会引起其大脑对外来信息的抵制。

（四）TPR 教学法的教学案例

Teaching title：Unit 1 It’s Time to Play the Violin

（Part B Let’s learn more 部分）

教学内容：On Saturday morning，Li Shan always gets up at half past six. Then she brushes her teeth and washes her face. At seven o’clock，she usually runs with her father and she has breakfast at half past seven. Then it's time to do her homework. At nine o'clock, she watches TV. After that, she plays the violin at ten forty. She plays it for an hour. And then she has lunch and has a rest. After half past two in the afternoon, she goes out to play with her friends.

Presentation（新课呈现）

（1） Now let's talk about some actions we do in the daytime. Please listen to me carefully while you are watching my gestures and think over what they mean. 具体教学过程如下：

①老师把课文中的 11 个短语一个接一个地说出来，并给他们演示身体动作，让学生听，观察，试着理解短语的意思。

②老师继续配合身体动作一个接一个地说出这 11 个短语，让学生在不说话的情况下做出相应的身体动作，同时试图理解动作的含义。

③老师不动身体继续一个接一个地说这 11 个短语，让学生模仿老师的声音，同时做相应的动作，让学生理解与这 11 个短语相匹配的动作的意思。

④老师继续一个接一个地说这 11 个短语，并给他们看 PPT 图片，要求学生重复这些短语并完成相应的身体动作。

⑤要求个别学生说出任何短语，其他学生做出相应的身体动作，或个别学生做出任何动作，其他学生说出相应的短语，直到所有学生都能很顺利地完成任务。

（2） 在学生完全理解这 11 个短语意思后，教师提出问题：What time do you get up in the morning? 教师用事先准备好的时钟，引导学生看着时钟回答（时钟显示 7：00）：I usually get up at 7：00 in the morning.

接着展示 Li Shan 照片和她星期六作息时间表：

Time	Activities
6：30 am	get up
7：00 am	run with her father
7：30 am	have breakfast
9：00 am	watch TV
10：40 am	play the violin
2：30 pm	go out to play

继续提问：What time does Li Shan get up on Saturday morning?

教师把时钟调到 6：30 am，引导学生回答：She gets up at half past six on Saturday morning.

帮助学生完成句子：After getting up, she brushes her teeth and washes her face.

然后教师根据时间表做出相应的动作，学生也一边做动作，一边说出句子，帮助学生完成表格内容的描述。

Li Shan runs with her father at seven o'clock.

Li Shan has breakfast at half past seven.

Li Shan watches TV at nine o'clock.

Li Shan plays the violin at ten forty.

Li Shan goes out to play at half past two in the afternoon.

（3）学生通过 TPR 教学法对 Li Shan 星期六的活动有了初步的认识之后，让学生听课文录音，在听到一日活动的时候，尝试做出相应的动作，加深对课文的理解。

Practice（知识内化）

（1）在学生充分理解课文内容的基础上，让学生以各种方式朗读课文。在熟练朗读以后，教师讲解重点句型：主语 He/She/It + 动词的第三人称单数形式 + 时间状语。

（2）教师就课文提问：What time does Li Shan get up/brush her teeth/ wash her face/have breakfast/do her homework/watch TV/play the violin/have lunch/have a rest/go out to play on Saturday morning/noon/afternoon?

（3）让学生分组练习重点句型，一边说句子，一边做动作。

Group 1：Speak out the actions in the morning.

Group 2：Speak out the actions at noon.

Group 3：Speak out the actions in the afternoon.

Every student in each group should do some performances in turns and the rest guess what it means.

（4）三个小组都完成任务以后，可以互相提问。比如第一小组问第二小组：

What do you do in the morning?

What time do you wash your face/brush your teeth/have breakfast...?

第二小组问第三小组：

What do you do in the afternoon?

What time do you watch TV/play the violin/go out to play?

三个小组都互相提问完了以后，教师叫一个小组站讲台边，一个同学指着时钟，其他同学做动作展示本小组一天的活动，让全班同学猜猜他们这一天做了什么事情，用完整的句子表达出来。表现最好的一组可以得到老师的奖品。

二 游戏教学法

（一）概念

游戏教学法是人类关于教学的一种理想化的模式，即以游戏为手段，使教学充满趣味性、娱乐性，使学习者在自由的审美状态中，达到理性与感性的和谐，使学习进程不再沉闷、枯燥、压抑、形成学习者的身心负担，而使学习过程充满情趣、快乐、挑战和互动，进而促进学习者的身心愉快、和谐、全面发展。

（二）游戏教学法的特点

游戏教学法运用的各种教学游戏就是能在学校教学（包括课堂教学和课外教学，以及教师布置的具有教学目的的课外活动）中运用，达到一定教学目的的游戏。在小学英语教学中，游戏得到广泛的运用。小学英语教学游戏具有以下的基本特性：

1. 游戏性

教学游戏的主要特性自然是其游玩性和嬉戏性，就是让学生无拘无束地、愉悦地玩耍。游戏教学让学生感受到的不是课堂的约束、教室课桌的约束、师生关系和同学关系的约束、日常教学行为的约束，而是在身心无拘束的情形下开展游戏活动，在游戏中轻松有趣地学习知识。这一方法可以超越常规的教学原则。教学游戏应该像生活中的游戏一样给学生带来愉悦的体验，而不是让学生感受到学习的焦虑和负载。

2. 教学性

教学游戏与生活游戏的不同之处就在于教学游戏具有明确的教学目的，这就是它的教学性。也就是说，学生通过游戏掌握知识、获得技能，教学性是教学游戏的本质。在教学游戏中，游戏只是形式，教学才是目的，没有教学目的的游戏肯定不是教学游戏，而只是具有教学效能的生活游戏，所以在教学中应该以教学目的为中心来选择游戏。

教学游戏不但要符合游戏规律，更要符合教学规律。当教学与游戏方式相冲突时，教学应该是主导的，游戏是从属的，可以为了教学目的适当牺牲游戏的特性，但不能为了游戏而牺牲教学目的。

3. 语言性

小学英语教学游戏的语言性，就是小学英语教学游戏必须体现在小学英语语言学习中，为小学英语语言学习而游戏（playing games for language learning）。语言性应该是语言教学游戏的核心，否则它就不是语言教学游戏了。

总之，小学英语教学游戏就是具有游戏性的、符合小学生心理和生理特征的、有利于小学生学习英语知识与能力的游玩性的教学活动。

（三）游戏教学法应遵循的原则

小学英语游戏教学必须遵循一些基本的教学原则：儿童主体性原则、真实兴趣原则、真实语用原则、动态调整原则。

1. 儿童主体性原则

主体性教育思想认为：教师应尊重作为游戏主体的学生在教学活动中的主体地位和主体人格，充分尊重学生的心理发展规律和兴趣特征，按照其规律和特征设计、组织游戏教学活动，按照学生的知识能力现状确定教学内容和课堂教学目标，在教学中充分发挥学生的自觉能动性和积极创造性。

可见，游戏是学生的主体性活动，学生在游戏中主体性体验是决定性的，所以教师应充分认识、尊重和实现学生自主、独立、创造性的主体性属性，使之能动地驾驭和控制作为活动对象的客体。

2. 真实兴趣原则

兴趣是最好的老师。游戏教学也一样，要选择小学生最喜爱的游戏。尽管每个人都有着不同的兴趣爱好，有的学生可能有与生俱来的真实的英语学习兴趣，但是有些学生没有直接的英语学习兴趣，而对其他事物有着浓厚的兴趣，教师就要把他们的这种真实的兴趣延伸到英语学习上来。所以在小学英语游戏教学中，教师必须贯彻真实兴趣原则，也就是教师必须了解学生的真实兴趣，找到学生真正喜爱的游戏，然后将学生的真实兴趣转化到英语游戏教学中。

3. 真实语用原则

《标准》规定：英语教育的总目标之一是发展语言能力。即能够在感知、体验、积累和运用等语言实践活动中，逐步形成语言意识，积累语言经验，进行有意义的沟通与交流。这里我们主要谈谈语用能力。语用能力包含“以言做事的能力”和“得体”两方面的内涵（L. Bachmam，1990），“以言做事”指的是言语行为表达实现语言功能，“得体”指的是语用意图和态度符合社会语言规范，因此我们将语用能力理解为“运用语言进行得体交际的能力”（何自然，1997）或者“得体的以言做事的能力”。

小学英语游戏教学的根本目的就是培养学生综合运用英语的能力，培养这种能力的过程必须贯彻真实语用的原则。所谓真实语用的原则，就是小学英语教学游戏必须培养学生在真实的语境下、为了真实语用目的而运用真实英语的能力。此处的“真实语用”是指：按照英语实际运用的规范和习惯，在实际运用英语的真实语境中，准确理解和恰当表达语句的真实语言意义和语用意义。这就要求游戏的设计与选择、游戏的语言、游戏的开展都必须符合真实语用的原则。

4. 动态调整原则

小学生具有特殊的心理特征，他们的注意力时间不长，而很容易出现兴趣的转移或者消退的现象。因此，在游戏教学中还需要运用英语教育的动态原则，不断动态地调整教学游戏，通过多种方法、有变化的节奏、不断调整模式等开展活动。

英语教育的动态原则中的“动态”是指不断变化的、可调整的形态。英语教育的动态原则是指：英语教育的教育因素是不断变化的，英语教师应该充分把握这种动态内涵，特别是学习者的学习目的和动力、学习的兴趣、学习困难、学习策略的不断变化的内涵等，并根据动态原则，不断调整教学材料、教学过程、教学策略、教学方法和技巧、教育技术等进行英语教学，以提高英语教育的教学质量。

动态调整原则要求小学英语教师必须掌握大量的游戏以便在教学中变换使用，还要掌握游戏的不同特征，以保证同一教学内容可以用不同游戏来达到教学目的。动态调整原则还需要教师准确掌握学生的心理变化机制，按照学生的注意力的转移及时调整游戏方法。

（四）游戏教学法的教学案例

Teaching title：Unit 2 My Schoolbag（Let's talk 部分）

这一单元已经通过 let's talk 和 let's play 的操练使学生基本掌握“What's in your schoolbag?”“It's...”两个句型。我们可以通过“I spy”游戏来巩固前面的学习成果。这是一个让孩子们积极参与猜测文中所学词语的游戏活动。老师可以先给学生做个示范，说出“一、二、三，你书包里能看到一个以 p 开头的单词吗?”，然后让学生猜猜单词是什么。这个词一定是每个人在书包里都能看到的，这个单词可能是 pen。然后让一个小朋友和他的同伴做相同的游戏，猜出书包里是什么。

 三 任务型教学法

（一）概念

任务型教学（Task-Based Language Teaching）是一种强调“在做中学”（learning by doing）的语言教学方法，是交际教学法的发展，是以杜威的实用主义作为教育理论基础的教学模式，强调以学生为中心，认为学生是知识的主体，是知识意义的主动建构者。作为一种教学模式，它具有结构性，由教学目标（goals）、信息输入（input）、活动方式（activities）、师生角色（teacher/student role）、教学环境（setting）等要素组成。

Nunan（1989）认为，任务具有结构性，由六部分组成：任务目标、构成任务的输入材料、输入材料的各项活动、任务所隐含的教师和学习者的作用、任务执行的环境，如图 2-

1 所示。

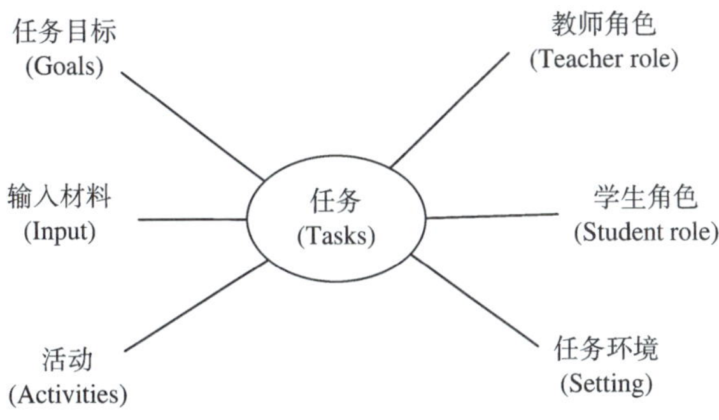

图 2-1　Nunan 的任务结构图

（二）任务型教学法的特点

1. 真实性

真实性是任务型教学法最显著的特点，即语言材料、语言情境、语言运用、任务评价都应是真实有效的，设计的任务所使用的输入材料应来源于真实生活，履行任务的情境以及具体活动应尽量贴近真实生活。

2. 差距性

这项任务应当与学生现有的知识能力有一定差距，学生无法在没有学习所学内容之前完成，而必须在学习所学内容之后才能完成。这些差距可以是知识差距（knowledge gap）、能力差距（ability gap）、技能差距（skill gap）、信息差距（information gap），也可以是文化差距（culture gap）。

3. 层次性

实行任务型教学考虑到不同学段和不同层次的学生在知识、技能、心理等方面存在的差异，设计任务、实施任务、评价任务都有不同的标准，这样可以调动各学段、各层次学生参与体验的积极性。

4. 开放性

在英语的学习中需要运用认知策略、调控策略、交际策略和资源策略。任务的履行并非有一套预定的模式或途径，或者会达到统一的结果。完成任务的途径，包括应用的语言是可选择的、不固定的、非限制性的。

5. 全体性

在实施任务的过程中，学生全面参与，并非只有个别学生有任务，这样能够保证每个学生都有参与实践的机会，都能获得成功的体验。

6. 合作性

任务型教学模式提倡学生相互协作交流，鼓励学生集思广益，共同克服语言及其他方面的困难，共同完成任务。

（三）任务型教学法应遵循的原则

1. 真实性原则

此原则是指在任务设计中，任务所使用的输入材料应来源于真实生活，同时，履行任务的情景以及具体活动应尽量贴近真实生活。当然，“真实”只是一个相对概念，任务设计的真实性原则也不完全反对非真实语言材料出现在课堂任务中，但有一点是肯定的，就是要尽量创造真实或接近于真实的环境，让学生尽可能多地接触和加工真实的语言信息，使他们在课堂上使用的语言和技能在实际生活中同样能得到有效的应用。

2. 形式/功能原则

传统语言练习的最大不足便是语言脱离语境，脱离功能，学生可能知道不同的语言形式，但不能以这些形式得体地表达意义和功能。形式/功能原则就是在真实性原则的基础上，将语言形式和功能的关系明确化，让学习者在任务履行中充分感受语言形式和功能的关系，以及语言与语境的关系，增强学习者对语言得体性的理解。

3. 连贯性原则

这一原则涉及任务与任务之间的关系，以及任务在课堂上的实施步骤和程序，即怎样使设计的任务在实施过程中达到教学上和逻辑上的连贯与流畅。任务型教学并非指一堂课中穿插了一两个活动，也并不指一系列活动在课堂上毫无关联的堆积。任务型教学是指教学通过一组或一系列的任务履行来完成或达到教学目标。在任务型教学中，一堂课的若干任务或一个任务的若干子任务应相互关联、具有统一的教学目的或目标指向，同时在内容上相互衔接。

4. 可操作性原则

在任务设计中，应考虑到它在课堂环境中的可操作性问题，应尽量避免那些环节过多、程序过于复杂的课堂任务。必要时，要为学生提供任务履行或操作的模式。

5. 实用性原则

任务的设计不能仅注重形式，而不考虑它的效果。课堂任务总是服务于教学的。因此，在任务设计中，要避免为任务而设计任务。任务设计者要尽可能为学生的个体活动创造条件，利用有限的时间和空间，最大限度地为学生提供互动和交流的机会，达到预期的教学目的。

6. 趣味性原则

任务型教学法的优点之一便是通过有趣的课堂交际活动有效地激发学习者的学习动机，使他们主动参与学习。因此，在任务设计中，很重要的一点便是考虑任务的趣味性。机械的、重复的任务类型可使学生失去参与任务的兴趣，因而任务的形式应多样化。需要注意的是，任务的趣味性除了来自任务本身之外，还可来自多个方面，如多人的参与、多向的交流和互动，任务履行中的人际交往、情感交流，解决问题或完成任务后的兴奋感、成就感等。

（四）任务型教学法的教学案例

Teaching title：Unit 3 My Favorite Food Is Hamburgers（Let's talk 部分）

教学内容

Su Nan：What's your favourite food?

Colin：My favourite food is hamburgers. In the USA，we often eat hamburgers. What about you?

Su Nan：In China，we often eat rice，noodles，dumplings… I like dumplings best.

Colin：Oh，dumplings！They are delicious. I like Chinese food，too.

Presentation（任务呈现）

Step 1 Pre-task（任务前）

看屏幕上的图片然后说出：What can you see?

看图拼读：Spell the food words.

听录音圈出答案：What's Lucy's favourite food? And what about Lily?

Step 2 Task cycle（任务中）

活动1：听力活动

（1）听力准备，学生回答两个问题：

①What's Colin's favourite food?

②What's Su Nan's favourite food?

（2）教师播放两遍听力录音。

（3）教师请每组的成员相互检查答案。

（4）教师请每组成员代表提问并回答问题。

活动2：理解对话

学生观看视频，完成以下三个任务：

（1）In the USA，the people often eat ____________.

（2）In China，we often eat ____________.

（3）Does Colin like Chinese food?

完成过程：（1）self-completion （2）group-discussion

（3）classmate's checking （4）Teacher's instructions

活动 3：练习对话

（1）学生跟读录音，模仿录音里标准的语音语调。

（2）学生角色扮演练习对话，合作学习；教师鼓励学生走上讲台说出对话中的英语。

（3）学生展示对话表演，复习对话；学生根据教师播放的录音标注对话中重要单词的发音。

（4）小组归纳，展示交流能力。

Western Food	Chinese Food
hamburger, pizza	rice, dumpling
chocolate, bread, coffee	noodles, meat
cake, beef, steak	chicken, vegetables
Coca-cola, fried chips	tea, fish

e. g. In the USA, the people often eat bread.

In China, we often eat noodles.

（5）学生们举行小组竞赛，教师引导学生根据上面图表举出更多范例。

Step 3 Post-task activities（任务后）

Name	Favorite Food

（1）教师展示一张新的问卷调查表，练习巩固今天所学句型。教师将所有学生分成四组，要求：每组学生通过运用“What's your favourite food? My favourite food is... /I like... best.”等句型调查他们最喜欢的食物。每组学生将调查结果如实报告老师和全班同学，如：In our group, A likes noodles best. Or：B's favourite food is bread...

（2）教师要求全体学生根据屏幕上 PPT 展示的图片分组讨论，然后面向全班同学进行展示。

e. g.

A：What is the monkey's favourite food?（cat, sheep, panda, dog）

B：The monkey's favourite food is bananas.（fish, grass, bamboo, bone）

Step 4 Assessment（评价）

教师说："让我们来数数，哪组的得分更高？"然后表扬优胜组，给他们发放蔬菜种子作为奖励，同时鼓励失败的组下节课要做得更好。

四 情境教学法

（一）概念

情境教学法就是教师以课程资源为基础，以教学目标为导向，积极创设符合学生心智特征和生活实际的真实语言情境，全方位调动学生的感官，激发学生的情感体验，最大可能地挖掘学生的智慧和潜能，从而提高学习效率，使教学效果达到最佳。Brown 和 Collin 在《情境认知与学习文化》中首次提到了"情境教学（Situational Teaching）"的概念。他们一致认为只有当知识被真实地应用，情境才会体现出它的意义所在。情境教学就是"用最生动直观的语言来全面地描述知识点的一种科学手段，通过创设一些具有现象感的场景，从而可以更好地激发学生热烈地进行学习的一种情绪，以此来使其认真地参与到课堂的教学中去"。①

本书结合课程标准和当前教育形势，将英语情境教学法定义为：教师以核心素养培养为教学目标，以学科育人为导向，依托英语教材及相关英语课程资源，结合学生认知水平和心智特征，在教学过程中创设生活化、趣味化、真实而具体的语言情境，以引起学生一定的态度体验，为学生提供大量语言实践机会，让学生通过合作、交流和探究，在真实情境中感知、理解及运用语言知识，提高语言能力，优化思维，提高素养，实现教学目标的英语学习方法。情境教学法的关键在于创设真实情境和激发学生情感。创设情境的途径包括生活展现情境（生活在线）、实物演示情境（借助实物）、图画再现情境（插图、挂图、简笔画等）、音乐渲染情境（播放、弹奏、清唱等）、表演体会情境（角色扮演）、语言描述情境（描绘朗读）等。

（二）情境教学法的特点

1. 直观形象性

情境教学法所创设的教学情境需无限接近真实生活场景，兼具生动形象性和直观新奇性，能强烈刺激学生感官，较好地吸引学生的注意力，提高学生对知识的理解能力。在小学英语情境教学中，直观形象性是最为显著的特征，因小学生好奇心强、抽象思维差、注意力不持久，直观性、形象性和新奇性强的教学情境和教学手段，更容易吸引小学生的注意力，提高学生对知识的理解能力，并保持一定的学习持久性。

---

① 李吉林. 小学语文情境教学［M］. 南京：江苏教育出版社，2006：71-72.

2. 寓教于乐性

情境教学中，教师需创设能引起学生情感共鸣的教学情境，引导学生在真情实感中更好地学习知识、内化能力和提升素养，师生把教学过程体验为一种快乐的生活。教师往往通过实物、图片、游戏、音乐、视频、表演、配音等多种方式创设真实、有趣的体验式教学情境，营造轻松、愉悦的学习氛围，让学生充分体验英语学习的乐趣，激发学生英语学习的求知欲，将无限乐趣融入小学英语课堂教学中，打造一种学生爱学、教师乐教的快乐课堂和幸福教育生态。

3. 以“学习者”为中心

情境教学中，一方面，教师创设真实、形象、趣味性强的教学情境，激发学生积极参与教学活动的热情，通过师生互动和情感交流，引导学生体验学习乐趣；另一方面，教师根据学生的心智特征和语言水平创设具有一定交际性和思维量的实践类教学活动，鼓励学生发挥主观能动性，独立思考与合作探究相结合，在小组活动与集体活动中进行互动交流、思维碰撞和成果展示，教师及时给予评价点评，进一步激发学生成就感和内驱动力。

（三）情境教学法应遵循的原则

1. 真实性原则

依据素养和能力培养的需要，学习情境的创设应面向学生熟悉的生活化、真实性强的场景，问题设置也应该是真实问题。只有在真实的学习情境中，才能有效激发学生的兴趣和热情，帮助他们轻松掌握语言和文化知识，在语言运用中将知识转化为能力，潜移默化地提升学科素养和内化道德认知。教师创设的情境不能只是将知识进行简单转化或设置虚假问题，而是要达到“课堂即生活，生活即教育”的最高境界。

2. 体验性原则

情境教学的“情”和“境”是相辅相成的，只有能引起学生情感共鸣的情境，才是情境教学的最高境界，学生才能在真情实感中更好地习得知识、内化能力和提升素养。在轻松愉快的情境或气氛中，教师引领学生走入真实情境，进行体验感悟，养成问题意识，开展思维想象，通过独立思考与合作探究活动，在体验和实践中不断学习语言和内化能力。在体验性原则指导下的英语教学中，学生情感的体验和思维的过程、能力的内化、知识的习得同等重要，只有当学生把语言学习和素养提升体验为一种快乐的过程，才能真正做到“体验式”教学和“无痕式”育人。

3. 自主性原则

自主性原则主要强调两个方面：一是良好的师生关系，二是学生的主体地位。我们常说“亲其师，信其道”，情境教学更强调这一点。良好的师生关系是情境教学效果的保障，只有师生间相互信任、相互尊重，教师真正做到晓之以理，动之以情，学生也能“亲其师，信其道”，师生关系达到一种彼此的默契，情境教学才能达到最佳教学效果。学生的主体地位要求教师要一切从学生的实际出发，根据学生的心智特征和语言水平，积极创设能够充分发挥学生主观能动性的教学情境，鼓励学生独立思考和自我评价，培养学生的主动精神和创新精神。

（四）情境教学法的教学案例

Teaching title：Unit 1 Lesson 1 She's very kind

Presentation（新课呈现）

教师：请看图片，Jenny and Danny 正在谈论事情，What are they talking about?（展示图片情境，启发兴趣，导入新课）

任务 1：创设听说情境：听录音回答问题，获取细节信息。

Activity：Listening and answering

T：Who are they talking about?

S：...

T：Yes，they are talking about Miss Zhang. How is Miss Zhang?（Is she tall? Is she beautiful?）（根据学生回答问题的情形，选择是否进行提示性追问）

S：...

任务 2：再听录音，找出描述张老师的句子。（听说情境：听录音回答问题，学习描述性语言）

活动：走进课文情境：师生分角色朗读课文，体验情感，感受语言。

T：Look，what's Danny doing?

S1：He's making cards.（学习新单词 card）

T：Why is he making cards?

S2：Because tomorrow is Teachers' Day.（学习新单词 Teachers' Day，感悟师恩）

T：Great! Tomorrow is September 10. It's Teachers' Day. Danny's making cards for his teachers.（学习新单词 September）

五 交际教学法

（一）概念

交际教学法（Communicative Language Teaching）又名功能法、意念法和功能意念法。20 世纪 50 年代末 60 年代初，美国语言学家乔姆斯基（Avram Noam Chomsky）首次提出了“语言能力”的概念。20 世纪 70 年代海姆斯（Dell Hymes）在“语言能力”基础上提出了“交际能力”学说。20 世纪 90 年代，巴克曼（Bachman）创立了新的交际语言能力测试模式。“交际”是指人的社会交往和社会交际，“交际教学法”则是教师以语言功能和交际需要为教学内容来培养学生交际能力的教学方法。在交际教学中，语言学习既要关注语言结构的学习，也要关注语言的思想、意念及社会功能的学习，注重情境性和活动性是它的最主要特征。教师积极创设真实的交际情境，根据教学内容和交际所需改编成各种对话训练或角色扮演语言训练模式，通过实践练习类活动和迁移创新类学习活动对所学语言知识进行内化提升和迁移创新，在不同场景中熟练运用所学语言知识的同时，实现语言的交际功能。

交际教学法在英语教学中一直被广泛使用，尤其是在学科核心素养背景下，交际教学法又被赋予了新的时代特征，教学目的不再是单纯培养学生的交际能力，而是开始关注在主题语境下培养听、说、读、看、写等语言能力，在语境中提高学生的学习能力、提升学生的文化意识和优化学生的思维品质。新时代交际教学法主要包括四个基本内容：（1）将提升学生以交际能力为主的关键能力作为培养目的；（2）在主题语境下协助学生进行合理、准确的组织及表达语言；（3）兼顾语言运用的正确性、规范性、熟练性和流畅度；（4）为学生创设真实交流和实践应用平台，提高学生的迁移创新能力。

（二）交际教学法的特点

1. 语境化

交际能力是在模拟真实交际语言情境下实现的，所以语境化是英语交际教学法的前提。英语教学的基本教学单位是在一定语境下的话语（discourse），脱离了真实语境，话语就不具备交际功能。“You are so great!”未必是夸赞的意思，在某种语境中它可能用来表示嘲笑或愤怒。同一个表达形式，在不同语境中可能会有不同语义功能。因此，教学活动应以话语在语境中能实现的语义功能为线索组织教学。

2. 交际化

在交际法教学中，整个教学过程紧紧围绕培养学生的交际能力目标，力求整个教学过程在教师创设的真实社会情景下，使用真实的语言进行交际活动。教师应尽量创造比较自然的语言交际条件，让学生在比较真实的交际场合学习语言、运用语言、内化语言，坚决杜绝用传统漫灌式的机械操练方式背诵语言表达和交际范例，要多采用游戏、儿歌、情景剧、角色扮演、情景再现、演讲辩论等活动形式。

3. 人性化

交际教学法的教学目的之一是帮助学生做到流畅地交流，教师应尽量为学生提供真实的交际情景、场合，创造轻松的学习气氛，积极鼓励学生自由、流畅、创造性地表达自己的观点或意图，在沟通中寻找语感和成就感。即使在交际中学生犯了言语错误，教师也不会急于纠错，打断学生的连贯语言表达。如果屡次纠错可能会打击学生的学习热情，甚至使其自信心和自尊心受挫，从此怯于交际，这就违背了交际教学法最初的意愿。

（三）交际教学法应遵循的原则

1. 以培养交际能力为目标

英语作为一种工具性的语言学科，各种英语教学法都会涉及学生交际能力的培养。作为以培养交际能力为目标而兴起的教学法，直接以“交际”命名，可见培养学生交际能力是其最突出的特征。交际能力是指在特定社会场合，针对特定对象，围绕特定话题，使用恰当语言进行交际的能力。交际教学法需要学习者掌握语言形式、意义和功能三种要素，这既排除了人们对交际法排斥语法的误解，又突出了语言学习的交际功能。为达到该目的，学生还必须能够在特定社交环境中，根据交谈者的身份、年龄，选择最恰当的语言形式，并随着交流进展发挥主观能动性，达到最佳交流效果。

2. 以学生为主教师为辅

在交际教学法教学中，学生是教学的主体和中心，教师起辅助和指导作用。学生作为交际者，应积极主动地投入课堂教学中，既要努力设法读懂、听懂、看懂别人的意思，又要努力让别人明白自己表达的意思，以达到自由交际的目的。即使学习者当前知识技能有限，也要学会利用表情、眼神、环境、道具等各种手段和技巧来表达，让交际对象明白自己的意思。从建构主义观点来看，每个学生都是积极建构的主体，学习活动是学生对内在原有信息和外界信息的建构过程。教师是各种交际行为和交际情景的设计者、组织者和实施者。在课堂教学中，学生是演员、主角，是舞台的中心和聚焦点，教师则是幕后的导演、策划，甚至是群演、观众和后勤人员，其任务是积极辅助好学生的精彩表演。

3. 教学过程贯穿真实交际特点

交际教学法教学要时时、处处围绕培养学生交际能力这一教学目标开展。在教与学的过程中，学生在各种交际活动中大量使用所学语言，如讨论、采访、辩论、演讲、表演、讲故事和生活在线等带有明显交际意图的活动。按照约翰逊和莫罗的观点，交际性行为（活动）具有三大特点：信息差距、选择性和反馈（Johnson & Morrow，1981）。所谓信息差距是指一方或双方知道对方不知道的东西。选择性则是指讲话双方在说什么、怎么说上都必须有自由选择的可能。任何真正的交际都是有目的性的，交际者都可以从对方反馈的信息来判断是否达到了交际目的。交际教学法所使用的语言材料必须是真实材料，也就是英美人实际应用的语言材料，而非用“汉式思维”“汉式英语”设计虚拟语言材料。教师要特别注重培养学习者理解这种真实语言材料的能力和技巧，在实践运用中产生真知真能。

4. 积极关注学生情感因素

交际教学法要求教师格外重视学生在语言学习中的情感因素，激励学生积极主动地学语言、用语言，并保持长久的学习动力和学习热情，在语言学习中有成就感、获得感和幸福感。要实现这一目标，师生之间要加强沟通交流，学生可以熟知教师授课的目的、方法及其原因，对教师的思想和做法产生极大的认同感，在课堂教学中与教师产生情感共鸣，形成融洽、亲密、默契的师生关系，将教与学的矛盾降到最低，从而大大提升语言教学效率。教师经常给每个学生表现的机会，学生就更容易释放天性，有更强烈的表达欲，教师也就更容易挖掘学生潜质，培养学生的交际能力，实现学习效率最大化。

5. 宽容小错与延缓纠错

虽然交际教学法非常重视语言的准确性与流畅度，但在实际教学中为了鼓励学生乐学乐用、敢说敢用，用所学语言进行流畅表达，教师往往会对学生出现的小错误采取宽容的态度，错误只要不严重影响交际理解，就不急于指责和纠正。即使学生犯了严重的语法错误或出现功能性失误，教师也尽量不立即打断学生的自由表达，一般会采取延缓纠错或在学生完成任务后进行启发纠错、自主纠错、师生议错，在不挫伤学生积极性的前提下帮助学生提升其语言表达的精准性，极力肯定学生表达的流畅性。交际教学法认为不同层次学生的语言知识虽然受到不同程度的限制，但这并不妨碍他们成为出色的交际者。

（四）交际教学法的教学案例

Teaching title：Don’t shout，please

Warming-up（课前热身）

Activity：师生交流文明交通用语和文明行为。教师与学生互相交流，讨论交通安全与相关的文明举止。教师出示 Lesson 1 中第二幅图和第三幅图，让学生复习上节课学到的祈使句：Look before you go across the street. The light is red now. Let’s stop and wait. Let’s get on the bus. Don’t push. Let’s wait in line.（创设师生交际情景，复习交通主题下的交际用语）

Practice（知识内化）

Activity 1：小组合作，分角色表演课文对话，并戴头饰上台表演展示，教师及时点评。

Activity 2：请学生看 Let's talk 部分的内容，播放录音或教学光盘，学生模仿跟读后，请学生分组操练，并展示。（课文情景再现，角色扮演，在真实交际中运用语言）

六　自然教学法

（一）概念

自然教学法（The Natural Approach）由美国应用语言学家克拉申（S. D. Krashen）和美国加利福尼亚大学教师特瑞尔（T. D. Terrell）共同提出。他们在研究儿童如何产生第一语言的基础上，提出了在语言学习中自然“习得”和“学习”两个不同的概念。对幼儿来说，学习第一语言是一种生存的需要，与他们的现实生活紧密相连。从出生开始，儿童处于一个与日常生活相关的真实的母语环境，通过交流、模仿自然“习得”第一语言。而“学习”则指学习者在学校环境中，有意识地学习第二语言或外语，更加注重语音、词法、句法、造句等方面的学习和训练。特瑞尔与克拉申在对自然教学法及其教学模式进行研究的时候，选择应用第二语言习得理论。他们倡导教师应尽量构建一个无限接近学习者真实生活的语言环境，促使学习者使用自然“习得”的方式来掌握第二语言或外语。自然教学法的精髓就是尽力创设虚拟的母语环境帮助学生用“习得”的方式“学习”外语（第二语言）。

自然教学法模式下，教师努力为学生营造一个轻松愉快的学习氛围和环境，可以有效激发学生学习兴趣，增强学生自信心，减轻学习焦虑程度，引导学生通过一种自然的方式学习和掌握语言知识和技能。按照克拉申的理论，自然教学法的教学过程可划分为四个阶段：表达前阶段（沉默阶段，集中发展听力理解能力，不对学生的语言表达予以过多要求）；早期表达阶段（注重学生借助自身的语言体系来参与一定的语言表达活动，如回答问题等）；表达阶段（加强对学生语言表达能力的培养，如分组讨论、自由对话等）；中度流畅阶段（通过各种活动，更好地培养学生的语言交际能力，如角色扮演、英语游戏等）。这四个阶段与小学英语教学的不同教学阶段有着密切的联系。

（二）自然教学法的特点

1. 内容为中心

在自然教学法中，交际内容比形式更重要，大部分课堂教学活动旨在激发学生的交际欲望。有学者认为，整个课堂期间都应致力于交际活动，绝大部分语言形式的解释和练习应集中在课堂之外。教师应该在需要的时候提供材料和指导，以确保学生语言输出质量，学习者必须自己确定何时何地用所学的知识来提高语言能力，因为有意识的语言形式不能自动地引起应用语言能力的提高。

2. 语言流畅为主

在以语言流畅为目标的自然教学法的课堂上，学生在个人化的语言学习活动情景中自然习得第二语言或外语，在轻松愉快的学习氛围中，存在着大量的群体交际实践的机会，学生被激励去习得流畅的交际能力。在语言习得过程中，语言错误不必一一纠正和即时纠正，以避免给学习者带来不必要的尴尬而影响语言表达的流畅性，同时避免学生产生动机、态度上的消极影响。

3. 学生为主体

在自然教学法中，学生是教学活动的主体，每个教学活动的设计都是以学生的语言习得为目的的。为此，教师承担着三个重要辅助角色：第一，提供学生感兴趣、可理解并稍高于学生现有语言能力水平的语言输入，以帮助学习者自然地习得第二语言。第二，营造降低情感过滤的课堂环境，减少焦虑，增强信赖感，激发成就感。第三，创造趣味性、激励性强的教学活动，鼓励学生积极表达观点、愿望和情感等，帮助学生在语言输出中习得和内化语言。

（三）自然教学法应遵循的原则

1. 大量可理解性输入

交际能力建立在学生习得知识的基础上，大量相关信息输入是学生熟练输出的前提和保障。在自然教学法中，教师需要为学生提供大量的可理解性素材和信息进行理解、习得和内化语言。只有输入的信息是足量的、自然的、可被理解的，学生才能有充足的语言素材去理解、模仿、内化于心，习得才能变成可能。在教学实践中教师必须明白：（1）任何可以帮助理解的手段都很重要。（2）学生词汇量越大，可理解的信息就越多，习得的就越多。（3）师生交谈时，教师必须关注学生是否能理解信息，而非过度关注学生是否用了某个句型。（4）教室、宿舍和校园可以成为学生进行习得活动的真实场景。

2. 不过早要求表达

在起始阶段有一个以听力理解为主要活动的“沉默阶段”，即表达前阶段或说话前阶段，又被称为“听力理解阶段”。自然教学法不希望学生在习得过程开始前就过早地开口表达，只要求学生听和理解。在课堂上，教师应该与学生进行自然的交流，进行语言沟通，注重对词汇、语法的教学。学生所有的注意力都可以放在听力上，不用担心被逼回答问题，当学生感觉能听懂大部分时，他们的自信心会极大地增强，逐渐产生沟通表达的欲望。表达前阶段的长短因人而异，小学生需几个月，中学生一个月左右，大学生几节课后就可以自动开口。

3. 营造轻松愉快的学习氛围

自然教学法要求尽力将学生的情绪过滤器调节到最低，努力营造轻松愉悦的学习氛围和构建友好的师生关系，全方位消除学生紧张情绪，鼓励学生运用所学表达思想、观点、情感。第一，不强迫学生开口，让学生在英语课上没有压力。第二，允许学生自主决定开口说话的时间、内容、形式，学生任何形式的表达都要受到积极的肯定。第三，在口语活动中学生出现表达错误时，不打断，不纠错，不过度关注语言形式的小错，最小化学生的焦虑、最大化学生的自信。第四，语言的输入要有趣味性，活动的设置尽量接近学生真实生活。

4. 教师尽量使用外语授课

第二语言学习或外语学习，往往严重缺乏真实语言环境，学生所学语言知识缺乏实践应用的大环境、大氛围。自然教学法提倡教师尽最大可能用外语授课，在提高自身英语素养和表达能力的同时，帮助学生创设语言环境和语言氛围，引领学生用外语表达和用外语思维。学生可以使用本族语言，也可母语外语参半，鼓励但不强迫学生用外语表达。在英语教学实践中，教师积极营造校园和班级英语文化氛围，尽量用全英文授课和课外互动，引导学生积极主动地运用英语进行流利的谈话，清晰地表达思想和观点，帮助他们像学母语那样轻松自然地学好英语、用好英语。

（四）自然教学法的教学案例

案例2-6

Teaching title：Unit 2 Lesson 3 What's your hobby?

Presentation（新课呈现）

Activity 1 Listening and filling.

听录音，口头完成下列句子：

（1） Grandpa's hobby is ________.（2） Grandma's hobby is ________.

（3） Uncle's hobby is ________.　（4） Aunt's hobby is ________.

边听边思考，理解课文，回答问题，引出词汇 paper、paper cutting、cooking 等。领读这些信息词，由慢到快，领读，齐读，开火车读。领读这些单词时，边做动作边读，回到句子中读，回到交际情境中读，具体操作如下：paper、paper、cut、cutting、paper cutting、paper cutting、My hobby is paper cutting、Grandpa's hobby is paper cutting... What's your hobby? My hobby is cooking.

Activity 2 Listening and reading loudly.

回到听力理解情境中，模仿读，大声读，熟练读。

Practice（知识内化）

Activity：Let's talk.

Li Ming also asks his friends' hobbies. Let's have a look and try to act it. You can help him ask more friends.

Li Ming: What's your hobby, ________?

Student 1:…

Student 2: My hobby is…

Student 3: I like…

拓展课文情景，鼓励学生在真实交际情景中，有所创新，丰富对话内容，在实践中内化提升。

本章知识结构导图

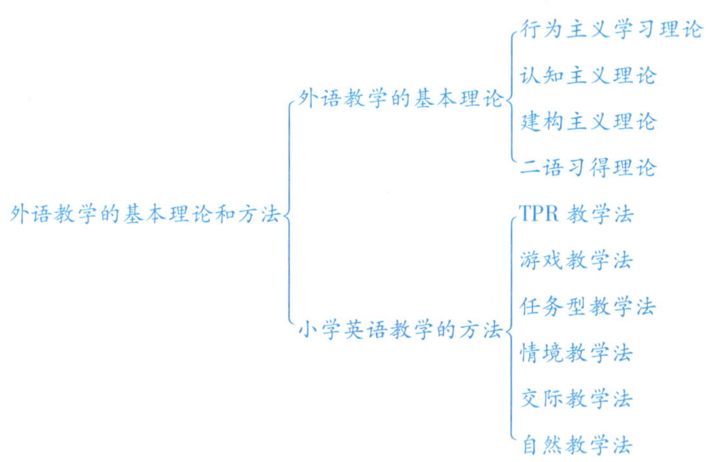

知识点检测

1. 外语教学的基本理论主要有哪些？

2. 小学英语常见的教学方法有哪些？请简述其概念。

3. 选择小学英语教材的某个单元，运用六个教学方法，分别设计教学案例，并说明所运用的教学方法应遵循的原则及特点。

参考答案

第三章 小学英语教材分析

学习目标

- 了解并掌握小学英语教材的整体结构和特点。
- 熟悉并理解小学英语教材的语音、词汇、句型知识及分布。
- 了解并熟悉小学各学段听、说、读、写能力的发展体系。
- 能依据小学英语教材编排体系对教学内容进行教材分析。
- 能依据教材内容进行教学内容整合。
- 能运用"文本解读方法"[①] 进行教学设计。

案例导入

小刘是一位刚毕业的小学英语老师。她在教小学六年级上册第一单元 *What did you do during the holidays?* 前，跟所有新教师一样，备课不敢马虎，做了很多准备：做课件、研读教师用书、学习网上案例、上网查单词发音、标注句子语调等。"这样我的课肯定不会出什么问题了吧！"她这样想。上课铃响了，刘老师让学生把书本翻到第 67 页的单词表，首先，用 PPT 图片出示单词，然后，播放了几遍录音，再在黑板上板书了单词及中文意思。之后，她先让学生跟着老师读几遍，然后整体齐读。在这个环节中，孩子们比较配合，都在大声地朗读。接着，刘老师在课件上出示了图片及与之相对应的词组，引导学生观察图片，然后请学生跟着录音读。在这一过程中，只有少数学生配合，能够大声地读，大部分学生不敢开口，甚至有个别学生表现出了不耐烦的表情，开始搞小动作了。由于时间紧，刘老师直接开始教 C 部分的句型学习，先带读两遍。正准备归纳并讲解动词过去式时，铃响了，刘老师只好无奈地下了课。

---

① 黎茂昌，蓝卫红．小学英语教学论［M］．武汉：华中师范大学出版社．2018.

案例分析：这节课属于听说操练课，其基础在于通过情景展示几个重点单词的理解和认读，重点在于使用句型 What did you do during the holiday？及 I +did... 进行问答。通过上述案例我们不难发现，刘老师没有认真研究教材内容并进行分析，存在以下几个方面的问题：一是没做到教材内容前后关联，以旧引新。湘少版五年级下册第十二单元已学 Where did you go？What did you do？以及其回答。二是没把握好教材的重点。因此，在小学英语教学中，正确理解教材分析的意义，掌握教材的基本特点和分析方法就显得尤为重要。

第一节 小学英语教材分析的意义与方法

一 小学英语教材分析的意义

有效的教学设计，需要进行教学内容的分析。小学英语教材的分析既包括小学全套教材教学内容的内在关联（宏观层面的分析），又包括具体的教学内容（微观方面的分析）。我国现阶段小学英语的教学内容主要是教材，教材中的核心是课文以及相关的学习活动。学习活动有课文之前的准备性学习活动、课文学习理解活动、课文学习训练活动、课文之后的运用活动。准确分析把握教学内容是有效进行教学设计及有效教学的基础和前提，其意义在于：

（一）教材分析是教师备课的基础和前提

按总目标和分级目标理清教材的编写体例及内容，做到教学目标准确、教学内容前后逻辑性强、教学活动和方法使用得当，使教学更具针对性。

（二）教材分析是确定教学内容的重要途径

《标准》指出：教材是英语课程的核心资源。在教学中，教师要善于根据教学的需要，对教材加以恰当的取舍或调整。为实现教学目标，教师必须根据教材特点和学情对教学内容进行必要的增减和重构。

（三）教材分析是教师教学研究的重要方法

教师从宏、微观层面整体分析和把握教材，一是有利于教师熟悉教材编写理念、编写体例和内容；二是能提升教师分析和处理教材的能力。这些无疑会促进教师的专业成长。

二　小学英语教材分析的方法

教材分析从宏观把握到微观分析的角度看，可分为课程教材分析、学年教材分析、学期教材分析、单元教材分析、课时教材分析，每一个层面教材分析的侧重点是不同的。① 下面主要从课程特性、语篇特性及教学特性三个方面谈谈课时教材分析（教学内容分析）。②

（一）课程特性分析法

主要分析教学内容与课程要求及课程目标相关联的特征，可从课程语言知识目标（语音、词汇、语法、功能、话题、篇章知识、语用知识）、语言技能目标（听、说、读、写等）和其他预期目标（文化意识、思维品质、心智发展、学习能力、语言综合运用能力、综合人文素养等）等方面来描述，看内容设计是否符合课程发展、英语学习及学生心理发展规律，是否与英语课程发展目标相符。

（二）语篇特性分析法

把握语篇的结构、内容、语境及语用目的分析，可从作者、写作背景、写作意图、内容及篇章结构的逻辑关联特性、语用特征及目的、价值取向、文化特性、教育价值等方面进行描述。

（三）教学特性分析法

可以从教学内容在单元中所处的地位和作用，是否有系统的学习活动、评价活动支撑教学内容教学，是否符合教师教和学生学的习惯，是否符合学生现有的语言水平、心理发展和认知规律，能否实现教学内容预设目标，是否可以帮助不同学生扩展学习等方面来描述。

第二节　小学英语教材的特点和基本内容

实现英语课程目标的重要材料及必不可少的手段便是教材。教学活动中教师以教材为媒介，以学生为中心，有目的、有计划地开展教学以实现课程目标，为学生的终身学习和发展奠定基础。在英语教学中，教材起到了至关重要的作用。它是学生获取知识和技能的重要来源，是教师教学的主要依据。能否顺利实现课程目标取决于三个能否：教师能否全面认识教材，能

① 王丽春. 小学英语教学技能［M］. 上海：华东师范大学出版社，2012.

② 鲁子问. 小学英语教学设计［M］. 上海：华东师范大学出版社，2017.

否正确把握教材，能否合理利用教材。因此，教师只有深入地研读、分析、把握教材，才能合理开发与利用教材，才能更好地设计并组织英语教学活动。

一 小学英语教材的特点

小学三年级是英语学习之旅的起点。在起始阶段培养及激发学生的学习兴趣、树立学习自信、养成良好的学习习惯、习得有效的学习策略显得尤其重要，而这一切活动的实现都离不开教材。在新课程改革的推动下，我国小学英语教材立足标准，结合小学生人格发展和认知的独特方式，实施“一纲多本”的教科书政策。在政策的推动之下，一时间百花齐放，各省市结合各自特点开发了各具特色的小学英语教材，呈现出了多样化趋势，一些学校还引进了国外的英语教材。这些教材各有千秋。以下就中国现行使用的两套小学英语教材为例进行分析，这两套教材分别由人民教育出版社（以下简称“人教版”）和湖南少年儿童出版社（以下简称“湘少版”）出版。

（一）人教版

人教版教材是人民教育出版社课程教材研究所开发中心依据《义务教育英语课程标准（2011 年版）》（以下简称《标准（2011 年版）》与加拿大通灵教育有限公司国际集团合作编写出版的，此教材 2012 年 6 月第一版印刷，2019 年 6 月第九次修订印刷。本套教材的使用对象是 3—6 年级学生，共 8 册，每学期一册。此套教材呈现出以下特点。

1. 教材内容设计由浅入深，遵循学习规律，符合儿童的年龄特点

首先，教材从简单的听、说，逐步发展到听、说、读、写、做，使学生能够循序渐进地提高英语交际的能力，收获到英语学习的快乐。在起始年级（三年级），教材主要通过 Let's talk、Let's play、Let's do 和 Let's sing 等教学活动，培养学生学习英语的兴趣，培养学生对简单词汇的听、说、认、读能力及发展学生简单对话的能力。在中段（四、五年级）则开始加入 Say and draw 和 Read and write 板块，不仅重视英语趣味性，而且更加侧重学生语言学习习惯和读写能力的养成。在高段（六年级）则将教学重点转移到提高学生的单词、句型的综合运用和读写能力上，教学内容主要为 Let's learn、Let's talk 和 Let's read。其次，教材核心板块的教学要求由低到高，由简单到复杂。三年级教材主要教学要求为词汇认读和 12 组句型的认读；四年级教材开始要求单词和句型的书写；五年级教材开始要求词汇读写，认读句型也增加到了 20 多组，并要求能读懂对话或短文；六年级教材在词汇读写的基础上要求句型的读写，同时要求能整体阅读语篇，并掌握一定的阅读技巧。最后，教学内容由易到难，层层铺垫。例如：在三年级上册教材第四单元 *We love animals* 中，主要使用陈述句的方式表达个人喜好；在三年级下册教材第四单元 *Do you like pears?* 中进一步使用一般疑问句的方式询问他人的喜好；在五年级

上册教材第三单元 *What would you like?* 中则开始学习怎么使用特殊疑问句就个人喜好这个主题进行交际。

2. 语言应用与能力培养并举

该教材强调语言应用且注重能力的培养，具体表现在以下几个方面：第一，使用情景化教学内容培养学生的英语思维能力，提高学生的语用能力。如三年级教材中多采用对话的模式创设真实情境，将知识与生活相融合；四年级教材中则创设参观新教室、去朋友家做客、去农场参观等情境，对语言综合运用的能力要求有所提高。第二，学生通过完成任务掌握知识和技能，体现了“学为用”的教学思想，注重语言能力的培养。语言作为一种交际工具，其中最主要的一项功能就是运用语言来做事情，本套教材正是体现了培养学生应用语言的能力。例如：在四年级上册 Unit 1 *My classroom* 中，首先在 Let's talk、Let's play 和 Let's learn 三个环节中充分地进行听说训练，掌握单词 window、light、door、classroom、blackboard 等以及句型 “What's in the classroom?”。其次，在 Let's do 环节，让学生运用前面所学知识完成开门、开灯、关窗、擦黑板等任务。第三，教材内容源于生活，真实、自然，满足了学生英语学习需求，提高了其语言的实际运用能力。该套教材坚持“语言真实与自然应用”的基本原则，在内容的选择、情景设置和活动设计等方面都遵循了这一原则。以四年级教材内容为例：上册的主要话题围绕家庭、学校和朋友展开，下册的主要话题有时间、天气、服饰、购物等；在词汇的选择上，也都是小学生日常生活的词汇，这些内容与学生平时的生活都十分贴近，学生能够学习到真实的、生活化的语言，运用起来也就比较自然和流畅。

3. 重视学习动机和兴趣的激发

《标准（2011 年版）》中提出：“积极的情感态度有利于促进主动学习和持续发展。”人教版小学英语教材运用歌曲、歌谣、TPR 活动和表演等多种形式来调动学生的学习兴趣，十分符合儿童好动、好玩、好表演的特点。例如：在教材中的 Let's play、Let's learn 和 Let's do 板块，教师可以合理使用这些环节，以游戏活动引导学生积极参与，在做中学，在玩中学。这种教学内容的设计能够营造出比较活跃和宽松的课堂氛围，使学生轻松、快乐地学习英语，真正地实现了“唱中学、做中学、玩中学”（learning English by singing, by doing and by playing）。

教材使用卡通人物角色、多彩的插图设计、富含韵律的儿歌、生动有趣的故事以激发学生英语学习的动机和兴趣。例如：在三年级教材中，学生们认识了粗心大意的大熊 Zoom 和活泼聪明的松鼠 Zip；在五年级上册的教材中，学生们还认识了机器人 Robin。低年级的英语教材以学唱英语歌曲的形式激发学生学习英语的兴趣，而六年级的教材不但有大量的英文歌曲还提供了三只小猪和小红帽的英语短剧的表演素材，满足了不同英语水平学生的需要，进而达到激发学习动机和学习兴趣的目的。

（二）湘少版

此次分析的湘少版小学英语教材是由湖南少年儿童出版社和香港思达出版社联合编写的，

由湖南少年儿童出版社 2012 年 9 月第一版印刷，此次分析的为 2018 年 6 月重印版。本套教材共 8 册，供小学 3—6 年级使用，每学期一册。此教材有如下几个特点。

1. 结合认知特点，重视能力培养

小学阶段学生英语学习持续时间长、跨度大。受自身身心发展规律的影响，小学生在学习感知、学习策略上都呈现出一定的规律。[①] 小学生在整个阶段对具体的事物和经验较有兴趣。低年级时对游戏式的学习活动感兴趣，中年级开始对较抽象的知识产生初步兴趣；中年级以后游戏的作用逐渐下降。[②] 湘少版小学英语教材在《标准（2011 年版）》的基础上，充分考虑小学生身心发展和学习需要，将小学阶段的总体教学目标分类细化，由浅入深，逐级递进。三年级上册教材通过真实的情境对话开展教学，注重简单的英语听、说能力的培养及 26 个英语字母的正确书写；三年级下册教材则通过朗朗上口的小韵律诗学习英语字母及字母组合的发音规律；四年级上册教材开始学习读懂简单的小故事和“抄出”简单的词语；五年级上册教材开始培养学生正确的语音、语调及综合运用语言的能力；六年级教材则要求能梳理所学知识，熟练运用英语进行日常交流、感知语法结构。湘少版教材立足于小学生认知和人格发展的独特方式，注重生活实践经验，注重兴趣与满足实际交流需要。在任务型教学模式中，通过交流与合作、沟通和实践，学生逐步掌握一定的英语听、说、读、写的技能，学生以原有知识与经验为增长点，以掌握语言结构为目标，以话题与任务为途径，逐步提升语言实际交际能力，促进英语思维能力的发展。如图 3-1 所示。

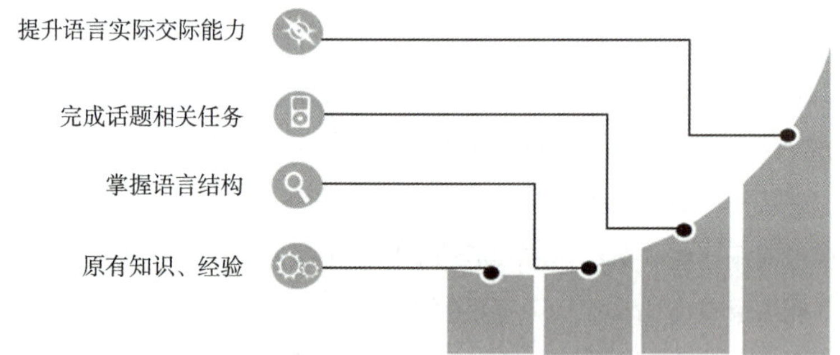

图 3-1 语言知识、能力发展关系图

以湘少版三年级英语教材上册为例，本册书共 12 个新授课单元和 4 个复习评价单元。一个单元就是一个话题，每一个单元包含一个主题句，共计 12 个话题，12 个主题句，涉及的话题与生活紧密相关，有问候、自我介绍、认知他人、家庭成员、身体部位、动物等。各教学单元采用“教案式”体例，将每单元划分为 A、B、C、D、E、F、G 七个部分，从五年级上册开

---

① 申继亮. 中国中小学生学习与心理发展状况报告［M］. 北京：北京师范大学出版社，2008.

② 王耘等. 小学生心理学［M］. 杭州：浙江教育出版社，1993.

始缩减为6个模块，每项的要求和侧重点相互关联且又逐步递进深化，具体内容如图3-2所示。

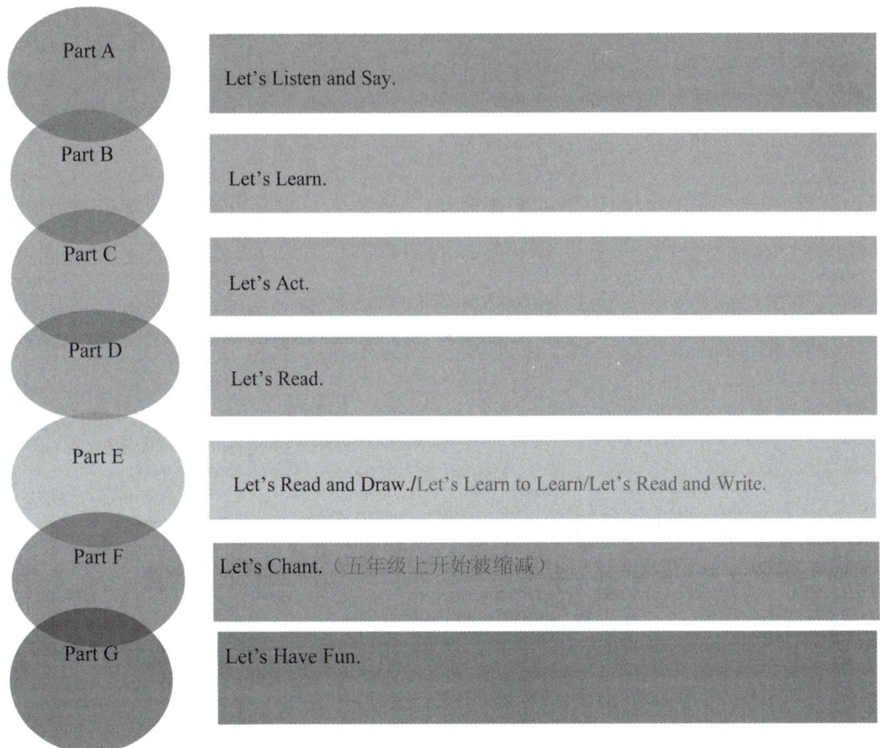

图3-2　湘少版英语教材各单元内容模块

湘少版小学英语四年级上册　Unit 12 Peter can jump high

知识目标：

（1）能认读并准确使用下面单词：can、jump、run、swim、fly、high、fast、far。

（2）能认读并准确使用下面短语：jump high、jump far、swim fast、run fast、fly high。

（3）能掌握情态动词can的正确使用方法。

技能目标：

（1）能就个人能力与他人进行交流。

（2）能准确使用陈述句、一般疑问句与他人交流个人的能力。

情感目标：

（1）能够在交流中认识自己的能力，从而积极悦纳自我。

（2）能够在交流中认识他人的长处，学会欣赏他人。

文化目标：

了解不同国家小学生热爱的运动。

案例分析：在学习这个单元之前，学生已经初步了解陈述句、一般疑问句的转换，为这个单元中使用陈述句和一般疑问句就个人能力进行交流打下了基础。教材首先结合生动的图片和音频材料，对学生进行重点句型、重点短语输入，使学生对重点句型和短语的使用有一个直观的了解。结合此年龄阶段学生喜爱游戏和活动的特点，教材在 Let's Act 部分营造语境，激发学生在真实情境中表达欲望，并由原来的陈述句结构向一般疑问句结构过渡。结合阅读和写作任务对正确使用情态动词 can 做进一步的操练后，教材在 Let's Have Fun 部分把新知识 I can... 和原有知识 feet、hands、eyes、mouth 结合起来，实现了知识的融会贯通，游戏的形式也迎合了低年级学生学习和认知的发展特点。

2. 集中强化语法，兼具结构与功能

本套教材采取集中强化语言点、分步推进重难点的策略。三、四年级侧重于积累基本词汇、掌握和运用简单句型。通过趣味活动渗透铺垫，通过听说活动感知单词，通过情景对话操练语用能力，通过读写活动拓展巩固。五、六年级侧重培养语法意识，体现在教材中涉及了情态动词 can、动名词、形容词、介词等多种词性；教材中出现了 there be/ be going to 结构以及一般现在时、现在进行时、一般过去时等时态的基本用法教学，要求学生重点掌握并能在真实的语境中学以致用。语言点相对集中，活动形式丰富多样，结构功能并重，便于教师有序、高效地开展语言训练，也便于学生在学习的过程中发现并掌握语言规律，培养他们的自主学习能力。具体情况如图 3-3 所示。

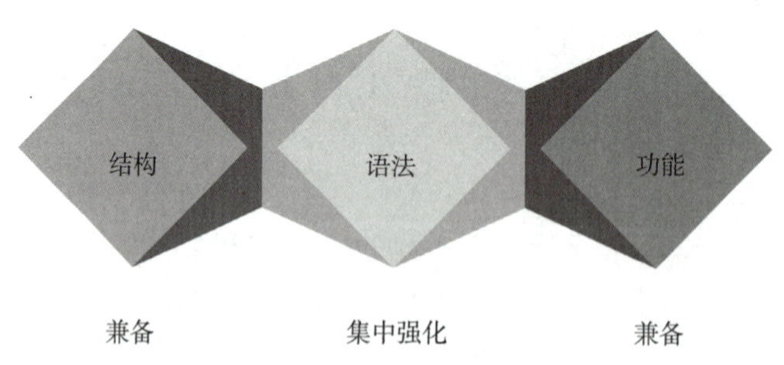

图 3-3　语法、结构与功能关系图

湘少版小学英语六年级上册

Unit 1 What did you do during the holidays?

知识目标：

（1）能认读并准确使用下面单词：during、holiday、learn、practise、speak。

（2）能认读并准确使用下面短语：learn words and sentences、play games、learn writing、practise listening。

（3）能使用下面句型进行交际：What did you do during the holidays?

I learned/went to /visited/read/played/wrote/...

（4）能掌握一般过去时、动词过去式的规则变化和不规则变化。

技能目标：

（1）能就假期所做的事与他人进行交流。

（2）能用一般过去时描述过去发生的事。

文化目标：

了解讲英语国家的孩子爱玩的游戏“Simon says”。

3. 重视文化意识的培养

《标准》中指出：学习和运用英语有助于学生了解不同文化，比较文化异同，汲取文化精华，逐步形成跨文化沟通与交流的意识和能力，学会客观、理性看待世界，树立国际视野，涵养家国情怀。该教材渗透了英语国家及中国的传统文化，一方面增加学生对英语国家文化的认识和了解，同时弘扬我国传统文化，树立文化自信。教材中英语国家文化的渗透潜移默化地提高了学生学习英语的兴趣，提升了学生英语学习能力及思维能力。《标准》还指出：学习英语有助于学生形成正确的世界观、人生观和价值观，为学生终身学习，适应未来社会发展奠定基础。本套教材涉及节日文化（春节、中秋节、圣诞节、母亲节等）、传统文化（京剧、皮影戏、百老汇歌舞剧等）、历史文化（名胜古迹）（如 Simon 的游戏）、人文素养（如帮助他人、保护环境）、科学探究（如使用电脑、手工制作）等内容。通过对教材内容的学习，学生能够深入了解中国传统文化和地道的外国文化，明白中外文化的差异并学会尊重不同国家的文化。同时，在教材当中渗透了德育的内容，注重对学生良好行为品德及正确的人生观、价值观的塑造和培养。如图 3-4 所示。

图 3-4 教材中的综合人文素养内涵图表

湘少版小学英语六年级上册

Unit 4 The Mid-Autumn Festival is coming

知识目标：

（1）能认读并准确使用下面单词和短语：nearby、centre、moon cake、type、lotus seed、red bean、taste。

（2）能使用句型表达喜欢做某事：I enjoy+V-ing...

技能目标：

（1）能够表达自己喜爱什么。

（2）能够就中秋节这一话题与他人进行交流。

情感目标：

感受亲情，敢于表露个人的情感。

文化目标：

了解中秋节相关的文化内容，如习俗、由来等。

4. 更具整体性

义务教育阶段英语课程的总目标是通过学习英语，使学生初步形成综合运用语言的能力，促进学生心智发展，提高其综合人文素养。综合语言运用能力的形成离不开以下几个重要部分：语言知识、语言技能、学习策略、情感态度和文化意识。其中语言知识与技能是基础，有效的学习策略是掌握语言知识提高学习效率的必要手段，积极的情感态度是学生主动持之以恒学习的动力源泉，正确的文化意识是运用语言的利器。湘少版英语教材内容以语言知识、语言技能、学习策略、情感态度和文化意识这五维目标为基础而建立。这五个方面相辅相成，共同促进学生综合语言运用能力的形成与发展。如图 3-5 所示。

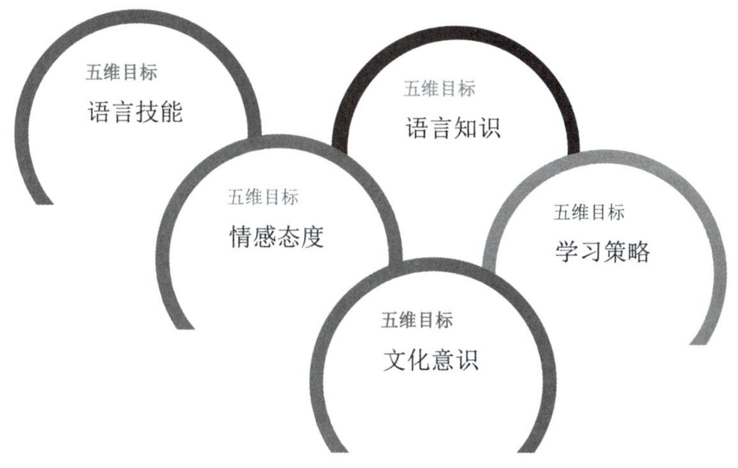

图 3-5　五维目标发展关系图

湘少版小学英语六年级下册
Unit 4 Planting trees is good for us

知识目标：

能够认读并准确使用单词和短语：Tree Planting Day、air、place、plant trees、keep the air clean、keep us cool、make the place beautiful。

技能目标：

（1）能够运用句型 be good for 告诉别人植树的好处。

（2）能够运用句型 I enjoy doing sth. or I like to do sth. 表达自己的意愿。

情感目标：

通过植树节的学习，培养学生保护环境、爱护环境的情感态度。

文化目标：

了解植树节的由来及植树的意义。

学习策略：

采取听、说、读、写、练多种学习途径相结合的学习策略达成知识与技能目标。

从教材结构来看：第一，教材内容包括 12 个新授课单元及 4 个复习评价单元，每个复习评价单元前还有知识的拓展环节 Let's Know More，便于不同层次的孩子自由选择。第二，教材编写注重学用结合、新授与复习相结合，注重细节且整体感强。第三，知识梳理帮助孩子复习巩固。后面的单词汇总表一是分单元整理的，便于学生自学时查找；单词汇总表二按首字母整理，并注明了黑体单词要求学生能听、说、认读，白体单词只作听、说要求，便于学生复习；Structures 将每个单元的语法结构句型进行了归纳；附录部分列出从三年级至六年级的重点内容，丰富而又全面，且各具代表性，有动物、常见水果、常用的物品的名称，简单的课堂用语，12 个月份英语单词，部分动词过去式及国家名称，小学阶段应该掌握的部分动词的三种形式，名词的单复数变化等，帮助学生形成有效的学习策略。

二 小学英语教材的基本内容

（一）人教版

人教版教材结构严谨、由浅入深，遵循学习的客观规律；教学内容生动有趣，注重真实情境的创设，重视对学生英语学习兴趣的培养；丰富的教学活动设计有利于学生英语思维能力的培养和综合英语应用能力的提高。下面主要从该教材的基本结构和教材的主要内容两个方面进行分析。

1. 教材基本结构分析

人教版小学英语教材共 8 册，适用年级为小学三年级至小学六年级，每年级分上、下两册。三年级上册至六年级上册教材中，每册教材内容都为 6 个单元，其中每 3 个单元后有 1 个复习单元；六年级下册教材仅有 4 个单元和 1 个复习单元。三、四年级教材后的附录表格有三个，分别是：单元词汇表、按字母表顺序整理的词汇表和常用的表达法。这样设置既便于学生在学习新课时查找单词，又有利于新授课单词的集中掌握。其中，词汇表的单词进行了黑、白体词的区别，黑体词要求学生能够听、说、认读，白体词只作听、说要求。在五年级上册至六年级上册中，附表增加了歌曲和谚语两个表格，有利于增加英语学习的兴趣和满足不同英语水平学生的需要。六年级下册教材中增加了英语短剧、不规则动词表和英语读音表，这些内容的设计能让学生掌握一些基本的英语语言规律，为将来初中英语的学习打下基础。

2. 教材内容分析

人教版小学英语教材内容生动有趣，注重真实情境的创设，致力于满足学生的英语实际运用能力的提高。三年级教材为学生们带来了粗心大意的大熊 Zoom 和聪明的小松鼠 Zip，还有外国学生 Mike、John 和 Sarah，以有趣的对话、故事、歌曲的形式鼓励学生们认读英语。在四年级的教材中，张鹏、Sarah 带学生们去参观他们的新教室，到吴一凡家里做客的真实情境让学生们感到身临其境；在五年级的教材中，学生们认识了 Robin 这个智能机器人，并和他经历了很多有趣的事情。人教版内容由易到难，由浅入深。三年级教材通过角色对话创设真实情境，激发学生英语表达的欲望；利用英语歌曲和童谣鼓励学生模仿和学唱。从四年级开始，教材中增加了 Read and write 环节，引导学生在前期认读的基础上拼写单词。五年级教材新增了 Let's try 和 Let's wrap it up 环节。Let's try 部分为听力训练，Let's wrap it up 部分引导学生仔细观察并总结规律。六年级教材中增加了 Look and talk 部分，旨在提高学生阅读和交流的能力。其中具体每册教材的内容分布见表 3-1。

表 3-1 人教版教材单元内容分布统计表

适用阶段	新单元	复习	教学内容
三年级上	6	2	Let's talk，Let's play，Let's learn，Let's do，Start to read，Let's check，Let's sing，Story time
三年级下	6	2	Let's talk，Let's play，Let's learn，Let's do/Let's chant，Let's spell，Start to read，Let's check，Let's sing，Story time
四年级上	6	2	Let's talk，Let's play，Let's learn，Let's do/Say and draw，Let's spell，Read and write，Let's check，Let's sing，Story time
四年级下	6	2	Let's talk，Ask and answer，Let's play，Let's learn，Let's do/Say and draw，Let's spell，Read and write，Let's check，Let's sing，Story time
五年级上	6	2	Let's try，Let's talk，Ask and answer，Role-play，Write and say，Let's learn，Let's spell，Let's check，Read and write，Story time
五年级下	6	2	Let's try，Let's talk，Let's learn，Ask and answer，Let's spell，Read and write，Let's check，Let's wrap it up，Story time
六年级上	6	2	Let's try，Let's talk，Role-play，Let's learn，Read and write，Let's check，Let's wrap it up，Story time
六年级下	4	1	Let's try，Let's talk，Let's learn，Look and talk，Read and write，Let's check，Let's wrap it up，Story time

总的来说，本套教材按单元和话题设计编写，教材内容从易到难，逐步推进，稳步提高。三年级教材侧重培养学生对英语学习的兴趣，重在多听、多模仿；从四年级开始增加了读、写环节；在六年级的时候引导学生了解英语学习规律。不同学段的教学要求明确，重点突出，教师易于把握和操作，也遵循了学生的年龄特征和学生的学习规律。

（二）湘少版

湘少版英语教材符合学生认知和人格发展的客观规律，结构功能兼具，在立足五维目标的基础上注重对学生跨文化意识和人文素质的培养。下面从教材的基本结构和内容上对该套教材进行分析。

1. 教材基本结构分析

湘少版小学英语教材共 8 册，适用年级为小学三年级至小学六年级，每年级分上、下两册。从三年级上册至六年级上册每本教材有新授课内容 12 个单元（六年级下册仅有 9 个单元，外加 2 个总复习单元），每 3 个单元后有一个 Let's know more 环节和 Assessment 测评环节。Let's know more 环节在原有新课内容的基础上进行了拓展和延伸，拓宽了学生视野，满足不同学习水平英语学习者的需求。Assessment 测评环节实为复习巩固，便于教师及时掌握学生的学习情况，查漏补缺。每册教材的附录部分都包含两个词汇表，其中词汇表一以单元为单位对单词进行整理，词汇表二则按词汇首字母进行整理。词汇表二用黑、白体的方式标明了对单词的不同要求。两个词汇表都没有对单词的音标进行印刷。附录三的 Structures 将每个单元的语法结构句型进行了归纳；附录五和附录六每册教材各不相同，例如：三年级上册教材附录四为常见的动物，附录五为 26 个英文字母；三年级下册的教材附录四为常见的水果，附录五为多彩的教室。教材最后的附录部分为 Self-Assessment，此部分更注重学生对自身学习情况的了解。

2. 教材内容分析

本套教材的教学内容贴近生活，以功能和结构为主线，以任务型活动为目标，以话题为核心，以培养兴趣为目的，将语言功能、结构、话题、任务有机结合；通过语言知识、语言技能、学习策略、情感态度与文化意识五个目标培养学生的综合语用能力；将素质教育融入英语教材和教学之中，促进学生的全面发展。这套教材增加了听、说技能训练专栏，在单元教学目标中加大了听、说、读、写技能训练的比重和力度，并把听、说教学作为小学英语教学的重要的教学目标、教学手段和教学行为。具体每册教材的内容分布见表 3-2。

表 3-2 湘少版教材单元内容分布数量统计表

适用阶段	新授课	文化拓展	评价	复习
三年级上	12	4	4	0
三年级下	12	4	4	0
四年级上	12	4	4	0
四年级下	12	4	4	0
五年级上	12	4	4	0
五年级下	12	4	4	0
六年级上	12	4	4	0
六年级下	9	3	3	2

教材单元教学内容分析，以每册第一单元为例，具体内容见表 3-3。

表 3-3　湘少版教材教学内容板块统计表

适用阶段	单元	教学内容						
		A	B	C	D	E	F	G
三年级上	Hello!	Let's Listen and Say	Let's Learn	Let's Act	Let's Read	Let's Read and Draw	Let's Chant	Let's Have Fun
三年级下	How are you?	Let's Listen and Say	Let's Learn	Let's Act	Let's Read	Let's Learn to Learn	Let's Chant	Let's Have Fun
四年级上	Nice to meet you!	Let's Listen and Say	Let's Learn	Let's Act	Let's Read	Let's Read and Write	Let's Chant	Let's Have Fun
四年级下	It's on your head!	Let's Listen and Say	Let's Learn	Let's Act	Let's Read	Let's Read and Write	Let's Chant	Let's Have Fun
五年级上	What does she look like?	Let's Listen and Say	Let's Learn	Let's Practise	Let's Read	Let's Write		Let's Have Fun
五年级下	We're going to read stories	Let's Listen and Say	Let's Learn	Let's Practise	Let's Read	Let's Write		Let's Have Fun
六年级上	What did you do during the holidays?	Let's Listen and Say	Let's Learn	Let's Practise	Let's Read	Let's Write		Let's Have Fun
六年级下	A family outing	Let's Listen and Say	Let's Learn	Let's Practise	Let's Read	Let's Write		Let's Have Fun

通过对表 3-3 整理分析发现，本版教材三年级上册至四年级下册这四册教材都是由七个模块组成，从五年级开始，本教材由原来的七个模块缩减为六个模块，其中 Part F Let's Chant 被删减。此外，从五年级上册开始，教材的 Part C Let's Practise 代替了原来的 Let's Act，单元的主要句型结构及单词都以表格的方式呈现在这个部分中，强调了句型操练，这对学生举一反三有很大的帮助。D 部分的 Let's Read 和 E 部分的 Let's Write，分成一个独立的模块，是跟单元话题紧密相关的真正的对话或短文阅读或写作。这也意味着教材对学生的要求更高了，它要求学生能自由阅读并能回答文后提出的问题，并且在掌握本单元所学课文内容及重点句型和单词后，借助图片或文字的提示，读懂写作要求，从已有的知识结构中，唤起对单词的记忆，并且模仿句型，输出语言，完成写作任务。

Part A Let's Listen and Say

本部分通过创设真实交际情境，并借助图文和录音着重训练听、说技能，以提高会话能力；通过多样化的活动呈现本单元拟出现的词汇、句型、功能项目和话题等，使学生在情境中加深对词汇和句型结构的理解。

Part B Let's Learn

主要以图文并茂的形式呈现和主题相关的重点单词、短语或句型。图文并茂的方式提高了儿童学习英语的兴趣，符合儿童认知过程的要求；大量和主题相关的词汇和短语的积累为后期教学任务的开展奠定了基础。

Part C Let's Act

边做边学的活动环节是为满足低年级小学生活泼、好动的天性。教师有目的地将本单元的词汇、句型、功能和语法渗透在游戏和表演的过程中，一起进行综合操练，培养学生初步的阅读兴趣，以达到玩中学、学中玩、边学边做、做中学的目标。

Part D Let's Read

在三年级和四年级的教材中，此部分都是以发生在 Tim 和小恐龙 Dino 身上的小故事为载体，通过简洁的对话和丰富多彩的图文激发学生英语阅读的兴趣、提高英语思维能力。五、六年级阅读的内容多为一篇短小的文章，要求能把握文章的主要信息。这种拓展性阅读文章一方面围绕课文进行基础语言知识和语言技能的训练，另一方面训练学生的阅读能力，逐渐培养阅读习惯。

Part E Let's Read and Write

教材依据儿童不同年龄阶段的学习心理特点，遵循梯度性原则，由浅入深，将兴趣、语言知识、交际能力、创新能力等整合到教材中去。这样设计符合儿童语言学习的基本规律，有利于学生知识的巩固与积累，有利于逐步培养写的能力。

Part G Let's Have Fun

此模块在主题环境下，以歌曲、韵律诗、游戏等有趣的项目激发学生英语学习的兴趣，同时这也是本单元内容的综合性活动。通过将本单元的主要内容融合到这些有趣的项目之中，学生有机会运用所学的语言知识和技能进行展示，使本单元有一个较好的实用性总结和升华。

第三节 小学英语教学建议

一 人教版 Let's learn 和 Let's talk 版块教学建议

（一）单词认读是基础

（1）导入部分可安排与新学单词或句型相关联的歌曲、童谣、情境游戏或 chant 方面的素材引入。

（2）根据小学生认知规律，对单词教学采取多元、反复呈现。初步感知生词环节，根据单词可采用相对应图片，字卡，实物，插入 PPT 图片或对单词指代动物或事物描述、学生猜词的形式进行认读教学。进一步熟悉单词环节，可对单词和词义进行连线设计或用 chant 的形式加深对单词的认读。拓展延伸环节可安排与所学单词同类的其他单词进行话题拓展。

（二）句型教学是重点

（1）安排已学句型引出新学单元话题的典型句型。

（2）教师根据情景展示、视频展示、师生及生生互动展示、教师点评的方式安排和处理教材的对话内容。

（3）巩固环节可安排核心句型的重点词汇填空，内容即说出或写出完整的句子。

（4）拓展延伸环节可借助已学句型利用话题的转换和拓展词汇进行听说练习，以满足不同程度学生的学习与发挥需求。

人教版英语（三年级起点）三年级上册

Unit 3 Look at me(Part A)

教材分析：

教材在整体构思、内容安排、活动设计与教学方法上都紧密联系学生的生活实际，体现了语言的交际功能，同时把语言知识与技能目标融入通过活动完成任务的教学过程中，体现了英语新课标的话题—功能—结构—任务结合起来的总思路。关于身体的各个部分名称的认识这一内容，学生易于理解，也很感兴趣，学生综合运用英语来玩、做，更加深了对人体部位名称的掌握与应用，明白人体部位的功能与作用。

教学建议：

语言知识目标是能听、说、认读 ear、eye、nose、mouth、face 等面部五官的单词，能听懂、会用句型“This is my...”介绍自己的五官。首先选用 *Teddy Bear* 经典英文儿歌导入，让学生热身，同时激起学生对学习五官的兴趣。具体采用唱和表演的形式，歌词是“Teddy Bear，Teddy

Bear, touch your nose, Teddy Bear, Teddy Bear, turn around. Teddy Bear, Teddy Bear, touch your head. Teddy Bear, Teddy Bear, turn around"。其次，利用 PPT 创设情境，图文并茂，依次引出 Teddy Bear 的五官的英语单词，跟读课文录音、纠音。然后利用 Look at me, this is my... It is big/small 和 Open/close your... 两个句型进行教师示范读、做，学生跟读、仿做。接下来可利用上面写有五官的单词的字卡，以 chant 的形式和根据要求听、做形式进行单词认读的巩固，比如：Ear, ear, this is my ear. Nose, nose, this is my nose... Open your... （eyes, mouth）. Touch your... （face, head, nose, ear）。在巩固提升阶段，首先利用准备好的五种有趣的卡通动物、人物的五官的图片和对应的单词卡分组进行 jigsaw puzzle 益智拼图游戏，要求学生利用已学单词和图片把脸部图片拼好，把单词放在对应的五官连线上，并进行句型练习。然后请每组学生派代表进行展示。学生 A：Look at me! This is my nose. It is small. 学生 B：Look at me. I have big eyes. 学生 C：Look at me. I have a round face. It is nice. Thank you. Goodbye!

（案例来源：岳阳县荷花塘小学　刘娟娟）

 人教版 Let's do 和 Let's play 版块教学建议

（一）情景呈现是基础

（1）教师利用已学单词和句型，借助道具、服饰或 PPT 呈现的情景表演导入。

（2）从不同层面分场景呈现教材文本，可先呈现不完整文本让学生进行预测；可把重点单词留出，设置空格供学生思考补全；可设置 chant、lyrics 或视频，在老师的引导下，学生逐步理解，在大脑里形成完整的画面，最后熟读完整的文本。

（二）学生表演是重点

（1）该环节教材的处理是给每一个组或每一个学生下发任务清单。每一组或学生选择一个场景进行预演，学生要根据情景进行装扮，语言、动作要符合角色。

（2）分小组进行展示。

（3）教师进行点评、小结。

人教版英语（三年级起点）五年级上册

Unit 5 There is a a big bed

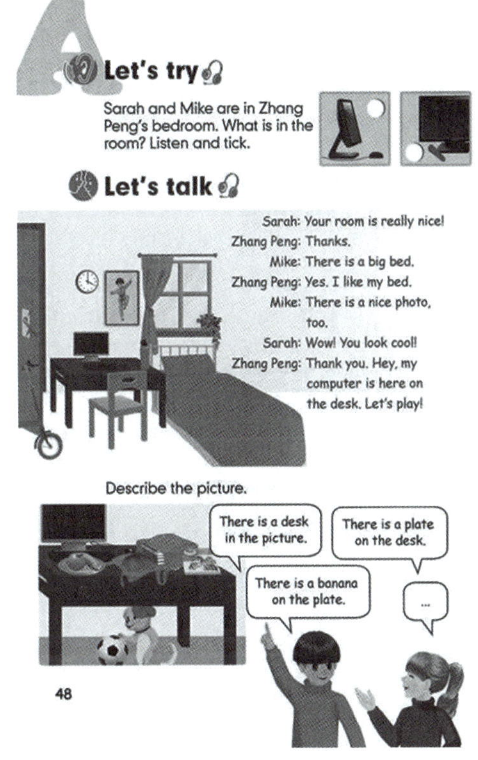

教材分析：

本课教材从Sarah和Mike参观Zhang Peng卧室的情景展开教学。通过课文中人物对物品及物品所在地描述的对话，引导学生用“What is in...?”及“There be...”句型的单数形式描述某处的物品陈设，还结合“... is here on the...”及“... is nice/look cool”等对事物和人物进行评价。

五年级学生在这个话题方面已有经验，有话可谈。特别是通过前两年的学习，已具备一定的语言表达能力，且在PEP小学英语三年级下册第四单元中学习了物品和位置的表达方法，能够用“It's on/in/under/near the...”句型进行描述。因此，对学生而言，语言材料难度不大。①

教学建议：

（1）放松激趣，以“On, in, under” lyrics 激活学生已有的关于物品及其方位表达的相关知识。然后展示图片运用“What is...? Where is it? It is in/on/under...”进行表达，以旧导新。

（2）新授 Let's try，利用听力进入课文情景，学生做出选择，预知课文内容。

（3）播放听力，选择表述的物品，整体把握 Zhang Peng 房间的物品陈设。

（4）通过情景创设，展示显示房间陈设的图片，让学生再次进行描述，为学生接下来的自由对话提供语言框架。

（5）让学生带着三个问题再次感知会话文本，加深对对话的理解。What is the bed like? What is the photo like? Where is the computer?

（6）巩固拓展环节，设计两项活动内容：一是“Talk about your room”，二是“Talk about your dream room and tell why”。

（7）分组展示并说明理由。

（8）教师小结与点评。

（案例来源：温州市沁园小学　周培培）

三　人教版 Let's read and write 版块教学建议

（一）词汇教学是基础

（1）可集中教授生词，少量生词也可在阅读过程中链接教授。

（2）学生侧重掌握词的音、形、义。

（二）初读感知

设置简单的阅读任务清单，培养学生良好的阅读理解习惯。

（三）细读理解

（1）设置选择、判断正误、填空、根据故事情节排序等题型的阅读任务清单，让学生阅读、理解、答题。

（2）教师对阅读文章进行阅读指导、梳理、释疑。

（四）熟练朗读

（1）利用课文视频或音频让学生跟读，或教师带读课文文本，让学生熟悉阅读文章。

（2）根据学生的英语基础，让学生选择课文中的句子朗读。

① 罗晓杰，张璐，洪艳. 小学英语优质课例：新设计，新说课［M］. 上海：华东师范大学出版社，2019.

（五）仿写练习

（1）让学生选择文章中的重要词汇或句型进行句子仿写。

（2）学生朗读自己仿写的句子。

（3）教师小结与点评。

人教版英语（三年级起点）五年级上册

Unit 2 My Week

教材分析：

本节课是读写课，话题为学生周计划。学生已有相关词汇和句型的了解和学习，且对该话题非常熟悉，同时通过前面的学习，学生掌握了基础的学习方法和一些阅读技巧，如扫读和跳读，并从图片和听力材料中搜索到所需的信息。用来谈论和写作的重点句型有 What do you have on…? I have… Do you often…? I often… I like to… 等。本节课的语言知识目标为正确运用已学单词和句型进行听说和谈论相关活动，为最后完成相关写作任务做好铺垫，使学生的阅读、思维、写作技能得到有效训练。小学五年级学生为小学高年级学生，英语学习已具备一定的基础，思维活跃，具有较强的好奇心和表现欲，为达到运用词汇和重点句型进行听、说、读、写的学习目标打下了基础。

Read and write

Robin's advice

Robin: You look tired. What do you have on Fridays?
Wu Yifan: I have PE.
Robin: Do you often play sports?
Wu Yifan: No, I don't. I don't like sports.

Robin: What do you often do on the weekend?
Wu Yifan: I often watch TV. Sometimes I read books.

You should play sports every day. Here is a new schedule for you.

Student: Wu Yifan			Teacher: Robin			
Mon.	Tues.	Wed.	Thur.	Fri.	Sat.	Sun.

Tick or cross.

1. Wu Yifan often watches TV on the weekend.
2. Wu Yifan often reads books on the weekend.
3. Wu Yifan likes sports.

Look at the schedule above and complete the dialogue below.

Sarah: What do you have on Mondays?
Wu Yifan: I have a football class.
Sarah: What do you have on Tuesdays?
Wu Yifan: ________________.
Sarah: ________________?
Wu Yifan: I have a basketball class.

19

教学建议：

（1）观看一个关于运动的视频，然后采用头脑风暴法问工作日和他们的运动情况，这样能激起他们对过去的一些运动体验的回忆，激活学生已有的知识储备。

（2）教师通过视频展示自己工作之余从事运动的情况，接着问学生周末的运动情况，然后学生之间相互采访问询从事运动的情况。这样教师结合自身实际的周末运动计划，导入话题周计划，在前有基础上进一步激发学生好奇心，锻炼学生的语言组织能力，为下一个谈论周计划活动做铺垫。

（3）教师通过展示课表，组织教师与几个学生之间谈论周体育课时、上课的时间及上体育课多与少的评价。然后问学生每周除了上体育课之外是否自己还进行了运动。这样创设情境，让学生反思一周的运动量的多与少，导入合理运动的话题。

（4）听录音回答问题。通过听录音和图片搜索，训练学生阅读信息的技能。

（5）快速初读对话，获取相关信息，把握文本大意。锻炼学生阅读技能。

（6）细读对话，回答问题。训练学生获取具体信息的方法和能力。

（7）假设你是吴一凡，请你复述你的运动周计划。该项旨在锻炼学生的语言组织能力。

（8）选出正确的一句书写。培养学生正确书写英语句子的习惯。

（9）根据 Robin 给出的建议用正确的句子完成对话。培养学生的信息整合能力。

（10）学生分小组自己制订运动周计划。锻炼学生的合作能力、语言组织能力和写作能力。

（案例来源：江南实验小学　吴芳芳）

四　人教版 Story time 版块教学建议

（一）情景导入是基础

（1）依据故事情节设置情景导入，迅速把学生带入到故事当中。

（2）根据故事情节的图片巧妙设问，让学生发挥想象力去猜测和预知故事的结果。

（二）故事讲解是重点

（1）初步感知。通过各种形式展示或播放文本、图片、视频，让学生初步感知整个故事。

（2）分节讲述。依据故事情节分小节对教材进行处理，设置含图片、视频、文本的任务清单，隐去句子中涉及的故事角色名称或表意的重要词汇，提供供学生理解和操练的句子，进而让学生进一步熟悉和讲述故事情节。

（3）整体认读。通过绘本或 PPT 等展示整个故事让学生跟读。

（4）学生饰演。分组由学生去讲、演故事，做饰演准备。

（5）小组展演。分组展示。

（6）教师小结与点评。

上海教育出版社五年级英语下册
Unit 1 The Emperor's New Clothes

教学内容：

Long long ago, there was a king. He liked new clothes. One day, two men visited the king. "My king, we can make new clothes for you." The king was happy. The two men showed the king his new clothes. "My king, please try on these magic clothes. Clever people can see them. Foolish people can't see them." The king walked through the city in his new clothes. There were a lot of people in the street. They looked at the king and shouted, "What beautiful clothes!" A little boy pointed at the king and laughed, "Ha! Ha! The king isn't wearing any clothes!"

教材分析：

这是一篇经典、有趣的童话故事，语言地道，小孩子非常喜欢。最重要的是，这是一个脍炙人口的童话故事，且适合表演，热闹有趣的情节可以启发孩子们边读边思考：做人一定要诚实，不能阿谀奉承，不能虚伪。五年级的学生通过前面几年的学习，有了一定的生活经验，也有词汇功底、阅读的习惯和朗读能力，有了这些基本的语言知识与能力，通过听、说、读、演、想、评等活动的训练，能达到学生综合运用英语能力提升的目标。

教学建议：

（1）首先放松激趣，老师戴皇冠、着皇袍、拿权杖进入教室，让学生猜：Who am I? 引出 emperor 这个词，然后让学生猜：What does the emperor like?

（2）初读感知，让学生带着问题阅读任务清单，回答：The emperor likes new clothes.

（3）细读理解，学生阅读完成相关任务及问题。

（4）再读巩固，分组分场景理清故事梗概。学生听录音跟读。

（5）小组合作，选择场景分饰角色表演。

（6）分组展演，教师点评。

本章知识结构导图

- 小学英语教材分析
  - 小学英语教材分析的意义与方法
    - 小学英语教材分析的意义
    - 小学英语教材分析的方法
  - 小学英语教材的特点和基本内容
    - 小学英语教材的特点
    - 小学英语教材的基本内容
  - 小学英语教学建议
    - 人教版 Let's learn 和 Let's talk 版块教学建议
    - 人教版 Let's do 和 Let's play 版块教学建议
    - 人教版 Let's read and write 版块教学建议
    - 人教版 Story time 版块教学建议

知识点检测

一、填空题

《标准》明确指出：基础教育阶段英语课程的总目标之一是____。

二、简答题

1. 人教版英语教材有哪些显著特点？

2. 课时教材分析从哪几个方面进行？

三、实践活动：对人教版英语五年级下册 Unit 6 *Work Quietly*！（如图）的教学内容进行分析。

参考答案

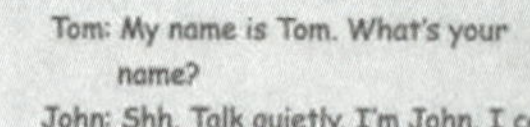

第四章

小学英语教学技能

学习目标

- 学习如何制订学期教学计划；掌握备课的基本方法。
- 掌握说课的基本方法和技巧。
- 了解听课和评课的基本方法。

案例导入

初登讲台的老师总会出现一些相同的问题。

一是对课堂的时间掌控不好：有时候40分钟不到一堂课就上完了，没事可干了；有时下课铃响了，本节课教学任务还没完成，只好拖堂，而一旦拖堂，其教学效果可想而知。

二是对本节课的核心知识点没有清楚的认识：有些老师把句型、对话、课文背得烂熟，一堂课把书本中的内容，反复讲述很多遍，这就失去了上课的意义，效果就不必说了；有的老师在课堂上遇到任何知识点都想讲清讲透，认为自己多讲点，学生就会多学点，结果一堂课下来，学生根本不知道这堂课究竟讲了些什么，也来不及归纳思考。

案例分析：初登讲台的老师，一定会遇到许多突发情况，因为缺乏教学经验，不知道该怎么处理。那么新教师该如何避免出现这些问题呢？答案是制订教学计划，认真备课，仔细研究和分析教材及学情，选用恰当的教学方法，形成合理的教学设计，在此过程中提高自己的教学技能。

第一节 备课

一 制订学期教学计划

（一）制订学期教学计划的意义

教师对某一学科一学期教学工作的规划和设计就是学期教学计划。制订教学计划一定要以教材为根本，以《标准》为依据，从学生的实际情况出发。内容主要包括一学期的教学目标和任务、教学进度的安排、授课时数的分配。学期教学计划能使教学活动更加有序地进行，从而减少活动的随意性。所以，学期教学计划是保证教学质量的一个重要环节。

（二）制订学期教学计划的原则和要求

人教版英语教材的编写依据是《标准》。根据《标准》中的教学建议，制订学期教学计划要符合一定的原则和要求：

（1）领会并熟悉《标准》的内涵，并以其为依据制订各项目标和要求。

（2）精研教材，注意其纵向、横向联系，确定重难点，合理分配时间。

（3）在考虑学生现有英语水平、班级人数等各方面因素的前提下，从学校软、硬件条件等实际情况出发，确定教学内容和进度。

（4）计划在时间分配上应留有余地，确定教学目标要兼顾全班。

（5）把培养学生良好的学习习惯贯穿在教学全过程。

（6）做好课堂教学与课外活动的联结，给学生创造良好的英语学习环境。

（7）定期检测、分析教学情况，改善教学方法，从而提高教学效果。

（三）学期教学计划的基本内容

依据学校实际执行的教师学期计划，其基本内容有：

（1）学情分析：包括学生英语水平，学习态度，班级情况等。

（2）教材总体分析：包括本学期教材内容，教学目标，教学重难点。

（3）教学方法及措施：如何巩固单词，如何加强语音教学的趣味性，如何做好培优辅后进工作等。

（4）教学内容和进度安排：

教学内容	课时安排	周次	起止时间

Activity 1 制订一份学期教学计划。

Activity 2 分小组交流教学计划，进行点评。

 备课

（一）备课的意义

备课是教师必须进行的、先于课堂教学工作的设计准备工作，是教师最常态的教学活动。课堂教学作为教学过程的具象化表现，具有很强的科学逻辑，因此必须做好充分的准备。备课的质量关系到课堂教学的质量。教师在准备教任何一个语言项目时，重点材料的选取、教学方法的使用、教学步骤的安排、教学重点难点的确定、学生在学习过程中可能会遇到的困难、需要教师进行哪些形式的引导帮助等，这些都需要教师在课前仔细研究。备课出现问题会导致教师课堂教学的随意行为，教学效果难以保障。

备课对于教师的意义主要有以下三点：

1. 备好课才能上好课

备好课可以加强课堂教学的计划性，同时产生一定的预见性效果。教师认真备课，课堂教学步骤才能合理，课堂教学的各个环节才能妥当安排，教师在课堂教学中的作用才能得到充分发挥。

2. 备课的过程是提高教师教学能力的过程

每一课教学目标、重难点的确定，教学方法的选择，教材以及学生的情况，《标准》的要求，都需要教师在备课时斟酌，这是对教师综合教学能力的一种锻炼。教师如能自觉总结自己的教学经验，敢于进行新的尝试，时常反思，这种综合能力的提升就会很快，课堂教学质量也会得到更大的保证。

3. “教学相长”，备课的过程是教师提高自身文化知识的过程

通过备课，教师可及时发现问题从而解决问题，通过解决问题，弥补自己业务知识与技能方面的不足。

（二）备课应遵守的原则

1. 目的要明确

教师要明确每堂课的知识点是什么、要达到什么目的，这样才能合理地处理教材并采用恰

当的教学方法，否则，教师在课堂上就会随心所欲，东拉西扯，不能很好地完成教学任务。

2. 知识点要准确

传授给学生的知识应当准确，不能似是而非，对于最基本的概念问题，更应当准确把握。

3. 计划要周密

就整册教材而言，课时的分配、复习与检测的安排，均应有计划地实施。就每堂课而言，教学内容的设计、教学步骤的安排、板书的构思、教具的使用、作业的布置，都应当统筹安排，按序进行。

4. 面向全体学生

备课必须心怀学生，教学目标、教学重难点的确定，教学方法的选择，都必须从学生的实际情况出发，使每个层次的学生都能学有所得。

（三）如何备课

备课备什么？备课就是备教材，备学生，备教法，写教案，写教学反思。

1. 备教材

广义的教材泛指教学所用的一切材料，包括课程标准、教师用书、教科书、练习册、课外读物以及教学挂图、卡片、音视频材料等；狭义的教材即指教本。本书所指的教材都是就狭义而言的。

教师接课时，应先研读《标准》，对于《标准》中各阶段要求学生达到的目标以及教材的内容体系和编排顺序要做到心中有数。首先，在学期开始前，要钻研课标，通览教材，制订出全学期的教学计划。其主要内容有：明确全学期的教学目标，弄清全册教材的重点和难点，在初步了解学生的知识水平的基础上，合理分配教学时间，安排教学进度。其次，因为每册教材由若干个单元组成，所以进行单元备课是十分必要的，确定好该单元的教学目标、重点难点，从而确定每课时教学目标的主次、详略、先后。

但是，不论是全册教材任务还是单元教材任务，都要通过每一节课去完成，所以，英语教师还要在钻研全册教材和单元目标的基础上，备好每一课时的课。

这就要求教师必须认真钻研教材。教材是根据《标准》规定的学科教学目标、教学内容和学生的年龄特点、知识水平编写的教学用书。教材的作用相当重要，它是学生的主要学习材料，是教师教学的重要依据，它为教师备课、上课、布置作业和检查学生学业情况提供了基本材料。教师要上好课就必须明确教材的地位、作用，认真钻研教材，确立教学目标（教学目标是对学生通过教学以后能做什么的一种具体的、明确的表达，它是具有可操作性的评估教学的一种标准，基础教育的英语课程内容与目标包括知识、技能、情感、策略和文化等五个方面），掌握教材的重难点，落实基础知识和基本技能，精选练习和作业（包括随堂和课后）。

2. 备学生（学情分析）

学生是教学实施的对象，教师的教学效果，只能在学生身上体现。所谓备学生，即深入了解学生实际情况，是备课过程中不可缺少的环节。处于同一年龄段的学生，在心理上具有共同的特征，这种共同的特征正是班级教学形式得以普遍采用的依据。但是，因为学习者个体心理特征差异（智力差异及认知方式差异），同一班级的学生也表现出不同的学习效果，这是教师备课时必须面对的问题。学生的英语知识、英语技能和基础，学生的认知心理特点及认知发展水平，学生的年龄特点、学习时间、生活经历等都是教师在备课时需要认真考虑的因素。教师可以通过作业情况、与学生的交谈辅导、课堂提问、检测考试等途径了解学生。

3. 备教法

教法，即教学方法。具体使用什么样的教学方法，取决于学生，想要使用正确恰当的教法，教师首先要清楚学生需要什么样的课堂，学生们在课堂上需要的是什么。

（1）学生最喜欢做的事是交流。只有在经常交流的教学情境中，学生已有的经验才能得到激活，才能兴趣盎然，在这样的情境中，学生获得的不仅是知识，更是一种精神的享受。

（2）学生最感兴趣的内容是那些新奇而富有挑战性的内容。只有那些经过跳跃才可以摘到的“果子”，学生才有摘取的兴趣。

（3）“老师讲，学生听”的方式并不受全体学生欢迎，学生渴望“自由”，渴望“自主”，乐于用各自不同的方式解决问题，课堂教学设计要面向学生，适应学生。课堂是学生的，学生的需要才是真正的需要。①

备教法时还要处理好几种关系：

（1）正确处理听、说、读、写的关系：小学的英语教学应以听、说、读为主。

（2）正确处理教与学的关系：教师应精讲，让学生多练，努力创设情境，让学生在一定的情境中练习英语。

（3）正确处理大部分和小部分的关系：要注意因材施教，让各类学生都得到发展。

（4）正确处理不同难度的知识内容的关系：要合理利用时间，保证完成教学目标。

教无定法，教无定则，教师要在遵循基本的教学原则的基础上，根据教材、学生、教师本身素质等特点选择最优的教法。② 面对活泼好动且各具个性的学生，教师的设计和活动应更多地从学生出发，为学生着想。只有学生精彩了，课堂才会真的精彩。

4. 写教案

教案是教师备课成果的体现，是教师进行课堂教学的具体依据。教案可详可简，可写在教案专用纸或本上，也可以评注形式写于教材上，视具体情况而定。下面是英语教案书写时包括

---

① 方国才. 新课程怎样教得精彩［M］. 北京：中国科学技术出版社，2006.
② 张焱. 谈教师应如何精心备课［J］. 延边教育学院学报. 2008（4）：34-35+39.

的因素：

（1）教学内容分析（Analysis of the teaching contents）

（2）学生分析（Analysis of the students）

（3）教学目标（Teaching aims）

①语言知识目标（Language knowledge）

②语言技能目标（Language skills）

③情感态度目标（Sentiment）

④学习策略目标（Learning strategy）（不一定每课写）

⑤文化意识目标（Cultural consciousness）（不一定每课写）

（4）教学重点（Teaching important points）

（5）教学难点（Teaching difficult points）

（6）教具（Teaching aids）

（7）教学过程（Teaching procedure）

①热身准备（Warming-up）

②呈现与操练（Presentation and practice）

③巩固（Consolidation）

④发展（Development）

⑤作业（Homework）

（8）板书设计（Blackboard design）

教学过程（Teaching procedure）也可用表格的形式列出，包括教学步骤、老师的活动、学生的活动以及该步骤的目的。

Procedure	Teacher's activities	Students' activities	Purpose
Leading-in（warming-up）			
Presentation and practice			
Consolidation			
Development			

中国英语教学的现代方法（Modern Approach to ELT in China）提倡教学过程（Teaching Procedure）用 5P 教学模式书写：

Ⅰ. Preparation（准备）

Ⅱ. Presentation（呈现）

Ⅲ. Practice（练习）

Ⅳ. Production（输出）

Ⅴ. Progress（拓展）

5. 写教学反思

课堂教学不可能完全按教案进行，生动活泼的课堂教学实际往往会纠正、充实原教案。对这些宝贵的经验教训以写教学反思的形式进行总结，是教师提高备课水平的重要方法。

Activity 1 请自选内容备课，书写教案。

Activity 2 分小组就备课内容试教、评课。

Activity 3 书写教学反思。

人教版英语（三年级起点）四年级下册

Unit 1 My school（Let's learn 和 Let's do 部分）

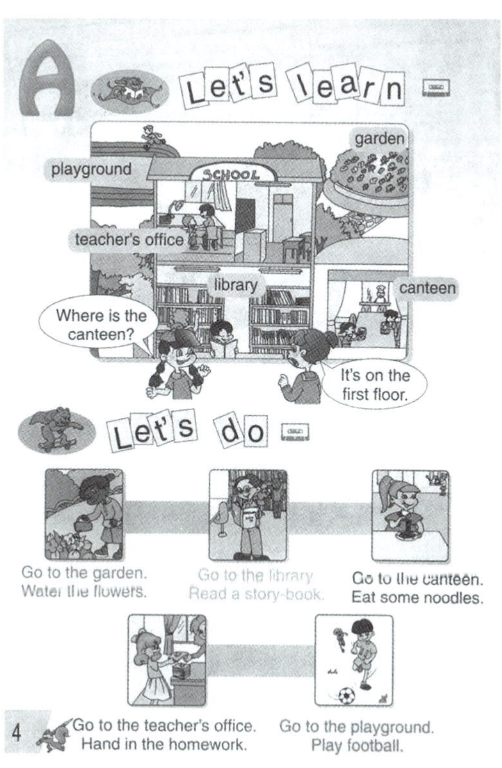

教学目标：

（1）能够听、说、认读本课时的主要单词 teacher's office、canteen、garden、playground、library。

（2）能听指令做动作，如“Go to the garden.”“Water the flowers.”。

教学重点：

听、说、认读学校有关设施的五个单词，并了解它们的功能。

教学难点：

单词 library 中辅音连缀的发音。

教具：

（1）与教学内容有关的图片、声音、课件等。

（2）教师准备一幅可贴相应图、词的校园分布图。

（3）教师准备本课时的单词卡。

教学过程：

Step 1 Warming-up

（1）播放歌曲 *Our School*，学生先听，然后跟唱。

（2）播放第三册第一单元课件 Let's learn Part A，回顾句型：What's in the classroom? A board, two lights, many desks and chairs. 自然过渡到学习学校各课室的名称。

Step 2 Presentation and practice

（1）T：This is our new classroom. What's in the classroom? 学生做出相应的回答。T：How many classrooms are there in our school? Do you like our school? Look! This is a map of our school.

（2）播放本课的音频 Let's learn Part A，教读生词。教师可引入句型 Where is the...? It's on the first floor. 根据学生的回答，拼出校园分布图，同时为下一课时学习序数词做铺垫。教师领读学生听音跟读，学习本课时五个生词的正确读音。

（3）小组比赛。教师出示词卡，组内学生依次说出与该词有关的其他单词，如：教师出示 library，学生说出 book、shelf、teacher、chair、desk 等，说得最多的小组获胜。这样既巩固了新学的单词，也为 Let's do 部分的学习打下基础。

（4）看 Let's do 的图片，让学生仔细看动作，播放音频，跟着指令做动作。然后分组进行练习，采用组与组竞赛的方式，可以是做动作猜句子，也可以是听声音、做动作。

Step 3 Consolidation

（1）听音标序号：教师播放 Let's learn 部分单词的录音，学生听音给单词标序号。

（2）学生在小组内仿照 Let's learn 部分创编对话并展示。

Step 4 Development

设计自己的学校，并谈谈自己的学校。

Step 5 Homework

（1）抄写本课时五个新词。

（2）听第 4 页录音，并能读熟第 4 页内容。

板书设计：

Unit 1 My school

Part A Let's learn

teacher's office　canteen　garden　playground　library

校园分布图

第二节 说课

一 说课的意义

什么是说课？说课不是读教案，说课，就是教师从教学理论的高度，以《标准》为依据，结合教学内容，对自己的备课思路、课堂教学设计进行阐述。如今，说课已成为考核教师业务教学能力的重要方式和提高教师业务教学水平的重要途径。

（1）说课能帮助教师提高课堂教学效率：准备说课的过程能使教师明晰备课、授课思路，突出重点，采用恰当的教学方法。

（2）说课是检验教师综合能力和业务素质的重要手段：教师运用的教育理论是否正确、采用的教学方法是否得当、分析理解教材是否准确，均可通过说课及时发现。因此，说课可用于教师个人的教学经验总结，可用来作为考核教师教学水平和理论水平的手段，也可以是教学比赛的一种重要方式。

二 说课注意事项

（一）语言

（1）简明扼要，用词准确得体；（2）可适当使用具有口语特征的语言，避免“背书”的嫌疑；（3）语调、语速应有变化。

（二）多媒体演示

（1）以本节课相关内容为主，简明实用，不要“喧宾夺主”；（2）演示操作应熟练。

（三）体态

（1）表情自然，身体舒展；（2）站位应和听众、屏幕形成一定角度，主要面对听众，有时兼顾屏幕或评委，眼神应和不同位置的听众交流。

总之，教师要娴熟掌握说课这项教学基本功，将自己的教学实践活动上升到教学理论高度，提高自己的教育教学理论水平和业务水平。

三 怎样说课

（一）说教材

简要分析本课内容在整个单元和整个教材体系中的地位和作用。

（二）说教学目标

确定教学目标。根据单元教学的内容和要求，结合学生的实际水平，确定单元教学的总目标和本课的具体目标。

（三）说教学重难点

确定重点和难点。本课的重点和难点分别是什么，基于什么依据确定该重点和难点，说明为什么在本课教学中该难点是学生最难掌握或最易出错的地方（有时重点和难点相同）。

（四）说教学法

确定教学方法。简要说明要实现本课教学目标需要采用什么教学方法，基于什么依据采用这些教学方法，并说明这些教学方法在本课教学中的具体操作方法。

（五）说教学过程

简要说出各个教学步骤的相关教学内容，如在哪个教学环节教哪个（些）知识点，提出哪些问题，做哪些练习（教什么），组织哪些课堂教学活动等。要说明如何突出重点，突破难点。说教学过程要求既有具体步骤的安排，又有针对性的教法理论阐述。必要时说出各步骤的时间安排。

（六）说板书设计

板书设计要求语言精练，说明板书的整体布局即可。用多媒体展示板书内容。

Activity 就上节课试教内容撰写说课稿并组内说课。

Unit 4 At the Farm Part B 第一课时说课稿

本次说课分为六个部分，说教材，说教学目标，说教学重难点，说教法，说教学过程，说板书设计。

一、说教材

我说课的内容是人教版小学英语四年级下册 Unit 4 At the Farm Part B 第一课时，包括 Let's learn 和 Draw and say，教材通过 Mr MacDonald 给 Sarah 介绍农场动物的情景呈现了 sheep、cows、horses、hens 四个新词词形和意义。A 部分已学习过农场的一些植物。通过学习新词复数形式，初步感知句子 These are… 为下节课的句子教学 How many… do you have? 打下基础。

二、说教学目标

根据《标准》的要求，小学阶段英语课程的目的之一是提高学习能力。能够树立正确的英语学习目标，保持学习兴趣，主动参与语言实践活动；在学习中注意倾听、乐于交流、大胆尝试；学会自主探究，合作互助；学会反思和评价学习进展，调整学习方式；学会自我管理，提高学习效率，做到乐学善学。针对四年级学生活泼好动的特点和认知水平，结合教学内容，我将教学目标确定为：

（一）知识目标

能够听、说、认读 sheep、cows、horses、hens 等单词。

（二）能力目标

能区分农场的动物，能运用 These are… Are these…? 等句子进行简单的交流。

（三）情感目标

（1）培养学生注意观察、认真模仿的良好习惯。

（2）激发学生热爱动物之情，鼓励他们爱护、保护动物。

三、说教学重难点

教学重点：能听、说、认读单词 sheep、cows、horses、hens。

教学难点：单词复数形式的运用。

四、说教法

为了突破这堂课的重难点，根据小学生好奇、好胜、好动、模仿力强、表现欲旺盛等心理和生理特点，我主要采取了任务型教学模式：以活动为主线，让学生在教师的指导下，通过感知、体验、实践等方式组织教学。

五、说教学过程

Step I Warming-up

（1） Greetings.

（2） Sing a song：*Old Macdonald Had a Farm.*

设计意图：由歌曲引出对话并导入新课题。教育家托尔斯泰说过：成功的教学所需要的不是强制，而是激发学生的兴趣。兴趣是推动学生学习的强大动力，是学生参与教学活动的基础。激发学生参与学习的兴趣，是新课导入的关键。让学生分角色演唱歌曲，这样的导入能很快吸引住学生，同时还渲染了学习英语的良好气氛，使学生自然地进入学习新知的情境。

Step Ⅱ Presentation and practice

Let's learn

（1） 教学单词 hen 和复数形式 hens。

T：播放一只母鸡的叫声：Can you guess，whose voice? Lead Ss to guess.

Ss：母鸡的叫声。

T：课件呈现母鸡图片。并用英语提问：What's this?

Ss：It's a...

T：Use the word card to teach：hen. 领读单词并领写。

利用课件呈现一群母鸡的图片。T：Look，so many hens. 由此引出 hen 的复数形式 hens，并用句型"What are they?"提问。引导学生用"They are /These are hens"回答，并操练重点句型。

a. Let's say. T：Hens，hens，these are hens.

b. Let's do. T：The hens are hungry. Let's feed the hens. 一起做喂鸡的动作。

（2） 教学单词 horse 和 horses。

T：a. Now，listen，What animal is coming? 课件呈现马叫声。

b. 借助图片和单词卡片教学单词 horse，注意 or 的发音。

c. 板书单词并操练。

d. Let's do.

T：Let's ride a horse. 边出示图片，边做动作。

T：What are they? 呈现群马图片。

Ss：They are horses.

T：教学马的复数形式。注意 horses 的发音。

（3） 用相同的方法教学单词 cow、sheep 以及相应单词的复数形式，注意各个单词的发音教学。sheep 单复数同形。

（4） 听录音，跟读、指读。

（5）Look and guess 看口形、猜单词。

设计意图：小学生形象思维优于抽象思维，在呈现新词时，通过对比、听音、看动作等不同的方式引出新词，给学生深刻的第一印象。

Step Ⅲ Consolidation

（1）单词操练：课件呈现一些动物单词，如果是农场类动物，学生就大声读出单词；反之学生保持沉默。

（2）Let's do.

Act like a cat/horse...

（3）重点句型操练。

课件呈现各种图片，学生用所学句型进行问答练习，如：This is... These are...

Step Ⅳ. Development

Draw and say

出示空白农场图，学生“经营”自己的农场，简笔画添画示例动物或植物，使用句型 This is... These are... Are these...? 介绍自己的农场。

设计意图：操练时由单词逐步过渡到句子的方式，让学生在交流时有语言材料可依，达到顺利交流的目的。游戏的乐趣会使每一位参与者保持一种积极的心态，游戏活动是儿童学习的重要途径之一。

Step Ⅴ Homework

（1）向家长说说今天所学的动物名称的英语说法。

（2）抄写所学单词，每个五遍。

设计意图：延伸课堂所学知识，使学生有获得感，增强学生英语学习的自信心。

六、说板书设计

本节课的板书我是这样设计的：课题在正上方；中间分左右两侧，用箭头连接，左侧是生词单数词卡和图卡，右侧是生词复数词卡和图卡，表示复数的“s”用彩色书写；下方是重点句型。

Unit 4 At the Farm

A let's learn，Draw and say

hen 图 → hens 图

horse 图 → horses 图

cow 图 → cows 图

sheep 图 → sheep 图

What are they?

They are... /These are...

案例分析：这节课不论是新知识的呈现，还是游戏的设计，都能紧紧抓住学生，让学生积极参与到课堂中来。运用了主体参与、体验感悟、游戏巩固等方式让学生在玩中学、学中用，增强了课堂效果，培养了学生学习的兴趣，完成了课堂教学任务。

Activity 请自选内容分小组说课。

第三节 听课与评课

听课与评课是教师基本技能的主要内容，也是学校开展教学研讨活动的主要方式，更是选拔优秀教师的主要途径之一。

一 如何听课

（一）听课的类型

听课的类型可以根据听课的不同目的划分为以下几种，即公开课，示范课和比赛课。

1. 公开课

公开课是各类学校进行教学研讨活动的最常见方式之一，可以以学校为单位开展，也可以以年级或教研室为单位开展，教师可以自主报名参加，或者同科目教师以一定顺序轮流参加。开设此类课程的目的在于激发教师的教学研讨积极性，同时，给教师提供互相交流、借鉴和学习的机会，讲课教师与听课教师就某一阶段的教学情况互相探讨，共同解决实际教学中的问题。公开课中的优质课堂可以起启发和引领的作用，普通课堂则可以提供研讨资料，可以从中寻找教学中的问题和差距。

2. 示范课

示范课也是优质课，开展示范课活动的目的是通过优质课的展示，向他人提供较高水平的课堂教学活动展示，通过传播先进的教学理念，展示科学合理的教学设计、灵活机智的课堂把控方式，引领听课者向较高水平的教学能力发展。示范课的主要特点是高水平和示范性，及听课者可学习性。

3. 比赛课

比赛课是为了了解和评比教师的教学能力而展开的比赛活动。讲课者通常按照比赛的要求和规则，提前做大量的准备工作，进行反复的预演和模拟，以达到最佳教学设计和实施，展示自身最佳教学能力。

根据听课的类型差异，听课者在听课过程中的关注也会有细微的差别，但总体目标是注重学习和研究，将所听课程和自我设计进行比较，找差异，寻找更合理的教学设计，改进自我教学。

（二）听课的不同阶段

1. 听课前

（1）听课前要熟知教材，了解课程标准，明确课程目的。

（2）了解和熟知本课内容，明确本节课的教学内容和教学重难点。

（3）通过查阅教案或者听授课教师说课等方式了解授课教师对本节课的教学目标的设定，教学重难点的把握，教学方法的运用，教学过程的设计等。

2. 听课中

听课的过程是一个手、眼、耳、脑并用的过程，积极有效的听课要求听者认真听课，积极思考，有效记录，适当评价。

（1）认真听讲。关注教学的每一个环节，各个环节的教学目的及实施情况，各环节之间的关联和过渡的自然性。教师教学语言的准确性和启发性，语音语调的运用是否恰当得体。

（2）仔细观察。教学过程中教师活动的组织方式及活动实施的效果，学生参与学习活动的积极性及有效性。活动组织是否恰当有效，活动形式是否多样化，活动设计是否符合不同学习程度和个性差异的学生的学习需求。

（3）做好记录。记录教学过程，为后续的教学思考和研讨提供全面清晰的资料；记录听课期间的感悟和想法，抓住教学实施过程中的真实体验。

3. 听课后

听课后要及时对所听课程进行整理、总结和反思。既要及时发现课堂教学中的优点，引发自己的思考，积极学习，又要客观公正地思考课堂中存在的问题，认真寻求解决的办法，通过取长补短，努力提高自己的教学水平，也积极帮助授课者进行有效反思，达到听课的目的。

（三）听课的原则

1. 提前到课，做好听课准备

无论是哪种类型的听课活动，听课者要提前到达听课地点，选择恰当的座位就座，查看教案、讲义等相关资料，以熟悉教学内容，了解教师的教学安排。

2. 认真听课，听思结合

听课期间要遵守课堂纪律，尊重授课教师，不做干扰正常授课秩序的事，不在课堂上发表议论，不随意和学生及其他听课教师交谈。认真记录听课内容，做好教学研讨准备。

3. 客观公正，准确评价

听课是为了研讨提高，或者评优选优，听课者一定要遵循客观公正的原则，既不草率了事，也不吹毛求疵。

李老师被邀请参加五年级英语公开课活动，他接到邀请后仔细研读了五年级英语教材，并熟悉了整套教材结构和内容。活动开始前，李老师提前10分钟到达听课教室，坐在指定位置，认真阅读授课教案。讲课开始后，他一边认真听讲，一边观察学生学习情况，并做好听课记录。听课结束后，李老师整理好听课记录、教案等随身物品，走出教室。

案例分析：案例中李老师有丰富的听课经验。听一节课要做好全面的准备，了解教材，了解教师教学设计，结合课堂教学实际，发现教学活动中的优缺点；要观察学生学习情况，记录教学过程，撰写教学评价。

学校每学期一次的英语公开课活动开始了，教研组的所有教师都参加听课。进入听课教室，有的教师拿出手机浏览网页，有的教师拿出自己的教案开始撰写，准备明天的课。王老师积极参加到听课活动中，她认真听讲，注意观察。她发现坐在旁边的几位男生没有听懂，就热心地帮助他们，给他们讲解和领读刚才学过的句型，学生们和她一起组成了一个小小学习组。

案例分析：本案例中教师表现的听课行为都是不恰当的。浏览网页和撰写教案都表明教师没有参与到听课中，把听课活动作为一种形式和走过场。案例中王老师认真听课，但是作为听课者，她参与教学的行为必然会影响授课教师的教学和课堂管理，也是不恰当的。

如何评课

（一）评课的意义

评课和备课、讲课、说课、听课一起，构成一个完整的教学研讨体系，在教师的专业发展中起着重要作用。

1. 评课是推行教学改革的必要手段

教学改革的推行必须通过课堂教学进行，只有加强教学评价机制，优化评价方式，以评促教，才能激励教师努力提高教学质量。

2. 评课是提高教学质量的有效方式

教学质量的提高依赖于教师的专业发展，即专业知识和专业技能的提高和发展。教师间的听、评课活动可以帮助教师发现自我存在的问题、学习他人的有效方法及先进的教学思想，是教师专业技能发展的主要途径和有效方式。

（二）评课的内容

《标准》指出：坚持以评促学、以评促教，将评价贯穿英语课程教与学的全过程。注重引导教师科学运用评价手段与结果，针对学生学习表现及时提供反馈与帮助，反思教学行为和效果，教学相长。教学评价应成为促进教师改进教学的动力和源泉，教师不能局限于课堂教学预设目标的达成，更应关注新的课堂教学目标的生成，关注学生在课堂教学过程中的体验。在教学内容上，不能局限于已有教案的运用，更应关注教师是否把教学内容和学生的学习过程及学习体验进行了有机的、合理的联系和运用。

崔允漷（2012）提出了评价课堂的四个要素：学生学习（Learning）、教师教学（Instruction）、课程性质（Curriculum）和课堂文化（Culture）。如图 4-1 所示。

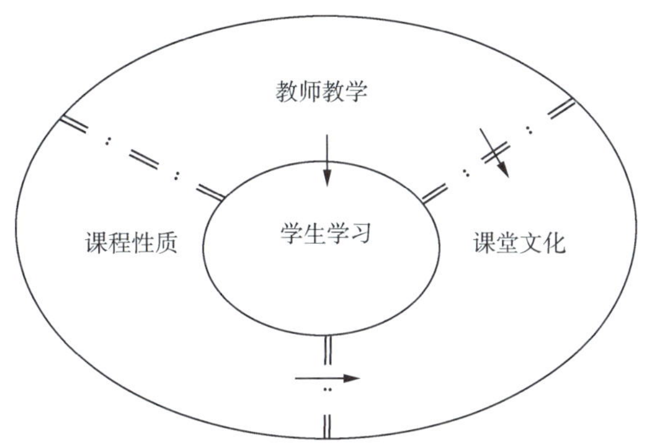

图 4-1　评价课堂的四个要素

他认为学生的学习是课堂的核心要素，包含“学生是否清楚学习目标”“有多少学生达成了预设的学习目标”“这堂课生成了什么目标，效果如何”等观察点。其余三个部分是关键要素，教师教学包含“教学环节的构成”“是否围绕教学目标展开”“是否面向全体学生”“时间如何分配”等观察点；课程性质包含“教材处理方式”“课堂生成内容及处理方式”“能否满足学生需求”“是否凸显了本学科的特点”等观察点；课堂文化包含“课堂话语”“课堂气氛及学生参与情况”“师生行为”等观察点。通过这些观察点对课堂进行观察和评价，可以保证评价的全面性和合理性，同时，评价者应该根据以上观察和评价，提出改进的有效建议和意见。

在一次公开课后，教师互相进行评课，一位教师做了如下评价："在本节课的教学中，教师对教材的理解程度较好，教学目标设定合理，教法的选择和运用灵活多样，具有指导性和可操作性，教学程序比较顺畅，学生课堂学习兴趣浓厚，基本上达到了本节课的预定教学目标。"

案例分析：这样的评课内容包括了教材、教法、教学程序和教学目标，但属于框架性评课，没有和具体的教学现象相结合，同时忽视了课堂教学过程中的其他诸多因素，导致评课的信度和效度都大打折扣。

本章知识结构导图

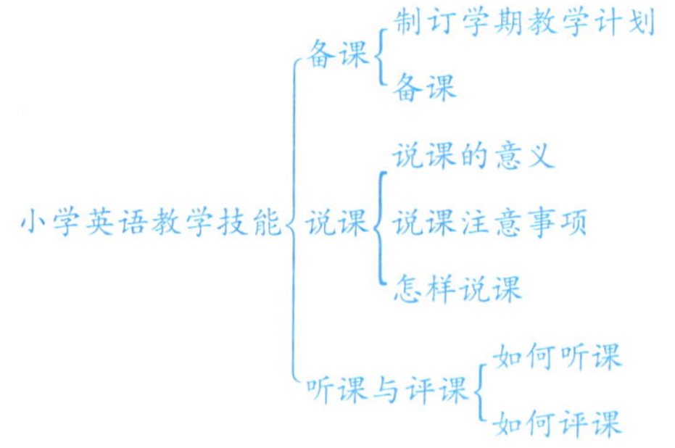

知识点检测

1. 备课应该包括哪些内容？
2. 如何说课？
3. 如何听课与评课？

参考答案

小学英语语言知识教学

- 了解小学英语语音、词汇、语法教学的目标。
- 掌握小学英语语音、词汇、语法教学的内容。
- 掌握小学英语语音、词汇、语法教学的原则。
- 掌握小学英语语音、词汇、语法教学的方法。

有一位新教师为了提高学生的学习兴趣，帮助学生更好地掌握单词，在词汇教学课中，她几乎每节课都进行大量的带读、朗读操练，开展许多的游戏活动，例如开火车、猜猜猜（看图猜单词、摸实物猜单词等）、图片和单词配对、找朋友、击鼓传花、我说你做等。教师教得很卖力，孩子们在游戏中很随性，课堂气氛十分活跃。课后作业是布置学生抄写单词，每个单词30遍。可是在下次上课进行单词检测或英语测试时发现大部分孩子还是没有记住单词，更不用说单词的运用，教学效果很不理想。这位教师在教学过程中过分强调了什么？为什么这位老师这么卖力地教，教学效果却不理想？

案例分析：这位新教师过分地强调兴趣和教学形式，而忽视了两个重点：教学内容与语言运用。首先，小学英语教学要注意学生学习英语的兴趣培养，但教学活动的设计和开展应该以教学内容为基础，要根据教学内容设计适当的教学活动或游戏，并且要适量，不宜过多，游戏的选择还要求可操作性强。这位老师盲目地、大量地开展游戏活动，表面上看，课堂气氛活跃，其实游戏过频，学生注意力更容易分散，甚至导致课堂秩序混乱，所以教学效果甚微。其次，布置单词抄写作业，每个单词30遍，看似是加强练习，而实际上，这样的机械练习，很容易导致学生产生厌烦情绪，从而起不了强化的作用。最后，这位教师的词汇教学是孤立的，没有很好地与语音和句型教学结合起来，她的单词教学与词汇的运用是脱节的，因此，很难达到理想的教学效果。可见，要想达到良好的教学效果，学习和掌握语音教学、词汇教学和语法教学的原则和方法是必不可少的，灵活运用教学方法也是非常重要的。

第一节 语音教学

英语教学的最终目的是实现有效交际，有效交际的直观体现就是英语听说技能的运用，因此在英语教学中语音教学就显得非常重要。《标准》指出："语音是语言教学的重要内容之一。自然、规范的语音和语调将为有效的口语交际奠定良好的基础。"学好英语语音不仅是实现有效交际的前提，也是学好英语语言的必要条件。随着人们对英语语言交际功能的认识不断完善和交际教学法的日益盛行，英语语音教学的重要性越来越受到关注。

特别是在小学英语教学中，语音教学是整个英语教学的基础。小学生处于学习英语语言的启蒙阶段，良好的语音教学，可以帮助学生准确发音，同时培养学生学习与记忆单词的能力，学生可以见词能读、听音会写，继而培养学生的"独立阅读能力"，有效促进学生各项语言技能的全面发展。

一 小学英语语音教学的目标

《标准》中规定："从 3 年级开设英语课程的学校，4 年级应完成一级目标，6 年级完成二级目标。"在语言技能（听、说、读、写）方面，小学生的语音学习应达到的一级目标为能听录音并进行模仿；二级目标包括能在口头表达中做到发音清楚、重音正确、语调达意，能根据拼读的规律，读出简单的单词。在语言知识方面，小学生的语音学习应达到的目标为：知道错误的发音会影响交际；知道字母名称的读音；了解简单的拼读规律；了解单词有重音；语音清楚，语调自然。

通过《标准》对小学英语语音教学目标与要求的相关阐述，结合各版本小学英语课本的语音知识教学，可将小学英语语音教学的目标分级归纳为：

（一）语音教学一级目标（低年级）

学生能正确读出 26 个英文字母及其在单词中的基本发音，熟记五个元音字母及发音，了解常见字母组合的发音规律，掌握简单的拼读规律，并感受句子的语音语调（升、降调）；学生应通过认真倾听教师示范、模仿发音、歌谣 chant、大胆开口、反复操练等方式，激发对英语语音学习的积极性、探索性和自主性。

（二）语音教学二级目标（中、高年级）

学习国际音标的正确发音，了解单词有重音、句子有重读，体验英语语音有连读、节奏、停顿、语调等发音技巧；学生应通过对比归纳，总结发音规律和技巧，培养自主学习语音的能力，并利用会话和情境表演等方式，将理论知识应用于实践，练习发音，培养口语表达，实现有效交流。

二　小学英语语音教学的内容

《标准》中指出小学英语语音的教学内容包括：基本读音、重音、意群以及语调与节奏，具体内容如表 5-1 所示。

表 5-1　《标准》小学英语语音教学内容

基本读音	26 个字母的读音
	字母在单词中的基本读音
	常见的元音字母组合在单词中的读音，如 ee、oa、ou 等
	常见辅音字母组合在单词中的基本读音，如 th、sh、ch 等
	常见的辅音连缀的读音，如 black、class、flag、glass、plane、sleep 等
	失去爆破，如 picture、blackboard 等
重音	单词重音
	句子重读
意群	连读
	弱读
语调与节奏	语调（升调、降调）
	节奏

在小学教材中，各教材对语音教学内容安排略有不同，以人教版英语（三年级起点）教材为例，英语语音教学的内容系统呈现由易到难、循序渐进的特点，具体安排如表 5-2 所示。

表 5-2 人教版英语（三年级起点）教材小学英语语音教学内容

册数	部分	英语语音教学内容
三年级上	Letters and sounds	26 个字母的发音
三年级下	Let's spell	元音字母 a、e、i、o、u 常见的短音发音
四年级上		元音字母 a、e、i、o、u 常见的长音发音
四年级下		字母组合 er、ir、ur、ar、al、or、ie 的发音
五年级上		字母组合 y、ee/ea、ow、oo、ai/ay、ou 的发音
五年级下		字母组合 cl/pl、br/gr、sh/ch、th、wh、ng/nk 的发音
六年级上	Tips on pronunciation	语音语调、连读、弱读、单词及句子重音
六年级下		综合复习

小学英语语音教学内容的重点不是教授语音理论知识，而是教会学生正确使用语音基本知识，发展其听、说、读、写的技能。语音教学贯穿小学阶段英语学习全过程，它是通过教师的渗透和引导以及学生的模仿和体验，培养学生对英语语言的感受能力。

三 小学英语语音教学的原则

小学阶段是培养学生语感和发音习惯的重要时期，教师应该重视并积极利用这一时期对学生进行有效的语音发音训练，这对学生今后的英语学习极为有利。小学英语语音教学应遵循如下基本原则。

（一）趣味性与知识性相结合的原则

小学生的年龄特点和认知发展规律决定了语音教学的趣味性。在实施小学英语语音教学时，枯燥的知识灌输是不可取的，应注重趣味性的渗透，例如加入歌谣、游戏、对抗比赛、奖励机制、情境表演等形式辅助教学，根据不同年级的学生采用不同的趣味性教学，能极大促进学生的学习积极性，如低年级学生更适合游戏及奖励教学，高年级学生则更钟情于情境表演和对抗比赛的趣味教学。兴趣是最好的老师，知识是学习的根本。在激发小学生学习兴趣的同时，还应保证知识的正确传授。只有趣味性与知识性相结合，学生才可以在乐中学、学中乐，寓教于乐，保证语音教学的效果。

（二）整体教学与个别指导相结合的原则

小学英语语音知识的传授在课堂中通常以班级为单位集体进行，充分利用各种教学资源，通过多种教学方法，将基础语音知识通俗易懂地传递给学生，并进行多样性的练习，如对话、情境表演等，形成语音教学的良好氛围，有助于学生语音知识的灵活运用。但是，学生学习语言的能力有差别，发音的准确性也有差异，这就需要教师因材施教、个别指导。如有些学生受家人及地方方言的影响，[l] 和 [r] 音，[ʃ] 和 [s] 音，经常混淆，教师应该特别重视此类错误发音并及时纠音，务必在英语学习的启蒙期帮助学生改正。这将是教师给予学生在英语学习道路上的巨大帮助。

（三）讲授教学与示范展示相结合的原则

结合小学生的学习特点，语音教学的知识讲解应浅显易懂，同时给予学生正确的示范，学生跟读模仿，达到语音教学效果。如学习 [uː] 音，需从发音口型和使用的发音器官告诉学生双唇成圆形，舌头尽量向后缩，双唇前伸，然后教师示范发音，学生仔细观察教师口型，认真倾听发音，进行模仿练习。又如单元音、中长元音和短元音的发音教学，教师应先讲解长元音发音清晰、适当拖音，短元音发音轻而快，继而示范发音，学生依然可以通过模仿教师的示范发音，找到长短音的区别，正确跟读。

（四）正向鼓励与适度纠音相结合的原则

任何人做事都渴望得到他人或外界的鼓励和认可，小学生尤其如此。在进行小学英语语音教学时，教师应善于发现每个学生的发音闪光点，及时给予正向的鼓励和肯定，以此激发学生学习的积极性和主动性。当然，教师不能忽视任何一处问题，要适度纠音、正音，帮助学生发现自身的发音问题并努力改正，才能保证语音教学的良好效果。例如个别学生每个单词发音准确，但是连词成句时语调把握不好，教师应对其音准提出表扬，并鼓励其多听多模仿，注意语音语调的运用。学生得到老师的赞扬，激发了学习自主性，就会有意识地重视语调训练，主动学习会使其英语语音更加完美。

（五）理论与实践相结合的原则

小学英语语音教学的目的不仅仅是要求学生掌握单词发音、句子朗读、会话训练等基础语音知识，更重要的是能将知识用于日常的有效交际中，因此，理论与实践相结合的原则非常重要。语音理论知识教学通常以课堂教学为主，由浅入深、由易到难、分层完成，即不同年级有不同的知识渗透。实践有多种形式，如各种英语配音 APP、英语绘本 APP、班级 QQ 群英语朗读打卡等。只有通过实践，将学到的理论知识转化为学生自身的知识储备，才能达到学以致用的目的。

总之，以上英语语音教学的五个原则不仅有助于学生语音知识的习得，还保证了语音教学效果的提升。

四　小学英语语音教学的方法

目前，常用的小学英语语音教学方法有自然拼读法、国际音标法、激趣教学法等多种方法。

（一）自然拼读法

自然拼读法即 Phonics，它是当前比较主流的英语教学法，是以英语为母语国家的学生学习英语读音与拼写、帮助记忆单词、增进阅读能力与理解能力的教学方法，更是以英语为第二语言的英语初学者学习发音规则与拼读技巧的有效教学方法。自然拼读法符合小学生语言学习的规律，简单易懂，从 26 个字母及字母组合在单词中的常见发音，让学生学会一套有规律的发音体系，从而达到见词能读、听音会写的目的。

自然拼读教学内容丰富，形式多样，最常用的有以下三种：

（1）可根据 26 个字母的字母名（letter name）、字母音（letter sound）及例词，编成 chant，帮助学生记忆发音规律。

案例5-1

Aa，Aa，Aa，[æ]，[æ]，[æ]，apple，apple，apple；

Bb，Bb，Bb，[b]，[b]，[b]，book，book，book；

Cc，Cc，Cc，[k]，[k]，[k]，cat，cat，cat；

…

学生在充满节奏和韵律的氛围中既巩固了 26 个字母的名称音又学会了字母音，快乐学习、轻松掌握。当学生遇到生词 bit，学生可根据 chant 读出：

Bb，Bb，Bb，[b]，[b]，[b]

Ii，Ii，Ii，[ɪ]，[ɪ]，[ɪ]

[bɪ]

Tt，Tt，Tt，[t]，[t]，[t]

[bɪt]

生词拼读完毕，实现见词能读的效果。

（2）自然拼读法中除了单一字母的发音，还有字母组合的常见发音。如：[aʊ] 音常见组合有 ow、ou；[ɜː] 音常见的组合有 ir、ur、or、ear、ar。

教师听写单词，读出 bird，当学生听到单词，仍可根据自然拼读 chant 迅速拼出：

Bb, Bb, Bb, [b], [b], [b]

ir, ir, ir, [ɜː], [ɜː], [ɜː]

Dd, Dd, Dd, [d], [d], [d]

[bɜːd], bird

足够熟练，方能实现听音会写的效果。

(3) 自然拼读法的另一常见用法是 magic-e，即单词以 e 结尾，e 不发音，但是它神奇地影响到此音节中元音字母的发音，元音字母发其本身的字母音。如：gate [geɪt], gene [dʒiːn], like [laɪk], home [həʊm], tube [tjuːb]。

自然拼读教学法有助于学生建立字母与读音的联系，培养学生的语感，为语音语调的学习打好基础，并能有效激发学生的学习积极性。当然它也有自身的不足，比如在多音节词拼读和不符合拼读规则的单词拼读时，无法做到准确无误。

（二）国际音标法

国际音标法即 The International Phonetic Alphabet (IPA)。随着年级增高，英语学习的难度进一步提升，单词不再局限于单音节的简单词，而是出现了较难且不符合发音规则的多音节词，这时国际音标法通过建立音标和单词的联系，来保证拼读的准确性。国际音标如同汉语拼音，读准每个音素，包括元音和辅音（正如拼音里的声母和韵母），遇到任何生词，无论单音节还是多音节，都能正确拼读。如：beautiful，这是一个多音节词，同时又是一个不完全符合拼读规则的单词，当学生学会音标，看到 ['bjuːtɪfl]，按照音节拼读，[bjuː], [tɪ], [fl]，即可准确拼读出此单词发音。

音标学习本身是枯燥的，对于小学生来说难度较大，因此在使用国际音标教学法时，教师可适当开展活动，寓教于乐，保证学习效果。如：

1. 在游戏中操练音标

案例5-3

“摘苹果”游戏可适用于学习字母 Aa：[eɪ] [æ] 的两种发音。教师在黑板上画一棵苹果树，树上有各种苹果形状的单词卡，树下有两个篮子，名字分别为 [eɪ] [æ]，可用男女 PK 的方式，看谁先将苹果放到正确的篮子里。在整个过程中，学生参与积极性高，反复操练，达到掌握音标的目的。如图 5-1 所示。

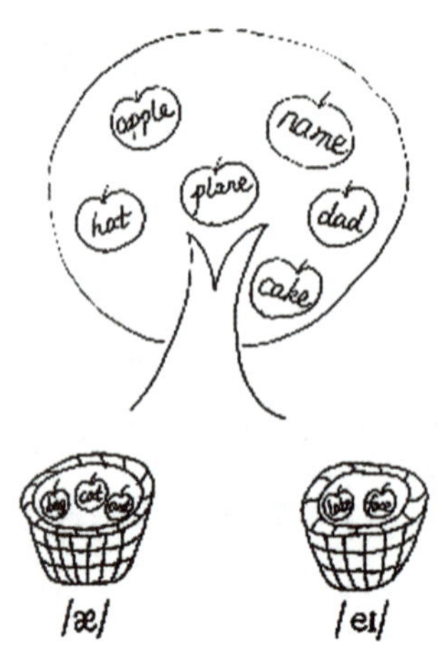

图 5-1 “摘苹果”游戏示例图

2. 在故事中感受音标

案例5-4

以学习元音的小故事为例：一［iː］辆火车呜呜呜［uː］地开过来了，车上有两只鹅，一只是长尾巴鹅［ɜː］，另一只是短尾巴鹅［ə］，突然，两只鹅打起了架，短尾巴鹅狠狠地打了长尾巴鹅一下，痛得它嗷嗷嗷［ɔː］地直叫。后来两只鹅都受伤了，去大夫那里检查，大夫说张大嘴，发啊［ɑː］的声音。检查完大夫要给它们打针治疗了。为了帮助它们缓解疼痛，大夫给了一只鹅一个苹果 apple［æ］，给了另一只鹅一个鸡蛋 egg［e］。① 学生在有趣的故事中感受音标，轻松掌握，效果理想。

国际音标教学法有助于提升学生语音的准确性，但对于小学生来说，在教学实施中要注意方式和方法。此方法适合小学高年级使用。

（三）激趣教学法

顾名思义，激趣教学法即能有效激发学生学习兴趣的教学方法。在小学英语语音教学中，歌谣 chant、游戏穿插、观察模仿、绕口令玩转、情境表演等形式都属于激趣教学法的范畴。如同小学英语语音教学原则中所提到的，小学生的年龄特点和认知发展规律决定了语音教学的趣味性。小学生好奇心强，学习积极性高，传统枯燥的灌输式教学定会大大阻碍学习效果，因此，激趣教学方法有效地改善了这一弊端。

① 蔡溢芝. 小学英语词汇从 Phonics 教学到音标教学的研究［J］. 教师博览（科研版），2016（1）：44-46.

1. 歌谣 chant

歌谣 chant 是小学英语语音教学中较常见的激趣教学法，因其朗朗上口的节奏受小学生的钟爱，而且大多数教师习惯用歌曲 chant 在每次课前做热身活动，将学生们的注意力快速聚集到英语课堂，为知识学习做好准备。有时也可用歌曲 chant 做导入。

Head, shoulders, knees, and toes, knees and toes.

Head, shoulders, knees, and toes, knees and toes.

And eyes and ears and mouth and nose.

Head, shoulders, knees, and toes, knees and toes.

教师可以边唱边用手指向相应身体部位，歌唱完毕，让学生猜一下这首歌所唱内容，学生会做出正确回答，教师自然导入授课内容——身体器官。歌谣 chant 还有助于培养小学生在潜移默化中感受英语语音的停顿、重音、连读、弱化、节奏等发音技巧。

2. 游戏穿插

游戏教学法是小学英语语音教学中较普遍的激趣教学法之一。游戏种类多种多样，如：高低声（教师高声学生低声，反之亦然），快慢音（教师快读学生快读，教师慢读学生慢读），小老师（学生代表领读 1 遍，全班跟读 3 遍），找朋友（将元音、辅音卡片交给学生，学生自由组合，拼读正确全班跟读，拼读错误全班说 No，然后纠音）等。

以“找不同”为例。教师在 PPT 或黑板上展示一组单词（如 pig、big、did、like），让学生找出四个单词中字母 i 发音不同的一个。准备多组这样的单词，再把全班分为四个组，以小组比赛的形式，看哪个小组答得又快又多，答对一题得一面小红旗，最后看哪组所得红旗最多，哪个组即为优胜组。如图 5-2 所示。

1. pig　big　did　like
2. cat　dad　face　mat
3. home　come　nose　rose
…

G1:
G2:
G3:
G4:

图 5-2　"找不同"游戏示例图

游戏激趣法教授语音，锻炼学生的专注力，学生在愉快的氛围里完成知识的学习，记忆会更加深刻。

3. 绕口令玩转

绕口令激趣法与歌谣 chant 激趣法有异曲同工之处，它们的优点都是有规律的节奏和韵律。不同在于，绕口令更体现发音细节，在对比相似音素的联系和不同音素的区别方面更加明显。小学生长期进行绕口令练习，可以打开口型、发音到位，有助于英语语音能力的提升和完善。

A fat cat is on a mat.

(a [æ])

A big black bear sat on a big black bug.

(i [aɪ], a [æ], u [ʌ])

A big black bug bit a big black bear and made the big black bear bleed blood.

(i [aɪ], a [æ], u [ʌ], ee [iː], oo [uː])

A big black bug bit a big black dog on his big black nose!

(i [aɪ], a [æ], u [ʌ], o [ɒ], o [əʊ])

朗读时速度由快变慢、由慢变快，声音由低到高、由高到低，反复操练，学生在朗朗上口的节奏中巩固了发音。

激趣教学法的优势在于利用学生的学习兴趣活跃课堂氛围，调动学习积极性；它的缺点是学生积极性太高涨，课堂纪律的掌控就成为难题。另外，不同的年级应根据学生具体情况使用不同的激趣教学法。使用得当，事半功倍；使用不当，适得其反。

以上各种英语语音教学方法各有利弊，将它们适当调整、取长补短，方能达到更好的效果。

第二节 词汇教学

词汇是语言三要素（语音、词汇、语法）之一，是发展语言技能和进行语言交际的重要基础。英国著名的语言学家威尔金斯（D. A. Wilkins）曾在《语言学与语言教学》（*Linguistics in Language Teaching*）一书中说过："没有语法，能表达的内容很少，没有词汇则什么也表达不了。（Without grammar very little can be conveyed, without vocabulary nothing can be conveyed.）"这充分体现了词汇在交际中的重要作用。因此，词汇学习是英语学习的基础，扩大词汇量是提高学生听、说、读、写能力的前提。

词汇教学是以词汇为教学内容，以词语的理解和应用为教学目标的教学过程和教学活动设计。[①]其任务：(1) 教给学生一定的词汇和习语，使学生掌握一定数量的词汇；(2) 教会学生词汇的学习方法，培养学习词汇的能力；(3) 帮助学生掌握单词、习惯用语在日常交流中的正确用法，提高学生综合语言运用能力。词汇教学是小学英语教学中的重要组成部分。

一 小学英语词汇教学的目标

根据《标准》的一级、二级标准中对词汇的要求，教师在教学中应明确小学阶段词汇教学的基本目标，把握教学内容的重点和难点，更好地实现教学目标。

（一）培养小学生的词汇意识

教师要使学生知道：单词是由字母构成的。英语单词可以由一个、两个或若干个字母组成，一个单词中字母之间没有间隔，但单词与单词之间要有一个字母宽的间隔。让学生掌握这一书写规则，以免影响词义的理解和表达。

（二）指导小学生词汇学习的方法与策略

《标准》对一级、二级词汇学习提出了新要求：知道要根据单词的音、义、形来学习词汇，理解词汇在语境中的含义。教师应指导学生根据单词的音、义、形来学习词汇，培养学生

① 王笃勤. 小学英语教学策略［M］. 北京：北京师范大学出版社，2010.

对词汇的认识，教给学生相应的单词记忆和学习的方法与策略，要体现在语境中学习和使用词汇的概念，而不只是学习单个词的汉语意思，死记硬背单词。

（三）明确小学阶段二级的词汇量和运用能力的要求

学习有关二级主题的单词并能初步运用 500 个左右的单词（见《标准》中的附录 3），就规定的主题进行交流与表达，另外可以根据实际情况接触并学习三级词汇和相关主题范围内 100~300 个单词，以及一定数量的习惯用语或固定搭配。①

二 小学英语词汇教学的内容

英语词汇教学包括语音、词形、词义、用法和学习策略五个方面。

（一）语音

学习单词首先要学习它的读音。准确的发音不仅有助于学生记忆单词，还是单词朗读的基础，更是语言交际的前提。小学阶段是学习英语的启蒙阶段，学生刚开始学习字母的读音，单词中的元音音素、辅音音素的发音和一些常见的拼读规则，教师在教学时应该指导和帮助学生读准每一个音，帮助学生打下良好的语音基础，培养学生良好的发音习惯，以语音知识促进词汇学习，将词汇教学和语音教学有机地结合起来。例如，对同音异形词 too—two，I—eye，U—you，meet—meat，教师应适时给予学生提醒和指导，帮助学生掌握单词读音。

（二）词形

单词的拼写是词汇学习的一个重要内容，掌握单词的拼写是记忆单词和读准单词的重要条件，因此，在词汇教学中要培养学生按发音规则拼读和记忆单词的能力和习惯。如：all—tall—ball，字母组合 all 发［ɔːl］；car—card，字母组合 ar 发［ɑː］；在一些单词中，末尾的字母 e 不发音，如：make、like、nose 等。另外，很多字母有几种读法，如元音字母 a，在 cake 中发［eɪ］，在 fat 中发［æ］；辅音字母 s，在 sister 中发［s］，在 rose 中发［z］，这种音形不一致的情况，是学生学习和记忆单词的难点。

（三）词义

理解单词的词义是运用词汇的基础。英语中一词多义的现象比较普遍。如"have"，小学阶段学习到它的两种意思，一是表示"有，拥有"，如：I have an English book. 我有一本英语书；二是表示"吃"，如：I have breakfast every morning. 我每天早上吃早餐。另外，英语中不同的单词表达同义或近义的汉语意思的现象也很常见。例如汉语中的"做"，小学英语二级词汇中 make、do、cook 都可以表达"做"的意思，make a kite（做风筝），do homework（做家庭

---

① 中华人民共和国教育部制定. 义务教育英语课程标准（2022 年版）［M］. 北京：北京师范大学出版社，2022.

作业），cook a meal（做饭）。所以，单词的意思要根据语境来理解，它与汉语词语不是一一对应关系。在词汇教学的过程中，教师要充分利用或创设真实的语境来呈现词汇，帮助学生正确理解和运用词汇。

（四）用法

词汇的用法包括其习惯搭配或固定搭配、语境和语法要求。首先，在语言实践中，词与词或词组的搭配有一定的限制，不能任意组合。如：play basketball（打篮球），词组中的 play 就不能换成 hit，这是习惯搭配。其次，要让学生了解词汇适用的语境，如：Good night 只用于晚上道别时，表示“晚安”的意思。学生容易误用于晚上见面的问候，因为 Good morning（早上好、上午好）、Good afternoon（下午好）都是用于见面时的问候语。另外，正确掌握词汇的用法还要熟悉其语法要求，即包括词性及其相应词性的语法要求。如：a good teacher（一位好老师）和 He can speak English well（他英语说得好）中，用形容词 good 修饰后面的名词 teacher，不能用副词 well 表达，speak 是动词，用 well 修饰。可见，good、well 汉语意思都是“好”，但用法要符合“形容词修饰名词，副词修饰动词”这一语法规则。

（五）学习策略

《标准》课程目标中，学习策略包括认知策略、调控策略、交际策略、资源策略。学习策略二级标准并没有对策略进行具体分类，用基本策略涵盖了学习策略的多个方面以及多方面的学习策略。学习策略二级标准中“对所学内容能主动复习和归纳；在词语与相应事物之间建立联想；积极运用所学英语进行表达和交流；能初步借助简单的工具书学习英语”，这四项与词汇学习密切相关，对于帮助学生掌握词汇学习策略具有指导意义。

在教学中，教师要有意识地培养学生良好的学习习惯，帮助学生形成有效的学习策略。可以通过一些简单、直观的办法（如图片教学、实物教学、情境教学等）帮助学生在词语与相应的事物之间建立联想，也可以通过近义词、反义词、同类单词归类等方法帮助学生建立词汇网，扩大词汇量。另外，教师应当指导学生按字母顺序查单词的方法查词典，并能通过例句理解和辨别词义，初步培养学生使用词典的习惯和能力。总之，帮助学生形成适合自己的学习策略，不仅有利于提高学习效率，还有助于学生形成和发展自主学习的能力，为终身学习奠定基础。

三 小学英语词汇教学的原则

词汇学习也要遵循语言学习的一般规律，先输入再输出。所以，小学英语词汇教学必须贯彻“听说领先，读写跟上”的基本原则，即按照听、说、读（认读）、写（书写）的顺序进行词汇教学。同时，还应遵循以下原则。

（一）直观性原则

1. 实物直观

小学英语教材中的词汇绝大多数都是日常生活、学习中常见的物品或与其相关联的名词、动词、形容词等。例如：学生熟悉的事物名词 pencil、ruler、book、flower、kite、cake、apple 等，指人的人称代词 I、me、you、her、he 等，表颜色的形容词 red、green、yellow、white、black 等，这些单词的教学都可以通过实物直观让学生直接感知其意。实物直观具有真实有效的特点。

案例5-8

教学内容：book、pencil、ruler、schoolbag

教学准备：一本书、一支铅笔、一把尺子、一个书包

教学步骤：(T= teacher　Ss = students)

(1) 教师拿出一本书向学生展示，并自问自答。

T：What's this? It's a book. 重读 book。

(2) 教师自问自答后用粉笔在黑板上板书单词 book，边写边重复：What's this? It's a book.

(3) 教师举着书本带读单词数遍。

T：book.

Ss：book.

T：book，book，book.

Ss：book，book，book.

…

(4) 教师用同样的步骤完成其他单词的呈现。

2. 模像直观

模像直观是指对实际事物的模拟形象直接感知的一种方式，如观看图片、图表、卡片、简笔画、模型、幻灯、录像、电影，利用图片或影像教授交通工具、动物的名词 bus、train、elephant、dog 等。模像直观能够有效地弥补实物直观使用的条件局限性。

3. 语言、动作直观

教师运用生动的语言、丰富的表情、形象的动作，通过说、唱、做、演的方式表达词汇意思，帮助学生形象地理解词义；或者在单词操练环节中，教师让学生通过说、唱、做、演的方式参与到学习活动中，激发学生兴趣，有效帮助学生加深对词汇的理解和记忆。动作直观如教授动词 walk、jump、stand 等。语言、动作直观可以最大限度地摆脱时间、空间、物质条件的

限制，也是最便利、最经济的方法。

案例5-9

教学内容：fly、bee

教学步骤：（T= teacher　Ss = students）

（1）教师做飞行的动作且说出以下句子。

T：Look，I can fly.

T：fly.（教师边说句子边板书单词 fly，然后带读几遍）

Ss：fly.

…

（2）教师通过肢体、声音和语言的描述，让学生猜测动物，引出单词 bee。

T：There is an animal. It can fly. When it flies，it will make a voice of “weng weng weng”. Guess！What's this?

Ss：蜜蜂。

T：bee.（教师边说边板书单词 bee，然后带读几遍）

（3）教师引导学生比较 see 与 bee 的异同，巩固记忆单词。

（二）趣味性原则

根据小学生的年龄特点和心理特征，在词汇教学中，教师应尽量设计多样的活动形式，运用丰富的教学手段，充分激发学生的学习兴趣，培养学生积极的学习态度。

1. 边唱边学

英文儿歌、童谣、律动具有优美动听的旋律和轻松欢快的节奏，符合小学生的认知规律和思维水平。例如：可利用儿歌 *Ten Little Indian Boys* 教授数字 one、two、three… ten；用儿歌 *The Days of the Week* 教授星期的名称等。在教学中，把单词教学融入英文儿歌或童谣中，让学生配上手势、肢体动作唱儿歌、做律动，不仅符合小学生好动、好玩的心理特征，也对调节学生的学习情绪、激发学生的学习兴趣、提高课堂教学效果起重要作用。

2. 边说边做（演）

在单词巩固环节设计游戏活动，通过老师说，学生做（演）；一个学生说，全班同学做（演）或分组进行等方式，让学生将单词的意思用动作或表情表现出来。教学身体部位的单词时，可以老师或一个学生发令，全班学生听口令，迅速做出动作。教学表示天气的形容词 cold、hot 时，让学生表演出这些感受。这样既能提高学生的积极参与度，也能有效地帮助学生理解、记忆单词。

教师让全班学生起立，跟着自己边说边做。

T：Boys and girls. Stand up! Follow me, please.

Fly, fly, like a bird.

Ss：Fly, fly, like a bird.

T：Swim, swim, like a fish.

Ss：Swim, swim, like a fish.

T：Miao, miao, like a cat.

Ss：Miao, miao, like a cat.

T：Jump, jump, like a rabbit.

Ss：Jump, jump, like a rabbit.

T：Walk, walk, like an elephant.

Ss：Walk, walk, like an elephant.

…

（三）复现原则

赫尔曼·艾宾浩斯（Hermann Ebbinghaus）的遗忘曲线规律：遗忘在学习之后立即开始，而且遗忘的进程并不是均匀的。最初遗忘速度很快，以后逐渐缓慢。根据记忆的遗忘规律以及小学生注意力不能长时间集中的特点，在小学英语词汇教学中，教师要有计划、有策略、系统地安排教学内容、设计教学活动，通过让学生完成不同的任务来强化对单词的理解和运用。让学过的单词复现和循环，提高单词的复现率。例如巩固单词 apple，可以通过多种活动、多种角度来复现：唱英文儿歌 *Apple Tree*；边听边画活动（教师读 apple 三遍，学生画出一个苹果）；看图写单词（教师展示苹果的图片，学生根据图片写出对应的单词）；学习语法点"an 的用法"和名词复数时再现单词 apple；学习 I like... 句型时，也可让 apple 复现，如：I like apples. 这样，通过不同的任务和多样的活动形式，既从听、说、读、写四个方面复现了单词 apple，也增加了词汇学习的趣味性，从而达到了巩固、记忆、运用单词的目的。总之，有效复现是词汇教学的必要途径。

（四）语境原则

词汇教学，应该做到词不离句、句不离文，教师要根据教学内容设置情景，使学生置身于一定的语言环境中，为学生提供观察、思考和实践的机会，将所学单词运用于语言交际中。

教师要利用学生学习的校园、教室等真实环境创设情景，让学生置身于现实的生活中来学习词汇，体验英语的真实感；或者通过视频、图片、游戏、儿歌、律动、声音等方式的情景创设活动，激发学生兴趣，增加愉悦的学习体验，促进学生对单词的识记、再认和再现能力，提高教学效率。

教学内容：on、in、under、beside

教学步骤：把一本书放在一个学生的书桌上，把一个文具盒放在书桌里，把一个书包放在书桌下面，教师站在这书桌旁边。教师可以一边引导学生观察一边说出以下句子。

T：Look！A book is on Liu Mei's desk. Her pencil-box is in the desk. Her schoolbag is under the desk. I am standing beside the desk.

案例分析：这样真实的情景无论用于词汇教学的哪一个环节都能取得良好的效果。

（五）运用原则

《标准》指出该课程体系以培养学生的综合语言运用能力为目标。词汇是语言运用的基础，词汇学习以语言运用为目的。在词汇教学中，教师应重视学生语言运用能力的培养，设计各种词汇运用的教学活动，通过听、说、读、写等方面的语言实践活动，促进学生英语语言运用能力的形成。

（1）在学习时间的表达法和一些关于生活与学习活动的词汇后，要求学生根据自己的生活与学习习惯用英语制订一张作息时间表。如：

Time	Activities
six thirty	get up
seven o'clock	have breakfast
half past seven	go to school
a quarter to nine	class begins.
twelve o'clock	have lunch
…	…

(2) 根据制订的时间表，用英语与同桌交流各自的生活与学习活动时间。如：I get up at six thirty. What about you?

四 小学英语词汇教学的方法

词汇教学要立足学生对英语单词的听、说、读、写四项技能的培养，必须与语音教学、语法教学、句型教学、课文教学相结合，充分利用这些教学活动帮助学生巩固、记忆、运用英语词汇。词汇教学的方法多种多样，但无论运用哪种方法，一般是按照“呈现单词—操练单词—运用单词”的步骤开展。以下是小学英语词汇教学的几种常用方法。

（一）直观法

根据小学生的认知特点，教师要借助实物、模型、教具、图片、视频等直观辅助手段，使抽象的语言直观、形象、生动，使词汇的学习过程更具趣味性，同时，也能让儿童直接将实物和与它对应的英语单词联系起来，有助于小学生英语思维的形成，也有利于学生理解和记忆单词。适合采用直观法教授的词汇有：生活用品、服装、食物、饮料、水果、动物、人物、职业、文具、交通工具、颜色、建筑、表位置的介词、表外形特征的形容词等。

案例5-13

教学内容：thin、short、tall、strong、friendly

教学准备：班上学生照片

教学步骤：(T= teacher　Ss = students)

(1) 教师呈现人物照片，但只能看到眼睛，其余部分被遮住。

T：Now let me show you some pictures. They're your friends. Let's see who is in the picture.

T：Who is he? /Who is she?

Ss：…

T：（教师呈现完整的照片）

Ss（学生大笑）：It's Li Fang.

T：Yes，it's Li Fang.（教师可让该同学站起来）Look，she has big eyes. And she is very thin.

(2) 教师呈现单词卡片（或在黑板上板书 thin），教学新单词 thin。

(3) 以同样的方法呈现其余照片，可以只露出人物的耳朵、手、鼻子等某一个部位，让学生猜是谁。猜完后呈现完整照片，同时用简单的句型描述人物，渗透新单词的教学。

教学内容：a clock，seven o'clock，a quarter past seven，half past seven，a quarter to eight（表达时间的短语）

教学准备：一个时钟

教学步骤：（T= teacher Ss = students）

（1）教师向学生展示一个时钟，并自问自答。

T：What's this in English? It's a clock. 教师重复 clock，带读并板书 clock。

Ss：clock，clock，clock.

（2）教师把时钟的时间调为 7 点整后向学生提问。

T：What's the time?

Ss：Seven.

T：Yes，it's seven o'clock.（学生跟读）

（3）教师用同样的方法教授其他时间点的表达。

（二）全身反应法

全身反应法（Total Physical Response，简称 TPR）是心理学教授詹姆斯·阿歇尔（James J. Asher）1966 年提出的一种教学方法。全身反应法倡导把语言和行为联系在一起，通过身体动作教授语言，使孩子们水到渠成地完成从听到说的学习过程。这种方法通过看、听、表演、涂涂、画画、玩玩、做做等多种形式训练学生的听说，给学生创造轻松愉快的学习氛围，让学生在玩中学，学中乐。一些动词及动词短语、形容词等，可以用肢体语言表现，如 sit、swim、open... play football、drink water、close the door... happy、sad；一些动物、水果、简单的物品等名词，可以老师说单词，学生用简笔画画出相应的东西；学习表颜色的单词时，可以通过找教室里的相关颜色的物品，还可以教师说出颜色的单词，学生在白纸或指定的图片上涂上相应的颜色。

教学内容：teacher、doctor、policeman、fireman、driver

教学活动：（T=teacher Ss=students）

I do and you guess.（我做，你猜）

①教师依次模仿消防员灭火、医生看病、司机开车、老师上课、警察执勤的动作，让学生猜单词，举手抢答。

②让一个学生到讲台上做动作，其他同学分组猜单词。哪一组猜对的词多，则哪一组获胜。

案例5–16

真题链接　2017年上半年卷

28.请认真阅读下列材料，并按要求作答。

On the farm

Look and say

What are they?
They're ...
How many ...?

Look and learn

Ask and answer

Animals	hens	chicks	ducks	pigs	cats
How many?	five				

S1: What are they?
S2: They're ...
S1: Count the ... How many ...?
S2: ...

（资料来源：中公教育教师资格考试研究院. 教育教学知识与能力历年真题及标准预测试卷·小学）

请根据上述材料完成下列任务：

（1）简述英语歌曲在教学中的作用。（10分）

（2）如指导小学生学习，试拟定教学目标。（10分）

（3）依据拟定的教学目标，设计导入和新授环节的教学活动并说明理由。（20分）

本题的第三小题导入环节的活动可以进行如下设计：

Lead-in

①Pupils say the names of the animals they know and imitate their sounds or actions.

②Watch the video of song *Old McDonald's Farm*, and find out how many kinds of animals in the video.

活动①：学生会说到他们熟悉的猫、狗、鸡、鸭、猴等动物，并饶有兴趣地模仿这些动物的叫声和动作。这一教学活动运用了全身反应法。活动②：让学生一边看动画的音乐视频 *Old McDonald's Farm*，一边留意视频中所出现的动物。这个教学活动运用直观法。这样不仅能吸引学生的注意力，还能自然地把学生带入学习的话题。

（三）游戏法

美国心理学家杰罗姆·布鲁纳（Jeromen Seymour Bruner）说："最好的学习动力莫过于学生对所学知识有内在兴趣，而最能激发学生这种内在兴趣的莫过于游戏。"现代教育倡导寓教于乐，而游戏教学法就是将"游戏"与"教学"巧妙地结合在一起，让孩子们在"玩中学，学中玩"。游戏教学法在小学英语词汇教学中被广泛运用。常用游戏有：猜一猜（看图猜单词、摸实物猜单词）、单词抢读赛、开火车（读单词）、碰地雷（读单词）、大小声读单词、拼单词对抗赛、单词接龙、看/听单词做动作等。

案例5–17

游戏名称：兔子蹲（萝卜蹲）

活动目的：巩固已学单词及锻炼学生的反应能力

游戏规则：找 6 至 8 个学生（人数可以变化）到讲台前站成一排，给每个学生分配好所要练习巩固的单词。台上学生自己轮流喊口令，如：blue 蹲，blue 蹲，blue 不蹲，yellow 蹲，并和其他学生一起做出相应的动作，若有做错，淘汰出局，最后剩下的是胜利者。

活动建议：

（1）站在台上的学生人数可以视单词的多少而变化。

（2）口令可以由某一个同学喊，但轮流喊口令有利于更多学生得到说的练习。

案例5–18

游戏名称：单词接龙

活动目的：复习单词

活动要求：学生说出的每一个单词必须以上一个单词的最后一个字母为开头字母，单词不能重复。

活动步骤：

（1）把学生分成 6~7 个小组，各组选一名记录员。

（2）教师给出第一个单词，并宣布游戏开始。

（3）各小组练习 5 分钟，每个学生依次说出单词，形成词龙（例如：bag—girl—like—egg—get—tea…），各组记录员负责记录单词。

（4）举行小型词汇竞赛，每小组推出一位选手，如参赛者未能接上单词，就得退出比赛，坚持到最后的为优胜者。

活动建议：

（1）教师可以先带领全班同学快速口头复习一个单元或几个单元的词汇，然后再让学生做此游戏。

（2）教师也可以带领全班一起做这游戏，教师给出一个词，学生自由地说出各自的单词。

（3）教师可以视情况而定游戏时间长短。

案例5-19

游戏名称：木头人

活动目的：巩固身体部位的名词

活动要求：学生复述教师的指令并做相应的动作。当老师说“木头人”的时候，学生必须马上静止不动。

活动步骤：（T= teacher　Ss= students）

（1）教师边讲规则边示范。

T：Now，let's play a game. The game is freezing man. I say “touch your eyes!” You copy my words and touch your eyes. If I say “One，Two，Three，freezing man”，you will be a freezing man. You can't move and stand just like a freezing man. If you don't follow the rules，you will always be a freezing man in the game.

（2）活动开始

T：Ready? Let's begin. Touch your nose!

Ss：Touch your nose!（学生边说边做动作）

…

T：one，two，three，freezing man!（学生静止不动）

…

活动建议：

（1）本游戏动静结合，有利于课堂组织。

（2）除了适合学习巩固身体部位的名词外，也适合其他类的词汇。

（四）以旧带新法

教师在教授新词汇时，利用已学的同类别单词、音近或形近的旧单词等引出新单词。音近和形近的词主要分两种方式：

（1）字母增减式。新单词是在旧单词的基础上增加或减少字母的方式。如：rain—rainy，ice—rice，wear—ear，cold—old，he—her，teacher—teach，driver—drive...

（2）字母替换式。新单词是在旧单词的基础上更改一个或两个字母的方式。如：but—put，bee—see，fat—hat，rice—nice，rose—nose，sing—song，talk—walk...

总之，找准新旧知识的联结点，呈现更自然，教学更有效。这种以旧带新教学单词的方法既能加强对旧单词的巩固，又能让学生更容易地学习和记忆新词汇。

案例5-20

教学内容：pig

教学步骤：(T= teacher Ss= students)

教师通过PPT（单词卡或板书）呈现已经学过的单词big，找个别学生认读，再齐读三遍。

T：Who can read the word?

S1：big

Ss：big，big，big. [b] [b] [b] — [bɪg]

教师将b改成p，呈现出新单词pig，找学生试读。教师再带读几遍。(这样，学生很快就记住了这个单词的拼写和读音)

T：Who can read the new word? Who wants to try?

S2：...

T：pig，pig，p-i-g，pig. [p] [p] [p] — [pɪg]

案例5-21

教学内容：teach

教学步骤：(T= teacher Ss= students)

（1）教师展示图片，复习学过的职业名词。

T：What's she? /What's he?

Ss：A worker/teacher/policeman...

（2）教师利用情境法，引出新单词teach。

T：I'm a teacher. I teach you English. （边说边板书单词 teacher、teach）Teach. What's the meaning? And how to pronounce the word? Who can try?

Ss：…

（3）教师引导学生比较 teacher 和 teach 两个单词的词义、词形和读音，再带读单词。

（五）归纳法

教师可以利用对单词进行归纳、分类、对比、联想的方法教授单词，找出词义相同、相近或相反的单词，读音相同或相近的单词或按题材分类归纳，以帮助学生加深印象，形成联想记忆，提高对单词的认知和记忆效率。具体分类方法主要有以下几种：

（1）近义词：good、well、fine、nice、beautiful。把它们归纳在一起，找出其相似点及用法的差别之处。

（2）反义词：big—small，long—short，hot—cold。

（3）同音词：I—eye，hour—our，son—sun。

（4）近形词：kind—find，glass—class，tall—ball。

（5）同类词：father、mother、brother、sister。把表达同类人或事物的词汇归类，例如：家庭成员的称呼、交通工具、职业名词、食品类、动物类等。

案例5-22

朗读下列单词，并按类别填入相应的表格中。

son worker dog policeman cake apple panda duck sister rice

orange fireman pear bread grandpa doctor elephant dumpling

Foods	Fruits	Jobs	Family members	Animals

案例5-23

根据句子意思，选择正确的单词填空。

1. The ________ boy is playing football. （ball；tall）

2. Her ________ likes red. （son；sun）

3. My room is ________. （small；little）

第三节　语法教学

语法是英语教学的纲领性内容，是英语课程的重要组成部分。现在英语语法教学受到了很大的冲击，人们普遍不重视语法。在新课程改革的背景下，其他的教改轰轰烈烈，有声有色，语法教改却寂静无声，甚至有人认为，语法已经被作为“落后部分”改掉了。体现在英语教学当中，就是很多英语教师不教语法，认为教语法就不是课改，是在“穿新鞋，走老路”，是不符合新课改要求的。

其实，从英语教学本身的特点来看，英语语法在英语教学当中起到了“穿针引线”的重要作用，它在英语读和写的部分中能够规范用词、规范句型。英语听、说、读、写、译是小学英语教学的五项基本技能，英语教学就是将五种技能综合起来运用，使学生掌握英语的语言表达。我们在教学当中发现，一个缺乏英语语法基础的学生，是不能写出一篇通顺的英文，也不能讲出一口流利的英语，甚至不能真正读懂一篇英语文章的。英语语法教学是学生运用单词、运用句型的重要教学过程，是把语言知识从理论提升到实践层次的重要步骤。我们能够发现，如果学生英语语法基础差，学生综合运用语言的能力也不会太强。因此，语法教学在英语教学当中，不是可有可无的，而是占有重要的一席之地。英语语法教学必须要受到人们的重视，才能够促进整体英语水平的提升。①

一　小学英语语法教学的目标

小学英语教学作为一个入门阶段，主要任务是通过视、听、说、玩、唱等一系列教学活动，对学生进行听、说、读、写、译的基本训练，激发学生的学习兴趣，培养良好的学习英语的习惯，并且通过学习一定量的词汇，接触一定量的日常交际用语，培养以听、说能力为主的初步交际能力，为初中进一步学习英语打好基础。

英语语法是英语语言的组织规律，它赋予英语语言以结构系统，指导英语语言正确、贴切地表达思想和传递信息。它有严密、科学的体系，是结合英语语言系统和英语语义系统的枢纽，是组词成句的黏合剂，起着纽带作用。教学语法的目的是使学生掌握基本语法，更好地进行听、说、读、写、译等语言应用。小学英语语法教学的目标是使学生能用升调和降调表达情

---

① 曲景萍. 浅析小学英语语法教学几点体会［J］. 情感读本. 2018（20）：80.

绪和意愿，能使用常见词语就熟悉话题进行表达，能使用基本句式和常用时态表达意义。①

二 小学英语语法教学的内容

《义务教育英语课程标准（2022 年版）》中明确提出小学英语语法知识包括词法知识和句法知识。词法关注词的形态变化，如名词的数、格，动词的时、态（体）等；句法关注句子结构，如句子的种类、成分、语序等。词法和句法之间的关系非常紧密。在语言使用中，语法知识是“形式—意义—使用”的统一体，与语音、词汇、语篇和语用知识紧密相连，直接影响语言理解与表达的准确性和得体性。

小学英语语法教学的主要内容有：

（1）在语境中感知、体会常用简单句的表意功能；

（2）在语境中理解一般现在时和现在进行时的形式、意义、用法；

（3）围绕相关主题，在语境中运用所学语法知识描述人和物，进行简单交流；

（4）在语篇中理解常用简单句的基本结构和表意功能；

（5）在语境中理解一般过去时和一般将来时的形式、意义、用法；

（6）在语境中运用所学语法知识描述、比较人和物，描述具体事件的发生、发展和结局，描述时间、地点和方位等。

三 小学英语语法教学的原则

在学习一种外语时，如果不了解该语言的内部规则，那将影响学生准确地运用该语言进行交流。许多专家如卡梅伦（Cameron，2001）认为，即使在小学阶段，孩子也需要一些语法知识帮助他们牢固地、正确地掌握语言。新课程标准也要求在小学阶段要进行一些简单的语法教学。作为小学英语教师，如何才能既保持孩子学习英语的热情，又让孩子掌握新课程标准所要求的“枯燥”的语法知识呢？根据孩子的天性，在教学中要做到“以人为本”，让小学语法教学生动起来，应遵循以下三个原则。

（一）隐性原则

在语法教学方面，外国教育专家提出了两种方法：显性语法教学（Explicit grammar teaching）和隐性语法教学（Implicit grammar teaching）。前者侧重在教学中直接谈论语法规则，语法教学目的直接明显；后者则在教学中避免直接谈论所学的语法规则，主要通过情境让学生

---

① 教育部考试中心. 中国英语能力等级量表［M］. 上海：上海外语教育出版社，2018：15.

体验语言，通过对语言的交际性运用归纳出语法规则。显性语法教学需要运用抽象的思维能力，对智力还在发展的孩子采用隐性语法教学的方法更为合适。不少教师的英语课堂枯燥乏味，其中一个重要原因是在巩固所学的语法项目时，采用了过于机械的练习形式，也可以说是采用了过多的显性语法教学。

案例5-24

教学内容：一般将来时

练习方法：仿写句子

Model：I am swimming now.（tomorrow）

→ I am going to swim tomorrow.

（1）Jack is dancing now.（tomorrow）

（2）We are drawing now.（tomorrow）

案例分析：此类练习只让孩子们重复操练所学的语法项目，并没有提供机会让孩子们了解应用这个语言点的情境，容易使所学的语言形式与语言的使用语境、语言的意义脱节，不能很好地达成语法教学的最终目的——帮助提高学生语言的交际能力。

此外，孩子天性喜欢好玩的东西，过于严肃机械的练习不能引起他们的学习热情，因此，我们应尽可能摒弃直接的、机械的练习，多提供机会让孩子们在有意义的、生动有趣的情境中练习和运用所学的新项目。

案例5-25

教学内容：be going to do sth

教学步骤：

（1）教师拿起粉笔，说："I am going to draw something. But what? Can you guess?"

提示让学生使用句型"You are going to draw..."。

（2）教师每次画一两笔，让学生继续猜："You are going to draw..."直到他们猜对为止。

案例分析：这个游戏给孩子们提供了一个较真实的情境去使用语言，让他们在玩乐中无意识地训练了所学的语法。当然，为了巩固孩子们的语法知识，提高他们语言的准确性，教师也要在适当时候使用显性语法教学。

（二）意义先行原则

英国教育专家穆恩（Jayne Moon，2000）的研究表明，孩子具有“go for meaning”的天性，即在学习语言时，孩子的注意力通常首先放在语言的意义上，他们很少注意到语言形式（vocabulary，pronunciation，grammar structures）或语言规则。而且，孩子在特定的情境中获悉语言意义的能力很强。

由于孩子的关注点在语言的意义上，如果在开始授课时，教师首先谈论语法规则，势必导致他们不感兴趣。在教学中，我们要利用孩子的天性来帮助他们学习语言，才能真正做到“以人为本”。在语法教学上，英国专家提倡采用这样的教学顺序：首先，让孩子在一个有意义的情境中理解所教语法项目的意义；然后，提供足够的机会让孩子在较真实的语境中进行交际性活动，运用所学的语法项目；最后，在孩子理解并会运用的基础上，教师把孩子的注意力吸引到语法规则上来，进一步巩固所学的内容。也就是说，在教学的前面两部分——“meaning”与“use”阶段使用隐性语法教学，在最后一部分——“form”阶段才采用显性语法教学。

（三）适量原则

在讲解语法项目时，还要注意适量原则，即讲解要适时适量，解释清楚，不要反复。反复讲解，费时费力，反而导致孩子糊涂及厌烦。

并非只有把语法尽可能详细地讲解才能保证孩子正确运用，太多的理论解释反而适得其反，最关键的是练习、练习、再练习。而且，当孩子的抽象思维能力还没有完全发展，这方面的能力还远不及成年人时，在语法讲解上更应注意适量原则。

新课程标准所倡导的“以人为本”的理念要求教师的教学设计与教学活动都要符合学生的本能与天性。生动有趣、重在实践的语法教学方法有助于营造出一个人性化的教学环境，不仅有利于调动孩子的学习积极性，提高教学效果，还有利于孩子身心、情感的健康发展。

四 小学英语语法教学的方法

英语语法传统教学法强调语法概念，侧重语法知识的孤立训练，忽视从语言的运用上去讲解语法知识，从运用能力的培养上去要求学生。在语法教学中使用的例句缺乏真实语境，不能用真实的语境进行真实的语用功能表达。

小学英语语法教学该如何教呢？它常有哪些教学方法？

小学英语语法教学的方法大致可分为：情境教学法、任务型教学法、归纳法、对比法、图表法、游戏法等。教师可广泛利用图片、实物、动作、简笔画、童谣、歌曲、游戏等直观手段，吸引学生的注意力，促使学生将英语和客观事物直接联系，形象化、交际化地呈现语法。

（一）情境教学法

情境教学法是指在教学过程中，教师有目的地引入或创设以形象为主体的、具有一定情绪色彩的、生动具体的场景，以引导学生获得一定的情感体验，从而帮助学生理解教材，并使学生的心理机能得到发展的教学方法。教师创设的情境一般包括生活展现的情境、图画再现的情境、实物演示的情境、音乐渲染的情境、言语描述的情境等。

案例5-26

教学内容：助动词 be（am、is、are）+动词的 ing 形式构成现在进行时

教学方法：情境教学法

教学步骤：

（1）请几个男生、女生上台和老师一起画画。

T：I'm drawing pictures. What are you doing，Tom?

Tom：I'm drawing pictures，too.

T：What is she doing?（Pointing to Amy）

Ss：She is drawing pictures.

T：What is he doing?（Pointing to Ben）

Ss：He is drawing pictures.

T：What are Tom，Amy and Ben doing?（Pointing to Tom，Amy and Ben）

Ss：They are drawing pictures.

（2）教师重复之后板书：

What are you doing? I'm...

What is he doing? He is...

What is she doing? She is...

What are they doing? They are...

案例分析：通过情境教学，语法学习变得生动而有趣，学生也学得快，记得牢，用得活。

（二）任务型教学法

与传统的语法教学不同，任务型教学法要求学生通过参与贴近现实生活的语言应用活动掌握语法。如学习一般将来时可以通过谈论周末计划的方式进行，like/love 喜好的表达可以通过调查同学的饮食爱好制作生日宴会菜单的方式进行。语法任务教学并不要求完全按照任务型的

Pre-task、While-task 和 Post-task 的模式进行，主要是任务理念的贯彻。①

案例5-27

教学内容：How many...?

教学方法：任务型教学法

教学步骤：

教师先让学生写下自己感兴趣的问题，如 How many people are there in your family? How many pencils do you have? How many storybooks have you read? 等，并请学生自制调查统计表，可以是如下格式。

Questions	Mike	Lisa	Donna
How many people are there in your family?			
How many pencils do you have?			
How many storybooks have you read?			
...			

学生做好准备后，在班级中任意找采访对象进行提问，并填写统计表，最后汇报调查结果，并请全体学生选出班级之最。

案例5-28

教学内容：句型 Whose... is this/are they? It's/They're... 's.

教学方法：任务型教学法

教学步骤：

(1) 设计一个"失物招领"的任务，先将一张桌子放在教室前面的一角，桌上放一块失物招领处的英文牌。

(2) 然后把课前让学生带来的服装鞋帽一一放在桌子上，在学生询问、辨认、找失主的过程中，自然地引导他们学习口语：Whose... is this/are they? It's/They're... 's.

案例分析：在此过程中，不仅帮助学生区分 be 动词单、复数的使用，还培养了学生综合

① 王笃勤. 小学英语教学策略［M］. 北京：北京师范大学出版社，2010：203.

运用语言的能力。

（三）归纳法

归纳法即从语境、语用方面入手学习语法，不直接对语法概念和语法规则进行教学。要求教师先给学生一些含有语法教学内容的语言材料，让学生在学习语言材料中接触这些语法现象，然后引导学生从这些语言材料中总结出语法规则。这样就能使语法知识更容易被学生接受、理解和掌握。

湘少版小学英语四年级上册

Unit 12 Peter can jump high

教学内容：情态动词 can 的用法

教学方法：归纳法

教学步骤：

（1）先列举几个例子让学生观察。

I can run.

He can jump high.

Peter can jump high.

Anne can throw far.

The bird can fly high.

（2）然后分小组讨论这些句子的共同点，启发学生观察 can 前面的主语和后面的动词有什么特点。

（3）学生归纳总结：情态动词 can 表示“能、会”，主语不用考虑人称，后面直接加动词原形。

（4）拓展练习：给出一些动画，让学生用 can 来说句子或者各自说说自己能干之事。

案例分析：这一教学方法让学生充分理解和内化语法规则，掌握好其用法，并使他们逐步建构起清晰且完整的语法知识图式。学生学到的知识需要经过自己大脑的加工和整理，才会更好吸收。此方法能较好地发挥学生的主观能动性，与教师逐条讲解灌输语法规则，学生只记笔记不思考、少练习的教法相比具有很大的优势。

（四）图表法

图表法就是把学生容易混淆的一些相关的语法点归类列出表格，然后教师引导学生进行观察、对比和分析，启发他们找出关键点，突破难点，化难为易，从而有针对性地解决语法问题。

案例5-30

教学内容：be 与 have 的用法及区别

教学方法：图表法

be 与 have 用法：

人称代词	搭配词	
I	am	have
We，You，They	are	
He，She，It	is	has

案例分析：学生从表格中能直观地发现 be、have 与人称代词如何正确搭配使用。

（五）对比法

对比法是把学生容易混淆或犯错的相关语法点呈现出来，引导他们对其进行观察、对比和分析，找出关键点并加以突破，使学生最终理解和掌握这些语法知识。

案例5-31

教学内容：in the tree 与 on the tree 的区别

教学步骤：

（1）学生进行选择。

①树上有一个梨。

There is a pear (on，in) the tree.（学生通常会选择介词“on”来填空，这是对的）

②树上有一只小鸟。

There is a bird (on，in) the tree.（学生还是选择介词“on ”，这就错了）

（2）引导学生认真思考“a pear”和“a bird”跟“树”有什么关系。

（3）学生分析、讨论后得出结论：“a pear”是“树”上本身长出来的，而“a bird”是外来的事物，不是“树”上长出来的。所以，虽然都是在“树”上，但是所选择的介词却完全不同。

案例分析：经过观察、对比、讨论和分析，问题一下就解决了。

（六）游戏法

游戏符合学生的心理特点，寓教于乐，可以激发和培养学生学习英语的兴趣；有利于充分调动学生学习的积极性与主动性，激发学生的思维和创造力，提高学生的语言运用能力；有利于活跃课堂气氛，让学生在轻松愉快的环境中学习英语，提高课堂教学效果；可以将枯燥的语言现象转变为学生乐于接受的游戏形式，化难为易，从而减轻学生的负担，符合素质教育的要求；有利于增长学生的知识，发展学生的智力，培养学生的合作和竞争意识。游戏活动可以设计竞猜活动、唱歌谣和讲故事等。

1. 竞猜活动①

小学生活泼好动，富于挑战性。教师可以利用小学生的这一特点，把竞猜活动融入语法教学中，这样可以有效地激活学生思维、激发其兴趣。如在教学一般疑问句 Is he/she...? 时，教师先随意叫一名学生上台描述自己心中的某个人，其他学生纷纷举手猜此人是谁。提出的问题也必须是一般疑问句 Is he/she a boy/girl? Is he/she tall/short? Is he/she in Group 1? 等。回答的人也只能用 Yes 或 No 来回答。最后，教师对猜错次数少、很快猜中的学生给予表彰，对部分猜错次数多，但说话流利、语言准确的学生给予鼓励。在这样的竞猜活动中，学生不仅掌握了语法的结构和功能，学会了用所学内容表达意义，同时也增强了学好英语的自信心。

2. 歌谣活动

音乐给人以美的享受。在节奏鲜明、富于韵律感的歌谣中学习语法，能起到事半功倍的效果。如在学习情态动词 can 及其句型 What can you do? I can... 时，教师可利用《新年好》的旋律编写出下面的歌谣，让学生两两对唱，帮助学生学习、理解、掌握。

I can sing. I can sing.

What can you do?

I can dance. I can dance.

Let's dance together.

又如，在学习 have 和 has 的用法时，教师可提供下面的歌谣 *Table and Chair*，让学生吟唱，帮助学生学习、理解、掌握。

I have a table in my little bedroom.

My little table has a little chair.

I have a table in my little bedroom.

My little table has a little chair.

再要求学生根据自己的实际情况，自己填词，在吟唱这首歌谣的过程中，学生不但轻松地

---

① 曾燕虹. 英语教学游戏设计与运用［M］. 广州：广东高等教育出版社，2012.

掌握了重点句型、语法结构，还陶冶了情操。

3. 讲故事活动

讲故事可以让枯燥、难懂的语法知识变得活灵活现，生动有趣。如在教学 be 动词的时候，可以告诉学生 be 动词有一个绝活，那就是变脸。当描述现在的事情时，它遇见了 I 就变成 am，遇见 you、we、they 就变成 are，遇见 he、she、it 就变成 is，是一个不折不扣的“变脸大王”。又如在教学助动词的用法时，告诉学生助动词是一个助人为乐的“活雷锋”。当一句没有 be 动词和情态动词的陈述句变成疑问句时，都会请助动词来帮忙，而助动词也会不遗余力地跑在最前面，因此助动词最受大家喜爱。通过这样生动有趣的讲解，学生非常容易理解和记忆。

英语语法是英语教学中不可缺少的重要部分，作为小学英语教师更应该从培养小学生学习英语积极性的角度出发，正确理解《标准》的要求，帮助学生将已获得的感性认识上升到理性认识，最后使学生能够运用语法进行正确合适的语言实践。无论教师采取哪种教学方法，都要求从学生的实际出发，激发学生英语学习兴趣，让学生从听、说、读、写四个方面提高语言运用能力，为后期英语学习打下坚实的基础。

下面是优秀教学设计示例。

湘少版小学英语五年级上册
Unit 5 Can I have a pet?（Part B 和 Part C 部分）

一、教学目标

1. Language ability

（1）能听、说、读并运用单词：rabbit、hold、lovely、pet、basket。

（2）能熟练运用句型“Can I have...? Yes, you can. No, you can't.”对自己想要的东西进行提问。

2. Learning ability

（1）通过单词的学习，进一步巩固自然拼读法。

（2）培养学生能通过课文基本内容表达自己需求的能力。

3. Thought quality

引导学生对小动物仔细观察，分析判断，明白什么动物可以做宠物，从而培养学生的批判性思维品质。

4. Cultural character

通过引导学生如何正确饲养宠物，培养学生爱护动物的道德意识和情感。

二、教学重难点

1. Important points

能熟练运用句型“Can I have...? Yes, you can. No, you can't.”对自己想要的东西进行提问。

2. Difficult points

通过引导学习，培养学生表达自己需求的能力。

三、教学工具

PPT、word cards、pictures...

四、教学过程

Step 1 Warm-up

（1）Greetings。

T：Hello, boys and girls. Today I'm your new English teacher. My name is Nicky. I'm Nicky Teacher, not Micky Mouse. Nice to meet you. Firstly, let's sing a song, OK?

Ss：OK.

（2）Sing a song *I have a pet*.

T：Boys and girls, what is the song about?

Ss：It's about “a pet”.（板书话题 pet）

设计意图：以歌曲引入，活跃气氛并引入话题“pet”。

Step 2 Presentation

（1）教授 rabbit。

T：Yes, it's about a pet. I have a pet. Please guess what it is. It has long ears. It is small. It is white. It can jump. What is it?

Ss：It's a rabbit.

（2）教授 lovely。

T：Yes, it's a rabbit. It's lovely.（引导学生说出 lovely）

（3）教授 basket。

T：The rabbit is lovely and I have a basket for my rabbit.（教师板书 basket 并带读）

（4）教授 hold。

T：It can jump, and I can hold it.（在描述兔子的各种特征时尽量引导学生自己去表达）

设计意图：由孩子感兴趣的猜谜来引出新词 rabbit，再由教师设定情景来一一引出要学的新词 lovely、basket、hold，引入自然，并很好地进行了情景运用。

Step 3 Practice

（1）播放动物视频，激发学生对动物的喜爱之情。

T：Boys and girls, do you want to have a pet? What animals do you like? Let's watch the video.

用 PPT 播放视频，学生说说看到了些什么动物。在同学说的时候把准备好的动物图片粘贴到黑板上。

（2）让学生选择喜欢的动物作为宠物并适当说说选择的理由。

T：Look! There are so many lovely animals here. Do you want it to be your pet? You can ask me: can I have a...?（引导学生说出目标句型 Can I have a...? Yes, you can. / No, you can't.）

S1：Can I have a cat?

T：Yes, you can. / No, you can't.

（3）请学生自己上台充当小老师，生生互动。

设计意图：采用视频播放，激发学生对动物的喜爱之情，同时采用简单的动物图片创造真实的情景引导学生学习目标句型，真正做到用中学，学以致用。接着以学生充当小老师的方式让生生之间进行对话，把课堂还给学生，从学生出发，相信学生，发动学生，利用学生，发展学生，成就学生。

（4）以小组为单位，互相简单聊聊自己的宠物。

S1：I have a pet. It's a dog. It's small and lovely...

S2：I have a pet. It's a cat. It likes eating fish...

...

设计意图：猜宠物的游戏及观看视频谈论动物，已经为学生复习了一些与本课话题相关的词汇及句型，为接下来的小组合作搭建了语言支架。通过小组合作，全班学生都能参与到课堂活动中来，增多了口语练习及操练的机会。

Step 4 Consolidation

（1）Show pictures of some pets and wild animals, ask: Can you have the lion for a pet? Why?

S1：It's too big.

S2：It's dangerous.

...

T：Yes, they are wild animals. They like living outside. We can't have them.

设计意图：鼓励和引导学生如何选择宠物，培养学生批判性思维。

（2）延伸阅读绘本 *Dear Zoo*.

Step 5 Summary

Boys and girls, pets and wild animals are our friends, We have to take care of them.

设计意图：鼓励和引导学生在实际生活中能爱护小动物，并照顾好他们。

Step 6 Homework

Choose an animal and write some sentences about it.

设计意图：由听、说过渡到读、写，将课内所学延伸至课外，以说促写。

五、板书设计

Unit 5 Can I have a pet？

Can I have a …?

Yes, you can./No , you can't.

（资料来源：湖南省第一届中小学青年教师教学竞赛一等奖　陈妮恒、王黎香）

案例分析：

让“核心素养”在英语单词教学中落地

本课例始终围绕着培育学生核心素养这一理念开展教学，着力培养学生的语言能力、学习能力、思维品质和文化品格，凸显了五大特点：

（1）目标定位具体精准。本课设计在制订教学目标时，从英语核心素养的四个维度出发，思路清晰，定位精准。通过运用本课核心句型及单词描述喜爱的动物及询问自己想要的动物培养学生的语言能力；通过创设情境培养学生运用核心单词及句型的学习能力；培养学生对“pet”的观察能力及以此话题为核心做更深一步思考的思维品质；引导学生由宠物联想到动物与人之间的共处关系，培养学生从“心”出发爱护宠物和野生动物，做到人与动物和平共处的文化品格。

（2）搭建语言支架由易到难。学生是课堂学习的主体，但是由于受到学习能力的限制，学生在课堂上学习的语言往往与其个人已经具备的思想水平存在不平衡性，如此一来，在拓展环节中，学生或觉得课文内容太容易，或觉得太难，从而失去了语言表达的欲望。本课的设计从最初歌曲的引入，到猜教师的宠物，再到观看完视频之后的自由对话，各环节都是在一步步为后面的语言输出搭建支架，与之相关的语言知识反复出现，学生无形中将旧知与新知进行融合，构建了新的经验意义，从而达到了有效输出的目的。

（3）拓思促学、学用结合。核心素养理念下学生学习的过程不仅是对知识的加工和认知的过程，还是面对新问题，整合和运用知识分析和解决问题的过程。在观看完视频之后，教师以多张精美的动物图片为学生创设情境，学生运用语言知识从教师手中要到自己喜欢的动物卡片。教师从学情出发，设计一个学生力所能及的、有助于学生语言发展的交际活动，让学生在思考、体验中完成了语言交际的任务，在促进语言知识的理解和记忆的同时也获得了用英语做事的能力。

（4）学生主体地位突出。本课设计时，一切从学生出发，相信学生，发动学生，利用学生，发展学生，成就学生。在要求学生运用语言知识完成任务的环节中，教师把课堂还给了学生，让学生做主，营造积极的学习氛围，建立新型的师生关系，全员参与，全面发展。

（5）以德育人，自然生成。五年级的学生的情感内容已经进一步地扩大和丰富，但是只有当学生主动参与实践体验，才能唤醒学生已有的背景经验，从而在教师的引导下产生情感，自然地渗透和落实情感态度和价值观教育。在本课的设计当中，教师在学生自主选择动物作为宠物这一环节之后再进行自由讨论，激发学生回忆选择时无意识回避野生动物的行为，让学生意识到这一行为背后蕴含的情感态度，让学生产生情感的共鸣，进而激发学生发现与宠物或其他动物和平共处的想法，避免了情感教育只是空有口号的嫌疑。

本章知识结构导图

- 小学英语语言知识教学
  - 语音教学
    - 小学英语语音教学的目标
    - 小学英语语音教学的内容
    - 小学英语语音教学的原则
    - 小学英语语音教学的方法
  - 词汇教学
    - 小学英语词汇教学的目标
    - 小学英语词汇教学的内容
    - 小学英语词汇教学的原则
    - 小学英语词汇教学的方法
  - 语法教学
    - 小学英语语法教学的目标
    - 小学英语语法教学的内容
    - 小学英语语法教学的原则
    - 小学英语语法教学的方法

知识点检测

1. 小学英语语言知识教学主要包括哪几个方面，与听、说、读、写语言技能教学有怎样的关系？

2. 小学英语语音、词汇和语法教学的内容分别包括哪些方面？

3. 选择小学英语教材的某个单元，以语音教学、词汇教学和语法教学为目标分别设计和展示教学内容，并说明所运用的基本原则和方法。

4. 实践活动。

实践活动Ⅰ

（1）内容：Put your ear, near my ear,

Put your ear, near my ear,

And you will hear, and you will hear,

And you will hear,

NOTHING!

（2）基本要求：

①请根据 chant 进行英语语音教学设计，体现课堂导入、新课呈现、操练方法、拓展运用等各教学环节。

②教学重点为字母 ear 的发音［ɪə］，请结合本章第一节第四部分“小学英语语音教学的方法”中的各种方法，选择恰当的方法进行教学设计。

实践活动Ⅱ

请认真阅读图片材料，并按要求作答。

（1）简述英语词汇教学有哪些方法。

（2）如指导小学生学习，试拟定教学目标。

（3）依据拟定的教学目标，设计导入和新授环节的教学活动并说明理由。

参考答案

第六章

小学英语语言技能教学

学习目标

✦ 了解英语语言四项基本技能的相互关系、概念和发展过程。

✦ 学习并熟悉英语语言四项基本技能教学的基本原则和一般步骤。

✦ 学习并掌握听、说、读、写四项基本技能以及听说、读写综合能力的常用教法。

✦ 能够运用所学知识书写听、说、读、写四项基本技能和听说、读写综合能力的常见教学设计。

案例导入

王老师在跟踪指导小学教育专业学生参加小学课程教育教学实习过程中，习惯通过和小学生进行交流来了解该校英语学科教学的情况。在王老师去过的小学中，无论是教育资源相对丰富的城市小学，还是较为偏僻落后的乡镇小学，都存在一个较为普遍的现象：很多小学生能背诵英语教材中的词、短语、对话或者短文，也能按照对话进行一定的角色扮演，但大多数学生却不能根据情境用学过的英语进行简单的日常交流；或者依据某个特定的情景，运用简单的英语进行有逻辑性的即兴描述。

为什么会出现这种现象呢？小学英语教学应该如何落实对学生英语听、说、读、写基本语言技能的培养呢？

案例分析：出现以上现象的原因主要有：一、中西部农村地区经济相对落后，能用以开展英语课程教学的现代化资源和工具短缺；二、英语任课教师的专业素养存在不同程度的问题，部分教师不重视职业的发展，很多时候课堂教学只停留在教学“教材”的层面；三、在设计英语课堂教学时，一些教师没有思考如何创造条件和挖掘课程资源，促使小学生学以致用。针对这种现象，在实施小学生英语语言听、说、读、写基本技能的培养时，教师要依照这四项基本技能的相互关系，充分利用教材和身边已有的其他教学资源，创设出丰富有趣的活动，帮助小学生从记忆书本知识走向活用书本知识的实践中来。

第一节 小学英语听说教学

小学英语教学的重要任务之一是培养小学生会听、会说的能力。会听，即能分辨出说话人发音的正误，能察觉出说话人在语音、语调上的变化特点，能听懂别人说的话，能抓住别人所说的大意和要点，能通过对方的口气、表情听出对方所要表达的真实意图，而非仅仅停留在字面上的理解。会说，即说话人的语音语调要准确无误，用词恰当，句子结构正确，使对方能听懂、理解自己要表达的意思，最终达到交际的目的。

一 小学英语听说教学应遵循的原则

（一）交际性原则

语言是一种交际工具，最简单、方便的交际方式就是口头的交流，即听、说。小学英语听说教学的目的就是通过课堂有效的听、说以及听说结合训练模式帮助学生具备会听、会说的能力。

（二）情景性原则

英语教育教学的最终目的应该是通过活动的有效开展培养学生能使用英语“做事情”的能力。所以，教师应根据课程的总体目标并结合教学内容，创造性地设计贴近学生实际的教学活动，吸收和组织他们积极参与。小学阶段的教学内容应与学生的生活、学习环境紧密联系，以便于学用结合。教师要尽可能地为学生学习语言创造情景，使学生把语言和它表达的情景直接联系起来，做到听到句子就能想到情景，看到情景就能脱口说出句子。

（三）直观性原则

语言是人们日常交际不可或缺的工具，它具有概括性、抽象性等特点。小学生的年龄和生理特点决定了他们在语言学习过程中，需要借助直观性的事物来完成对语义的认知。比如，在认知事物名称、特性的教学中，教师应当准备实物、图片、视频等直观的教具，帮助小学生在听、说的训练中形成言语能力。

（四）趣味性原则

兴趣是推动学习的强大的内在动力。小学生学习英语的兴趣主要是英语活动的特点和学习英语的目的、任务引起的。小学英语听说教学须坚持愉悦式教学方法，让学生在唱歌、吟唱、游戏、表演等活动中学习英语儿歌、绕口令、短诗、情景剧等。

（五）循序渐进原则

循序渐进的原则体现在教学形式上，应遵循先听后说、先学后用的原则；体现在教学内容上，则应遵循先易后难、由简单到复杂、逐步深入的原则。语言是通过后天的学习获得的。幼儿对母语的习得是通过日复一日的听说练习慢慢地实现的，他们从学说一个字或词开始，发展到能运用常见的词组和简单的句子表达需要，达到交际目的。因此，小学英语听说教学也要遵循人类学习与运用语言的这一规律。

（六）“以听带说，听说结合”的原则

在语言学习的实践中，人们往往循着“先入后出”的原则，即先吸收后表达。听就是吸收或者输入，而说就是表达或者输出。先听后说，换句话说，就是先吸收信息然后传递信息，而且还要出入准确，才能传递无误，它们相辅相成、相互依赖、互相影响与促进。语言的吸收是语言表达的基础，只有在听的基础上练习说英语，才能保证说的训练顺利进行，只听不说，无法实现对知识与技能的内化。听和说二者相辅相成，密不可分。对缺少英语语言环境的我国中西部农村地区而言，学生听说技能的教学至关重要，因为学生能否听懂英语词汇、句子是他们敢说的前提，只有学生具备用英语进行一定交际的能力，才能确保英语课堂听说教学的顺利实施，才能确保学生听的能力的有效提升。

二 小学英语“听”的教学方法

听是人类认识活动的基本形式之一。它是对口头信息的接受和理解，是一种目的交际行为。听的过程就是听者先对听到的词、句和话语片段进行感知，形成声音表象，然后根据已有的语言学习经验对所感知的词、句子和话语片段进行解码，形成短时记忆。英语听力能力是指听者吸收和理解英语语言材料所载信息的能力。听力的发展过程可分成如下几个阶段：（1）听辨：听字母、单词、词组或简单的句子，辨析语音、语调；（2）辨别与选择：听懂连贯的、有意义的句子组合，不要求复述、讨论所听到的内容；（3）辨别和控制性地选择并做短暂记忆：在多次听完所给语言材料后，回答少量事先提出的问题；（4）辨别和选择并做长期记忆：随意听各种言语材料，听不同人物的声音，然后讨论和写出听到的有关材料。

（一）听力教学的步骤

小学英语听力教学可以采用三步教学法（听前、听中和听后）。听前：进行预习导航，扫清词汇障碍，铺垫听力。在具体实施中，建议采用如下的一些做法：(1) 复习本单元中已经教学过的词汇、句子和相关话题内容；(2) 介绍或者教学在听力材料中即将出现的生词、短语和句子；(3) 教师通过多种方式介绍听力内容的背景知识；(4) 通过谈话、讲故事等方式引导学生预测与听力内容有关的信息；(5) 预先布置听得具体且比较简单、容易的任务等。听中：可以采用“泛听”“精听”或两者结合的模式，学习理解语言素材。“泛听”旨在通过整体感知学习，初步或浅层次理解语言材料。“精听”是指对听力材料细听和听熟，不仅需要从整体上把握听力材料，还得抓住一些关键细节，即做到每一个词、词组和句子都得弄清楚。为达此目的，在操作时，可采用“听说结合”的模式，在泛听之后，再通过“listen and repeat”环节，落实对语言材料比较细致、深入的学习理解。有时因教学需要，适当运用“听写结合”模式，即学生边听边写，一是记录听到的重要或关键信息，一是按照要求写下听到的词、词组或话语片段。听后：成果检查，拓展延伸。即在通过不同的手段对听力语言材料学习理解之后，一是完成预设任务，检查对语言材料的学习理解能力（含材料中一些语言知识，如生词、生词组、有用的句子的学习运用）；一是就材料中所蕴含的观点、观念等，通过个人、两人或小组等形式，以开展演说、讨论等方式进行教学延伸。做到集学习理解语言材料、应用实践语言知识与语言技能，以及创新学习于一体，实现语言能力、思维品质、学习能力等核心素养的同步提升。同时，在整个教学过程中，教师密切关注学生的表现，提供适时的帮助与作出恰当的评价。

（二）听力教学活动实践

小学英语听力教学既可以根据教材内容的安排与设计来开展，也可以针对学生学习需要而进行。教师要根据教学任务选用不同的教学方法，要注意多种方式、方法交叉运用，遵从先易后难、逐步提高学习要求的渐进模式，以保持学生学习的兴趣与积极性。

1. Listen and watch

在介绍、呈现新知识时，教师边说边做，利用恰当的手段，准确地演示出英语词、词组和句子所表达的意义，帮助学生把英语和对应的物或事联系在一起；学生边听边观察，细细领会。此法有助于学生对英语词汇的音、形、意的同步学习。在处理英语短文、故事等具有一定情节的内容时，教师可以利用图片、简笔画、绘本或者视频等教学资源，一边引导学生观看，一边进行解释（英语）。这样多次反复的活动有利于学生对语音的学习，能帮助学生一听见声音，就联想到具体的物或事，为后续说、读的技能的形成打下良好基础。

Step 2 知识呈现

教师出示一个橘子或者橘子的图片并提问：Look, what's this? Do you know?

学生：橘子。

教师：对的。请仔细听并跟我说，好吗？Orange. It's an orange. Orange↑, orange↓.

学生：Orange. It's an orange. Orange↑, orange↓.

教师：同学们，请拿出你们的笔和练习本，让我们一起来练习写单词 orange。（教师一边在准备好的四线三格中示范 orange 的书写，一边带着学生一起大声读）O-R-A-N-G-E, orange. Orange↑, orange↓; orange↑, orange↓.（写完之后，要求学生一起诵读）

Step 3 教学句型

让学生观察橘子或图片，教师提问 What is the orange like? 要求学生描述橘子的形状和味道。教师借助身体语言（动作比画和面部表情）帮助学生理解单词 round 和 sweet。教学句型 It is round and sweet.

Step 4 巩固活动

（1）教师和一名学生先进行对话示范，然后，学生按照示范以小组形式进行对话练习。

A：Look, what's this?

B：It's an orange. Orange↑, orange↓. It's round and sweet.

A：Yes, you're right.

（2）教师出示一个苹果或者苹果图片，教学单词 apple。要求学生通过升、降调读出 apple。接着，通过师生问答和生生问答两种方式练习句型 What's this? It's a(n)... It's round and sweet.

（3）教师继续出示桃子、梨（圆形的）等水果实物或者图片并教学 peach、pear 的读音。要求学生按照步骤（1）的对话形式，到讲台上开展对话表演。

Step 5 活动延伸

学生自己在纸上画出曾经吃过的其他水果，注明（或介绍）水果的中文名称、形状与味道。教师帮助学生写出水果名称、形状与味道对应的英文单词并教读。然后学生与同伴练习对话，教师进一步关注学生表现，给予适时干预与评价。

2. Listen and perform

按照要求，学生按所听到的声音（内容）作出相应的反应。如在教学字母或生词时，可以通过“听音找词”，巩固对词形记忆学习；在教学各种颜色词汇时，学生“听音涂色”或迅速地找到对应颜色的卡片；动词（组）的教学中，学生依照声音或指令表演动作等，此法用以巩固对单词、短语或句子的意义的学习。这种听力活动的重点是针对新语言形式的听辨，目的是使学生听准、听熟语言材料，并通过各种活动理解它。

在教学英语动词时，采用听音表演的方式，可以帮助学生感知语音与对应词所蕴含的意义。例如 run、walk、swim 等动词教学，我们可以采用 TPR 教学法的前几步。首先，教师边说边做，学生听并观看；接着，教师边说边做，学生边听并跟着做；然后，教师只说不做，学生跟着声音自己做。其实，这种方法还可以通过游戏的形式帮助学生巩固对 Turn left/right/round、I can swim/hop/ride a bike/horse 等句型的学习。

案例6-2

Step 3　Presentation

Ask students to focus on teacher's performing.

（1）教师边说 RUN RUN RUN 边展示“走”的动作，学生边听边观察。

（2）教师边说 RUN RUN RUN 边展示“走”的动作，请学生跟着做同样的动作。

（3）教师说 RUN RUN RUN 但不再示范动作，请学生做“走”的动作。

（4）教师说 RUN RUN RUN 但不再示范动作，要求学生复述 RUN RUN RUN 并做“走”的动作。

（5）请任意一名学生说出“RUN RUN RUN”，教师和其他学生一起做“走”的动作。这一步可以视情况反复操作。

通过同样的步骤帮助学生学习 walk、swim 等生词。

Step 4　Games

（1）I say you do.

The teacher says “walk/run/swim...” and the students try to respond as quickly as possible to help students consolidate their learning.

（2）I do you say.

One of the students performs and the rest try to say in English.

Step 5　Let's run.

Use TPR to help command the pattern “Let's run/walk/...”.

3. Listen and draw/color/paint

在教学描写事物特征（如形状、颜色）和所处方位等内容时，教师可以借助此法帮助学生进行巩固性学习。在巩固和运用新知识环节，教师播放录音或者口述英语短文，学生边听边画或涂色。鉴于农村小学生学习实际，教师在具体操作时，可以分三步进行：第一步，只要求学生听；第二步，学生边听边画或边涂色；第三步，学生一边听，一边修正作品。如有可能，还可以让基础好的学生复述刚才听到的内容一遍或几遍，其他学生边听边跟着说。

案例6-3

Step 3　Let's listen and draw

Students try to draw a pencil, a pencil-box, a ruler, a notebook, a schoolbag and a book. The teacher should say each word no less than 3 times for students to catch it.

Step 4　Let's listen and colour

(1) The teather reads out "a green pencil, a yellow pencil-box, a white ruler, a black notebook, a red schoolbag, a blue book" once and the students just listen.

(2) The teather reads out the above phrases one by one and demand students to colour the pictures.

(3) The teather reads out the above phrases a third time and have students repeat.

(4) Students introduce their works to their partners like this: Look, this is a pencil. It's a green pencil.

4. Listen and write

听写教学是训练听力的有效方法之一。无论是字母、单词、句子，还是短文，都可以用作听写练习的教学资源。为达到教学目标，学生必须全神贯注地听，听清其音，理解其意，才可能准确书写。小学英语听写教学形式是多种多样的，学生既可听录音写，也可听教师或者同学说的内容去写。听写教学检测方式有判断、听音填空、听音完成句子、听音选择、听音回答问题等。它适合教学巩固课、复习课或者综合课的巩固教学环节。教学设计时，规定听写时间，讲究检查方法，掌握听的效果，培养学生自学自检的习惯。

案例6-4

Step 3　Let's listen and write

(1) Look at a picture of street with a heavy traffic and listen carefully to teacher's description in English.

Teacher: Mr. Liu works in a school. Too often he drives to work because he lives far away from the school. Now Mr. Liu is on his way to school. Look, there are so many cars on the street. We can't see people going to work on foot.

(2) Listen to the teacher's description a second time and try to repeat.

(3) Listen to the teacher's description a third time and complete the blanks in the passage. "Mr. Liu works in a school. ________ he drives to work because he lives ________ the school. Now Mr. Liu is on his way to school. Look, there are ________ on the street. We can't see people going to work ________."

(4) Read out one's own writings.

(5) Improve one's writing by referring to the teacher's.

(6) Try to introduce this same picture with one's own words.

5. Listen and guess

猜的活动能让学生积极动脑，专心于听。教学人体五官、人体特征的英语词汇如 face、hair、eye、nose、ear、mouth，描写人体特征的单词像 small、big、long、short，和描写人体特征的句型 He/She has long/short hair 时，我们可以运用 Listen and guess 的游戏活动帮助学生巩固学习成果。

Step 4　Listen and guess

Do a game in group of four. Each from the group will have a chance to describe a certain classmate by using pattern "He/She has long/short hair, big eyes, a big nose, a big mouth and a round face" and the rest will guess who it is. The one who first correctly responds wins the game.

除了上述较为常见的听力教学方法外，还有 Listen and judge、Listen and classify、Listen and predict、Listen and match 和 Listen and order 等。总之，小学英语听力教学的形式是多样的，教师要根据教学内容，灵活选择方法，确保教学能在有趣、有效的过程中逐步提升小学生对英语语言的听力理解能力。

三 小学英语“说”的教学方法

说是用于表达、传递信息、交流情感的基本形式。说的过程首先是用内化的语言材料进行编码，然后才说出来。小学生在编码时通常会有从母语到英语的“心译”过程，所以提高说的能力要逐步实施，教学应分步进行，让学生慢慢摆脱对母语的依赖，学会用英语思维，最终实现脱口而出。

（一）口语教学的步骤

小学生英语说的教学应该遵循语言习得规律。在课堂教学实践中，往往要经历输入—内化—输出的过程。在输入环节，学生通过听、看、读等学习活动，初步学习、理解语言素材；在教师的指导下，学生通过听说模仿训练、替换练习、看图说话、阅读复述和阅读答问等教学活动，领会语言要义，逐步内化语言的运用规则；通过编写对话自主训练、化装表演、情景会话、生活实践等形式，开展课堂内外教师与学生之间、学生与学生之间、学生与社会人士之间用学过的语言材料在真实情境中进行交流的语言实践活动，促使学生运用语言、活用语言。

20 世纪 70 年代发展形成的“交际语言教学（communicative language teaching，CLT）”把语言教学分为“呈现（presentation）、操练（practice）、运用（production）”三步，即我们通常所说的 3P 教学法。运用 3P 教学法可以有效培养小学生说英语的技能。

（二）口语教学活动实践

实践表明，口语教学活动的成功开展与教师提供给学习者充足的练习时间、均衡的练习机会、恰当的语言材料以及设法激起学习者强烈的交流（表达）欲望等因素有很大关系。在设计小学生英语口语教学活动的时候，教师应该充分考虑到这些因素。

1. Listen and repeat

先听后说或复述是人们习得语言的重要途径之一。小学英语课堂教学中，部分学生在练习说 f/m/n/s 和 a/h/j/k 两组字母时，往往出现音的混淆，没有注意音素［e］和［eɪ］在发音上的特点。因此，教师语音语调的示范对学生准确仿说至关重要。教学音素［i］和［iː］时，教师不仅要单独做好发音的示范，还要通过示范朗读含有这两个音素的词汇、短语和句子等材料，帮助学生在听与模仿的学习中逐步掌握英语单、双元音和长、短元音的发音规律。

Step 2　Listen and watch

Look at［i］and［iː］on the board and watch the teacher carefully to learn how to occur them one by one.

Step 3　Listen and repeat

Listen to each sound occurred and try to simulate the way of occurring it, and then read aloud the words and expressions containing sounds [i] and [iː]. For example,

it this his bit live eat meat meet me we

a little bit, cheap and fit

She is Peter's niece.

A friend in need is a friend indeed.

Then read the above alone or individually, and the teacher just eyes on kids performing.

2. Do substitutions

众所周知，单个的词常常无法帮助我们传情达意，句子才是表达思想的基本语言单位。在设计小学英语"说"的课堂教学时，最好从句型入手，培养小学生英语说的能力。句型操练是学生领会、吸收并创造性运用所学语言材料进行交际的重要手段，也是培养学生说好英语、提升学生说的技能的有效途径之一。学习句型，除了机械性的模仿外，我们还可以通过替换练习的形式进行学习并尝试初步应用。比如2013年教育部审定的义务教育教科书 English（三年级起点）五年级上册 Unit 1 What does she look like? 中对话—We have a new Chinese teacher this year. —What does she look like? —I guess she's tall and has long hair. She has a round face and big eyes. 教师可以通过如下的设计，帮助学生在多次的口头操练中掌握句型。

Step 3　Let's practice

Practise the useful expressions in pairs according to the following, then try to act out in front of the class.

—We have a new Chinese (English, French, Japanese) teacher this year (term).

—What does she (he) look like?

—I guess she (he) is tall (short) and has long (short, black, brown) hair. She (He) has a round (long, square) face and big (small, black, blue) eyes.

3. Make up sentences orally

在引导小学生学习某些固定或较为特殊的句型时，教师通过组织学生进行"说"的训练，帮助他们在练习中慢慢领会英语词语和句型所表达的含义。通过语言情境设计，既可以避免“灌输式”教学，又有利于学生模仿学习。

Step 4 Let's learn and practice

With the help of a real object or a picture, try to grasp or consolidate the use of "spend, cost, pay" and patterns through making up sentences based on the given materials. For example,

(The teacher points to a backpack and say like this tree times) "Look! This is my new backpack. My father bought it for me yesterday. It cost my father 59 *yuan*. That is to say, my father spent 59 *yuan* on it. In another word, my father paid 59 *yuan* for it. It is useful and I like it very much."

Just watch and listen for the first time, and repeat for the next two times. After that, make up sentences based on the following:

(1) cost, Miss Li, the shoes, 150 *yuan*

(2) spent, on, Miss Li, 150 *yuan*, the shoes

(3) paid, the shoes, 150 *yuan*, Miss Li, for

Finally, try free talks by simulating the teacher's done at the beginning.

Activity extension:

In pairs, make up dialogues to talk about a subject on or around them to have further practice the use of "spend, cost, pay".

4. Sentence pattern transformation

农村小学英语课堂教学，因局限于教育资源、学生学习氛围等因素，很多时候仅仅是围绕教材在开展，这不利于提升小学生英语语言技能。针对这种现象，在小学英语口语教学中，教师要因地制宜，充分利用手中已有的资源或开发新资源，帮助学生提升说的能力。譬如下面案例就是通过变化句子中的词汇，给予学生多次操练的机会，帮助学生掌握含有情态助动词 can 的陈述句和一般疑问句及其应答。

Step 3 Let's make up dialogues based on the samples

Do pair work according to (3) (4) (5) and (6) after the learning of samples A and B. 10

minutes later, act out with your partner in class.

Sample A

(1) I can speak a little English.

A: I can speak a little English.

B: Can you speak a little English?

A: Yes, I can.

Sample B

(2) I can't speak a lot of English.

A: I can't speak a lot of English.

B: Can you speak a lot of English?

A: No, I can't.

(3) I can draw a bird.

(4) I can't draw an elephant.

(5) We can sing English songs.

(6) We can't write English songs.

5. Listen to retell

此法的目的不是要求学生简单地复述所听到的内容，而是在任务驱动下，学生经过多次有意识地听，最终获得听力材料所传递的主要信息；再结合自己的语言，有条理性地介绍所听到的主要内容。在实施过程中，教师要根据学生的基础进行选材和活动设计，真正达到提升学生英语口语的目的。

案例6-10

Step 3　Let's listen and say

Listen to the following and do.

Bob and Paul study in Sunshine School. They live in the same room. They're roommates. Bob likes music. His favourite subject is music. He often listens to music late in the evening. Paul doesn't like that. Paul likes drawing. He always throws waste paper on the floor. Bob doesn't like that. Paul likes reading. He often reads in bed till very late. Bob cannot sleep well. Bob likes singing. He always sings loudly. Paul cannot do his homework well. This is really a problem!

(1) Read words "roommate, favourite" before listening. Keep the following in mind before the

listening activity.

A. Who are they?

B. What are they?

C. What do they like?

(2) Listen to the material once and try to respond to the questions in (1).

(3) Listen for a second time and try to fill the form below.

Name	School	Favourite subject	Hobbies (爱好)	Problems	Others (其他)
Bob					
Paul					

(4) Listen for a third time and try to retell and then check up the task in (3).

(5) Try to say something about what Bob and Paul should do to be good roommates.

(6) Please introduce what you like to do as a student.

6. Say something according to pictures

教师通过提供有关联的图片、简笔画、绘本或者动画等直观教具，引导学生围绕某个主题开展说的练习。

案例6-11

Bob Helps Mother with Housework

（资料来源：http：//www.1010jiajiao.com/timu3_page_258681）

Step 2　Warming-up

Teacher：Look，class！How many pictures can we see?

Students：Four.

Teacher：Who is in the first picture?

Students：A boy and his mother.

Teacher：What is the mother doing?

Students：She is washing clothes.

Teacher：What is the boy doing?

Students：He wants to play football at first.

Teacher：Why does the boy not play football?

Students：Because he wants to help mother with the washing.

…

Step 3　Pair-work

Make up dialogues in pairs according to the given pictures and try to act out in front of the class.

Step 4　I can tell the story

Try telling a story about Bob in English one by one in the learning group.

Step 5　I help mother with housework

Briefly introduce how you often help mom with housework or how you will help mom with housework.

7. Read to retell

通过复述文章内容，学生不仅能从阅读材料中学习到新的语言片段，还有助于锻炼他们用英语思维的能力。在复述前，学生必须通过阅读技巧先了解文章的结构，记住一些关键语言信息；在复述中，学生凭借已有的英语基础，把所记忆的语言信息（词语、片段）拼凑成具有一定逻辑、符合英语表达习惯的句子并说出来。

湘少版小学英语六年级下册

Unit 8 International Children's Day（Part D 部分）

Step 3　Let's read to learn

How we spend International Children's Day

International Children's Day falls on the first of June. On that day，teachers have a class party for the children. They play games and have cakes together. The teachers sing and dance with children. It's a wonderful day for them.

On International Children's Day, the children don't have to go to school. Some parents take their children to see a film. Some go to the museum. All the children enjoy the holiday.

(1) Read the article with the following in mind within 3 minutes.

Question 1: Who plays games and has cakes on Children's Day? (Teachers and children.)

Question 2: What do the children do on International Children's Day? (Some go to the class party, some go to see a film, and some go to the museum.)

(2) Answer the above questions after finishing the reading.

(3) Follow the teacher to read aloud the text twice.

Step 4 Post-reading

(1) Try retelling the text one by one in the learning group.

(2) Play a game (Named "Who is the best teller?"). Tell a story about one's/your own experience on International Children's Day.

8. Write and say

在教学了有关说明文体裁的课文后，教师通过安排课后任务要求学生以书面和口头的形式，用所学的词汇、句型真实地进行叙述。例如：Introduction of Myself, My Family, My Daily Life, Seasons 等话题。这种教学活动，既可以有效帮助学生内化书面知识，又有利于提高学生英语口头表达能力。

Step 3 Let's write and say

First, students write a short article with the following: I have a big/small family. There are people... in my family. They're... and me. My... is a teacher..., and he/she likes... Then, students introduce their family in turns and the teacher gives each a brief comment.

四 小学英语听说结合的教学方法

小学英语听说教学强调以句型为线索，围绕句型训练，培养小学生英语听说能力。听说结合教学的主要特点表现为：第一，重视听、说，兼顾读、写。英语作为一种外国语言，是有声的，英语口语是第一性的，强调在小学英语教学中注重“听、说、读、写”综合教学。第二，强调变式练习，反复实践，养成英语听、说习惯。英语听说教学中，强调英语学习经过“刺激—反应—强化”反复实践，经过重复、记忆、模仿等实践练习，形成英语听、说学习的习惯。在听说结合教学中，学生准确理解英语发音，正确模仿发音，从一开始学英语就避免了错误习惯。第三，句型操练。句型是从众多类似句子中归纳出来的一定模式，是英语教学的中心，是表情达意的单位，通过句型教学，排除母语干扰，从简到难，逐渐掌握句型知识，形成英语语感。

（一）听说教学的步骤

小学英语听说结合教学可以采用3P 教学法，3P 教学法把语言教学分为以下三个阶段：演示（presentation）—操练（practice）—运用（production）。

1. Presentation

在我国中西部的农村地区，小学阶段是学生英语学习的启蒙时期，教师在知识呈现时，尽可能借助实物、图片、简笔画、动作演绎等一些容易获取的直观教具或直观易懂的方式，即教师一边出示教具一边说英语，学生通过视觉、听觉把实物或者事物与特定的声音联系起来，完成初步认知。例如，教学英语 picture 时，教师可出示一张图片，并指着它说：“Picture, it is a picture.” 介绍形容词 long 与 short 前，教师可以在黑板上画出一长一短的两条平行线并说：“Line, there are two lines here. This line is long and this line is short.” 同时借助双手示意，使学生理解意思。语言听说教学主要是围绕听、说两种活动的无缝对接，因此，在知识呈现活动教学设计时，我们不妨把师生问答、对话形式巧妙地融入其中。例如，我们可以借用图 6-1，巧妙地把学生引入到现在进行时的学习中。

Teacher: Hello, class! Look, what's this?

Students: It's a picture.

Teacher: What's in the picture?

Students: The sun, six trees, hills, a house and a dog.

Teacher: Great! What is the dog doing?（狗在做什么呢?）

Students: 狗在跑。

Teacher: You are right. The dog is running. Now say after me. The dog is running.

Students: The dog is running.

图 6-1

接着，教师再出示更多与动作有关的图片，并引导学生学习使用句型“名词+ is/are + doing”来描述图片内容。

2. Practice

练习阶段一般包括模仿学习新知识和对新知识的运用等环节。譬如，上面第一步对现在进行时态句型的教学，教师可以再次示范“The dog is running”等句子的语音语调，让学生模仿几遍，直至掌握。接着，教师通过玩“谁反应快”的游戏——迅速出示图片，要求学生说英语，以此促进学生对知识的巩固学习。再接着，教师介绍一些新的动词，通过组词成句形式进行运用练习。如：Liu Kai/play/games，some birds/fly/in the sky。

3. Production

运用任务驱动的教学模式，促使学生在活动中创造性地运用新知识，实现听说能力质的提升。例如，基于前面两步的教学，学生已基本能运用句型“名词+is/are+doing”表达思想，因此，接下来要做的就是要求学生以小组形式自创情景并开展对话，学习运用现在进行时。先自主练习，然后在课堂上进行作品展示。

（二）听说教学活动实践

1. 通过游戏形式开展小学英语听说教学

游戏教学可以有效地帮助学生巩固英语词汇、句型方面的学习。例如：

教学游戏 1　“单词接龙”

为巩固学生对所学英语单词的记忆和训练他们在听说方面快速的反应能力，教师可以组织学生开展“单词接龙”一类的游戏。教师宣布游戏规则：（1）以小组为单位参与比赛，每组轮流由一位组员参与接龙；（2）由教师说出一个单词，接龙单词的第一个字母必须是前一个单词的词尾，并且前面说过的单词不得重复使用；（3）每位参与接龙的选手思考时间不得超过 10 秒，否则该选手出局，坚持到最后的为优胜者；（4）在规定时间内剩下选手最多的组为获胜方。

教学游戏 2　“Smart Tom”

第一步，教师介绍游戏规则：（1）以学习小组形式按顺序轮流开展，活动中小组每人只能说一句英语；（2）要求句子正确并自然流畅，语调规范；（3）其他小组进行监督和监听，及时指出错误；（4）按单位时间内说出正确的句子数量多少来累计得分，确定游戏获胜小组。

第二步，为增强游戏教学的趣味性，随机抽出一位学生扮演 Tom，并站到讲台上说：Hello，I'm Tom. I like doing sports.

第三步，第一小组的学生依次按要求说出一句英语：

S1：Does Tom like playing ping-pong?

S2：Yes，he does. Does Tom like playing basketball?

S3：Yes，he does. Does Tom like playing football?

S4：Yes，he does. Does Tom like playing volleyball?

S5：Yes，he does. Does Tom like playing baseball?

S6：Yes，he does. Does Tom like playing badminton?

教学游戏 3　“Pass on messages”

教师宣布游戏规则：（1）教师设计数句语音或者语义近似的英语并把它们分别写在纸条上，对每组的第一位学生耳语一句，然后各组学生同时开始依次传下去；（2）要求所有参与游戏者务必静听、快传、轻轻地说；（3）由每组最后一个学生将听到的话告诉全班同学，同时把写有对应句子的纸条交由本组第一位同学进行对证；（4）教师将每组最后一位同学说出的句子和该组纸条上的句子写在黑板上，并进行对照，根据评分规则进行评分。接着，教师组织所有学生以小组形式参与到听、说练习的游戏中。

2. 巧用任务型教学培养学生的听说技能

在小学英语教学中，结合教学内容和学生学情，从学生实际需要出发，围绕教学内容设计话题、布置任务。任务活动形式如辩论探讨、情景表演、模仿配音等。例如，教师下载学生喜欢的英文对白卡通片（如 *Tom and Jerry*），并组织他们观看。看前，教师说清任务要求——模仿配音；观看过程中，学生会用心模仿与记忆；三遍之后，教师播放该片的无声视频，让学生以两人一组的合作方式，尝试配音；最后，教师抽查几组进行现场配音展示。任务型教学实践是教师结合教学内容，设计任务活动，引导学生展开联想，在完成任务中经历听 、说活动的综合性技能练习。

3. 运用双语故事训练学生英语听说技能

在小学英语教学中，听说教学是非常关键的，它是读写教学的基础。英语教师应该充分了解儿童的天性，在教学中进行适合儿童年龄和认知特点的听说教学。在英语听说教学中，善用故事来串接教学内容，可以有效吸引学生的好奇心和注意力。引人入胜的故事，能一下子激发学生学习的动机。教师在教学设计时，充分利用儿童爱听、爱说故事的天性，同时借助图片，开展学生“先听后说”双语教学。比如教师可以借助五张图片，通过双语故事帮助学生学习预设词汇：bear、fly、wash face、wash hands、have a bath 和 brush teeth。教师先依据图片完整地叙述故事，学生边听边领会、学习生词；接着，教师让学生尝试按照图片排列顺序复述故事；最后，让个别学生上台借助图片讲故事。

案例6-14

有一只可爱的小熊 Bear 非常贪玩，它经常和其他的小动物朋友玩各种各样的游戏。

每次游戏结束后，小熊 Bear 身上总是脏脏的，可是 Bear 却懒得 wash face、wash hands 和

have a bath（教师边说边比画动作）。

结果，Bear 身上常常散发出怪怪的味道，这种怪味吸引了苍蝇 fly，fly 一天到晚总是围着 Bear 转，这使得 Bear 很不好受。同时其他的小动物朋友们也认为 Bear 身上的气味难闻，大家不再和 Bear 玩了。

Bear 决定从此要和其他的动物小朋友一样，坚持每天回到家都要 wash hands，wash face，have a bath 和 brush teeth（教师边说边演示动作）。

从此以后，其他动物小朋友们每天主动和 Bear 开开心心地玩游戏了，fly 也不再一天到晚总是围着 Bear 转了，Bear 开心极了。

讲完故事之后，通过多媒体展示双语故事中出现的英语词汇和其对应的汉语意义，教师再进行领读，学生跟读并识记。最后，创设游戏帮助学生运用句型 He/She is washing hands/having a bath 描述正在进行的行为。

4. 创设情景，开展英语听说教学

《标准》在语言技能的总体描述中写道："语言技能是语言运用能力的重要组成部分……学生应通过大量的专项和综合性语言实践活动，形成综合语言运用能力，为真实语言交际打基础。因此，听、说、读、写既是学习的内容，又是学习的手段。"据此，教师在教学中可以通过创设情景开展教学活动，让学生能在模拟的情景中通过活动学习英语，使教学通过把学生带入真实的情景，或者创设学生熟悉的、感兴趣的情景来实现。例如，针对话题 weather、shopping、seeing a doctor、crossing the street、birthday party 等教学设计，在情景创设的过程中可以借助下列途径达成目标：

（1）直观呈现。即把小学生从教室带到他们熟悉的生活环境，从中选取某一典型场景作为教学情景，通过对目的语（有时候双语）的介绍、提问、谈话等方式有意识地创造一种语言环境，实施听说教学。

（2）实物演示情景。像食物、服装鞋帽、文具书刊、小玩具、小器皿等的名称教学，教师在进行实物演示的时候用英语配音，要求学生听并模仿，对目的语进行渗透性教学。

（3）图画再现情景。简笔画具有线条简单、生动活泼、易学易画、省力省时、趣味性强和使用方便等特点，能起到集中学生注意力和启发学生积极思维的作用。简笔画在课堂教学的导入、知识介绍、句型操练、教学巩固和复习等各个教学环节都起到良好的辅助效果。借助于简笔画，教师口述，学生边看、边听、边学。

（4）电教媒体情景。多媒体辅助教学的途径有很多，幻灯可以把抽象的东西具体地展现在学生面前，而录像、VCD、FLASH 等的应用，可以化静为动，使呆板的东西变得生动活泼，集图片、动画、声音和语言所蕴含的意义于一体，利于学生识记和理解，同时也拓宽了学生的视野。

（5）角色扮演情景。角色扮演是一种模拟真实语言情景的课堂教学活动。学生通过扮演某个语言情景中的不同人物角色，并把在那一情景下可能发生的事情用语言和动作演绎出来，体会最近似语言原意的交际情景。

（6）演唱儿歌。许多英语儿歌不仅有抑扬顿挫的节奏，而且有生动的意境。在英语儿歌教学设计时，首先，要引导学生通过听来进行欣赏并初步感知英语语音和某些简易的词、短语和句子；第二步，模仿唱，可以是教师一句一句地教唱，也可以是学生跟着播放机一句一句地学；第三步，教师组织学生演唱歌曲，根据歌词与儿歌所蕴藏的含义，把儿歌同舞蹈、手指律动、表情等其他形式结合起来。

5. 组织活动开展英语听说教学

小学生具有特殊的心理特征，他们的注意力持续时间不长，容易出现兴趣转移或消退，因此，我们在教学过程中要擅用英语活动让学生积极参与。以下是一些基本的小学英语活动：

（1）感觉运动。①TPR（total physical response）全身反应活动：touch your nose/mouth/ear... ②一般运动：run，jump，turn left，turn right，run as a monkey/run as a rabbit/run as a cat... ③模仿职业动作：drive a car/fly a plane/cook a dish/be a policeman/be a farmer... ④谁的鼻子最灵（best nose）。⑤谁的手最神（best fingers）。与水果和食物有关的英语教学可以用后两种方法。在教学设计时，教师把教学的物品（学生熟悉的水果）放在一个大袋子里，然后让学生去摸或者去嗅，同时回答教师或者其他同学的提问：What's this？要求用 It's... 回答。

（2）智力活动。①谜语（riddles）。英语谜语很丰富，教师可以从专门的书籍和网站上找到大量的谜语，有选择地把它运用到自己的教学中。②find out differences or odds in the pictures。让学生从两张图中找出不同之处或差别并用英语陈述。③ odds in the picture。让学生找出图中不符合逻辑的东西，并用英语说出其错误和原因。④拼图或图片排序。教师用英语叙述，学生根据教师说的进行拼图或者把图片排序。⑤迷宫（maze）或寻宝（treasure hunt）。学生在大迷宫中迷失方向，学生 A 看着英语卡扮演监控人员，为学生 B 指路。指令可以是：Turn left/Go straight on/Turn right at the second turning。教师也可以事先设计好一份 treasure hunt map，让学生根据线索找宝藏。⑥发散思维。比如讲到物品的功用，教师拿起一本书，说 What can you do with it? I can give it to my friend as a present. I can use it as a ruler to draw a line. 接着把学生分组，让他们讨论说出该物品的更多的用法。

（3）动手活动。①画画。画画的内容可以是教师指定的，也可以学生自由想象，学生画完再描述画的内容。可以是教师讲故事，学生画出主要的故事情景；也可以教师先在黑板上画一个大的背景（比如校园、森林等），学生按自己的设想，按情节画出新的内容，在画的同时用英语说出自己画的东西。②制作一些简单的东西。比如学图形时，可以让学生做一个小国旗，做一个五角星。在听说教学的过程中，教师要鼓励学生大胆讲英语，并适时地创设语言环境给学生表达的机会。在学生出现语言错误的时候，要艺术地进行处理。教师在听说教学的过程中，可以创设故事性、情景性、活动性的支点，使教学活动更丰富更精彩。

总之，在组织小学英语课堂听说教学时，教师要充分认识到：人在真实的语境中通过“先听后说、听说结合”等途径习得语言，并在生活中逐步提升运用语言的技能。为此，在课前教学活动设计时，教师务必考虑到英语语言听说教学的基本原则，积极准备素材，通过运用不同的手段，让学生听清、听懂语言素材，帮助学生成功表达思想。

第二节 小学英语读写教学

小学英语的读、写能力是四项基本技能中必不可少的组成部分。会读，即能用英语获取信息、处理信息和使用信息，是一种非常重要的输入技能，是学生吸取知识、积累词汇、熟悉英语表达习惯的重要途径。“读”根据其方法和要求可以分为精读和泛读，根据其是否出声又可以分为朗读和默读，根据其读的形式可以分为朗读与阅读。“写”，即书写与写作。“书写”指有良好的书写习惯，能规范、正确书写；“写作”指能用所学词汇、语法和句型写出简短的句子，回答问题，看图写话或写简单的短文。

一 小学英语读写教学应遵循的原则

（一）趣味性原则

布鲁纳说：“学习的最好刺激，乃是对所学材料的兴趣。”兴趣是推动学习的强大内在动力。小学是学生学习英语的基础阶段，是激发学生学习英语兴趣、形成正确的语音和语调、养成良好的学习习惯的关键时期。小学英语教学过程中必须坚持趣味性原则，尤其是读写教学。可以从学生的兴趣和需要出发，通过创造良好的英语学习环境、充分挖掘教学内容的趣味性、改进教学方法和手段来实现。

（二）循序渐进的原则

循序渐进的基本含义就是要按照学科的逻辑系统以及学生的认知发展规律来开展教学活动。小学英语课程标准也是建立在循序渐进的原则之上的，因此在读写教学活动开展过程中，应该根据小学生的不同阶段的身心发展水平，着眼于小学生的最近发展区，从简单到复杂，从直观到抽象来开展教学。

二 小学英语“读”的教学方法

小学英语教学中的“读”包括朗读与阅读。朗读就是运用重音、节奏、语调等语音手段把语言材料中的思想感情表达出来。阅读是一项个性化的人类活动，包含符号辨认和内容理解两个阶段，读者通过对文字的理解和消化来体会作者想要表达的内容和思想感情。小学阶段，教师应注重学生的英语朗读能力，帮助学生养成良好的阅读习惯，使之具备初步的阅读能力。

（一）小学英语朗读训练

小学生在大声朗读时，口、眼、耳、脑同时并用，综合形成一种可以延续几年或更长时间的长期记忆。如与听、说联系起来更有助于理解、巩固与记忆所读内容。朗读更是训练提高小学生语音、语调的准确性的重要途径。

1. 朗读练习内容

（1）字母认读。

英语字母认读包括字母的朗读与背诵，字母的先后顺序，印刷体和书写体大、小写形式等。教师可以借助字母歌、小卡片、小黑板、字母操、字母小游戏等活动的开展帮助学生认读字母，背诵字母表。

（2）单词朗读。

单词朗读时，教师要特别注意语音的准确性，可以将相同的因素进行归纳。多音节单词朗读时，要指导学生注意音节的划分、朗读的韵律与节奏。如：tea/cher，beau/ti/ful 等。

（3）句子及短文朗读。

句子和短文朗读时要注意节奏的控制、语句的停顿、语调的变化以及句子的重音、词语之间的连读、省略等。英语儿歌、绕口令、英语游戏等都是较好的训练方法。如：湘少版小学英语五年级上册 Unit 1 中的 F　Let's Have Fun 部分：

Let's rhyme

Michael is nice and tall.

He plays in the hall.

He plays football.

He plays basketball.

Michael is our teacher.

We listen to his call.

2. 朗读练习的主要形式

（1）跟读。

跟读是模仿，是先听后读的一种形式。学生跟读的对象通常为录音、视频、教师等。首先要求跟读对象的语音语调规范、纯正。其次，在跟读过程中，教师要善于倾听，发现问题及时进行必要的干涉与指导，帮助学生纠正不良的朗读习惯和方法，正确跟读。

（2）齐读。

全班齐读是朗读训练中最常用的方式，这种方式的训练范围最为广泛，但是不能具体了解学生掌握的详细情况。

（3）分角色朗读、对读。

小学英语的学习内容生动形象，有具体的情境，而且均以对话形式出现，因此可以在跟读训练后，开展分角色朗读、对读训练。

（4）轮流朗读。

小段的课文可以采用轮流朗读的练习方式，即学生每人依次轮流朗读一句，或按照某种顺序依次轮流朗读，或教师在全班范围内点名朗读。

（5）借助其他工具朗读。

随着科技发展，许多软件、APP（如 Fif 口语训练、E 英语宝、英语趣配音、流利说英语、扇贝口语、DAKA、英语魔方秀、微软小英、Hello Pal、Aboboo、可可英语、多邻国、口语侠等）都是可以用来开展朗读训练的，还有评测体系对学生朗读内容的正确与否进行评分。教师可以布置朗读作业，与家长一起，课内外联动开展朗读训练以起到复习巩固的作用。

（二）小学英语阅读训练

阅读是运用语言文字来获取信息、认识世界、发展思维，并获得审美体验的活动，也是语言学习的一项重要技能。教师可以为学生选择难易程度适中、趣味性强的课堂和课外阅读材料。

1. 小学英语阅读教学的基本内容

（1）认识语言文字符号，如标题、封面、句子、标点符号、大小写等。

（2）通过阅读建立英语单词、发音及其意义之间的联系。

（3）通过阅读提高英语中的音素认识。

（4）理解阅读文章的主旨。

（5）理解阅读文章各部分之间的关系。

（6）对阅读文章的内容和结尾进行预测。

2. 小学英语阅读教学的基本步骤

（1）前阅读。

前阅读通常指的是阅读活动开始前，采用一些方式激发学生阅读动机，开展学习关键词汇、重点句型等的教学活动，为阅读教学的开展扫清障碍，导入阅读内容学习。

常用的教学方法有以下几种：

①背景介绍：英语阅读文章中的内容如与文化交际等题材相关的，需要教师利用图片、视

频、文字、歌曲等简单易懂的形式围绕阅读内容进行背景介绍、交流、提问等，帮助学生做好阅读铺垫，激发学生对新知识的好奇与兴趣。

②主题讨论：教师在阅读前可以组织学生围绕阅读主题开展讨论，激发学生回想已有背景知识，将学生注意力引向阅读内容。

③任务驱动：教师根据即将阅读的内容设置贴近学生实际、与阅读内容相关的任务活动如词汇学习，激发小学生的好奇心和求知欲，引导学生通过预测、思考、调查、讨论、游戏等方式完成前阅读任务。

（2）课文阅读。

学生通过这一环节了解课文主要内容，获取关键信息，理解关键信息，增长知识，扩大词汇量。常用的阅读方法与技巧有略读、跳读、精读等，可根据阅读内容选择合适的方法与技巧。课文阅读教学活动开展的形式可以多种多样，如：

①学生自己阅读，排序：学生根据事情发生的先后顺序，将打乱顺序的句子或段落或图片进行重新排列。

②学生通过观看动画片或带图片的阅读材料，图文配对：学生根据阅读材料，将图片与相关内容进行连线配对。

③学生通过自己阅读，补全信息：将重点词、短语等设置为缺失部分，以表格或图画的方式呈现，请学生根据阅读材料填写。

④学生根据阅读材料，以个人或小组为单位回答问题：设置与阅读内容相关的事实性问题或者开放性问题让学生回答。

（3）后阅读。

后阅读是指教师在学生学习阅读材料后开展的拓展活动。其活动方式通常有以下几种：

①听读：听阅读材料录音、观看视频并跟读。

②续说或复述：根据阅读材料的特点，可以请学生在图片、视频、教师的帮助下续说或复述。阅读材料通常以小故事为主。

③表演：根据阅读内容将其改编为对话或短剧来表演。比较适合对话型阅读材料。

④拓展：围绕已阅读材料主题，课后拓展相关内容的阅读，拓宽学生视野与知识面。

（三）朗读、阅读教学活动实践

1. 朗读教学活动实践

朗读的教学活动通常都是建立在听的基础之上，教师可以选择不同的方式带学生朗读新单词、新句子，从听觉以及口腔的运动来帮助学生熟悉和记忆词汇，朗读时可以结合一些图片、手势等帮助学生理解词义或句意。如图 6-2 所示。

图 6-2

通过教师示范或其他语音示范后，教师可以请学生们由易到难、循序渐进地开展升调、降调的朗读练习，然后要求全班同学齐读，发现问题选择适宜时机纠正，接着分别朗读，朗读方式或以小组为单位，或分男女两组，或按学号，或按横排或纵列，或个人等，教师尽可能多方位地检查学生的朗读情况。后期上课过程中可以在课前进行朗读或背诵检查，复习所学习的内容。

2. 阅读教学活动实践

案例6-15

湘少版小学英语五年级上册 Unit 1 Part D

Dear friend,

I'm in London. I'm a student in Sunshine School. I like my maths teacher. She's tall and beautiful. She has long hair. She has big eyes and a round face. She's very kind.

This is her photo.

Yours,

Nancy

Dear Nancy,

I'm in Beijing. I study in Garden School. I like my English teacher. She has a nice nose and small eyes. She has short black hair. She's not very tall. She likes reading.

Here is her photo.

Yours,

Jane

案例分析：教师可以用课件或者图片呈现自己笔友的照片和来信，介绍 pen friend。然后导入新课内容。说明这是两位笔友互相写的电子邮件，请学生自己阅读，在规定的时间内完成下列表格的填写。

What does she look like?

	Face	Hair	Nose	Eyes
Nancy's maths teacher				
Jane's English teacher				

学生完成表格的填写后，请他们根据表格所填写的内容描述 Nancy 的数学老师和 Jane 的英语老师。复习巩固阅读内容以及本单元重点句型：He/She is... He/She has... 拓展内容为：如何写电子邮件。

三　小学英语“写”的教学方法

《标准》语言技能分级标准中，小学阶段对应的一级、二级对“写”的部分标准为：能正确书写字母和单词，能模仿范例写词句（一级）。能正确地使用大小写字母和常用的标点符号，能写出简单的问候语和祝福语，能根据图片、词语或例句的提示，写出简短的语句（二级）。写的训练是巩固语言知识、培养语言技能的重要手段之一。

（一）小学英语“写”的训练

写的训练就是帮助学生加深记忆痕迹、联系旧知识的复现功能，包括如何正确拼写、如何写出语法正确的句子、如何激发学生书写的兴趣等。写作训练能帮助学生对已学知识进行归纳、综合，是巩固语言知识、培养语言技能的重要方式。

1. 写的教学基本内容

“写”在小学英语教学中包含书写、写作两方面的含义。

书写包括：养成良好的书写习惯，能在四线三格上正确、熟练、清楚地模仿书写字母、单词和短句，大小写、笔顺、字距、使用词距、标点符号等书写正确、规范。能听写出与课文相关的英语单词，拼写正确。

写作包括：能用所学词汇、语法、句型补全、改写或模仿写出句子、回答问题、描述图片等。

2. 常用“写”的训练

（1）书写训练。

小学生因为有了汉语拼音的书写基础，英语书写通常不会有很大的困难，教师应做好规范的四线三格的板书、书写顺序以及正确的坐姿和握笔的姿势等的示范。

具体方法如下：

①先说后写。教师先朗读词、句，然后书写，让学生注意教师的书写及内容。

②边写边说。在书写时一边说，一边写，同时强调书写格式。例如：

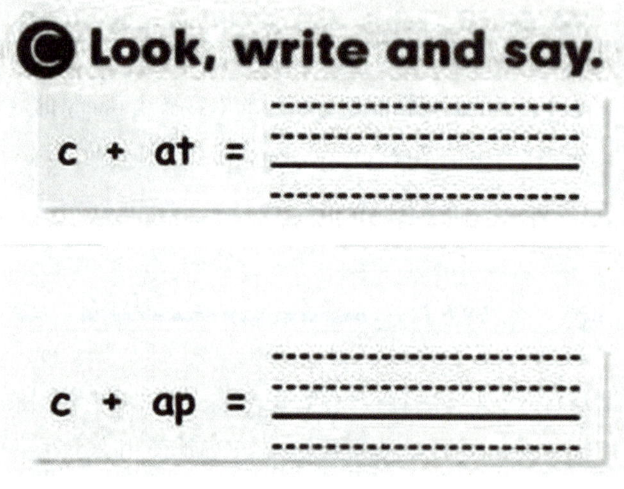

图 6-3

［资料来源：人教版英语（一年级起点）三年级上册 第 7 页］

③书空练习。学生一边看黑板，听教师讲解，一边做书空练习。

④书写练习。学生练习书写，教师巡视检查。例如：

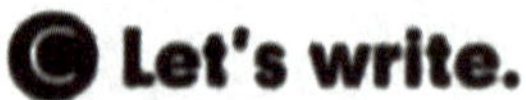

图 6-4

［资料来源：人教版英语（一年级起点）三年级上册 第 14 页］

（2）抄写训练。

抄写是最基础的书写作业，可以分为一般性抄写和有条件抄写。一般性抄写的主要形式为：熟悉书写格式、单词拼写以及句子结构；有条件抄写指学生根据教师要求完成补充练习，如改写、完成句子或回答问题等。

例 1

Look and write.

1. He is Dog. His ________ hurts.

2. She is Rabbit. Her ________ hurts.

3. He is ________. His arm hurts.

4. He is ________. His leg hurts.

图 6-5

[资料来源：人教版英语（一年级起点）三年级上册 第 18 页]

例 2

B Let's write.

What food do you want to buy? Write a shopping list.

图 6-6

[资料来源：人教版英语（一年级起点）三年级上册 第 26 页]

（3）听写。

听写主要是教师通过口述或者利用多媒体播放要听写的内容，学生边听边写下听到的内容。可能会有这些情况：听汉语写英语或听英语写中文意思或听英语写英语和中文意思等，听写的内容可以为词汇、短语、句子等。听写是人类学习语言时，进行的一种强化记忆的方式，可以检查、提高学生的听力，也是帮助学生加深印象，增强记忆，检查学生学习情况的一种较好的方法。

（4）默写。

默写在英语教学中常指学生凭记忆把读过、背过的英语单词或句子写出来。默写的优点是可以由学生自己独立完成，不受他人影响，可以自行检测记忆情况，是一种较好的自查方法。

（5）练习。

英语中的书写还体现在练习题中。这些题包括选词填空、看图写话、造句、改写、写作、翻译等，都是较好的书写练习方式。

（二）写的教学步骤与操作

小学生英语写的教学活动既是输出又是输入，输出是对听、说、读阶段所学习内容的输出，输入是巩固习得新的词汇、短语、句子，因此写的教学活动是一项综合性的活动。

首先，书写活动从四线三格开始。要带领学生认识英语字母书写的规范性，了解每一个字母的书写格式以及书写的笔顺，注意区分英语字母与汉语拼音字母的不同、印刷体与手写体的不同。学习之初，教师示范，学生模仿书写，再到学生自行练习，最后独立完成相关作业。

其次，是单词的书写，教师要做好清晰的示范。可以要求学生将所学习的单词抄写在英语作业本上。

最后就是词组或句型的书写。书写句型时要提醒学生注意句首首字母大写、句末标点符号的书写等，要逐步加深书写内容的难度。例如：

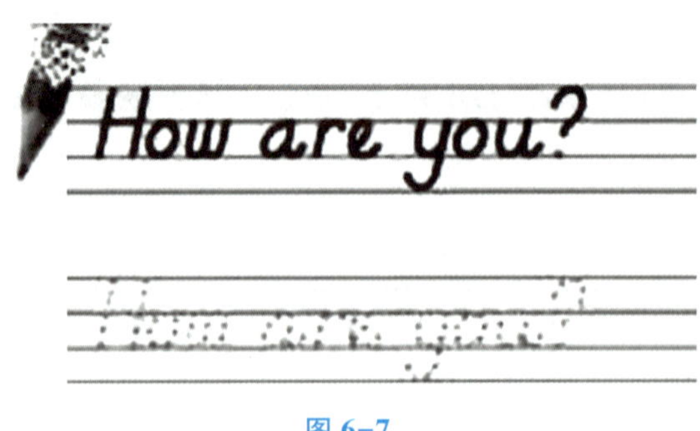

图 6-7

（资料来源：湘少版三年级英语下册 第 4 页）

除此之外，书写的练习形式灵活多样，可以为选词填空，还可以连词成句、句子仿写、句型替换、造句等。如：湘少版小学英语五年级上 Unit 2 *I'd like a hamburger.* 词汇为：hamburger、 sandwich、Coke、fish、chicken、beef，学生可以先抄写单词，接下来完成句型 What would you like? I'd like a hamburger/some fish, please. 的抄写练习，最后来到 Part E Write and draw，根据所提问题 What would you like for lunch? 完成写和画。

四　小学英语读写结合的教学方法

国外率先进行读写整合教学探索始于 20 世纪 80 年代。部分教学工作者在写作教学中尝试使用阅读分析法，在分析阅读语篇结构和内容的基础上融入写作，使学生的阅读和写作能力同时得到提升。读是学生学习英语的基础，小学生通过大量的阅读为语言输出奠定基础，通过书写练习来检验以及促进语言的运用能力。读写结合能够引导学生在读中积累英语信息，在写中巩固阅读中所学到的英语知识，从而提高英语学习效率与质量。

小学英语读写结合的教学方法主要有以下几种：

1. 先读后说，为写做准备

无论是朗读还是阅读过程，词汇、句子结构等都是学习的内容，学习后，可以通过熟读来巩固记忆。例如湘少版小学英语六年级上 Unit 5 中的“It will rain tomorrow in Changsha. But it won't be heavy”这个句子，可以请学生熟读或背诵，熟练掌握与天气预报相关的词语、天气预报的基本表达等，为书写做好准备。

2. 熟读并练习书写

以湘少版小学英语六年级上 Unit 5 中的句子“It will rain tomorrow in Changsha. But it won't be heavy”为例，请学生抄写这个句子，以此来熟悉单词拼写与句子的基本结构。

3. 熟读并仿写

在学生熟悉句子结构与掌握词汇书写的基础上，可以请学生尝试改写句子或仿写句子。

例：It will rain tomorrow in Changsha. But it won't be heavy.

It will snow tomorrow in Changchun. But it won't be heavy.

It will snow tomorrow in Changchun. But it will be light.

教学内容：通过听、说学习六个动物单词 cat、duck、rabbit、monkey、dog、panda，句子 Look! I have a... 和 Act like a...

相关说明：这是人教版小学英语三年级上册 Unit 4 *We love animals* 的内容。在从小学三年级才开始开设英语的学校，学生英语词汇少，用英语表达的能力相对滞后，三年级的英语课堂教学应多运用直观的教学手段，多开展有趣的双边活动。

教学对象：小学三年级学生

教学目标：

1. 素质目标

（1）能积极参与到学用英语的活动中，体验学习带来的乐趣。

（2）树立爱护动物的意识。

2. 知识目标

（1）学习动物名词 cat、duck、rabbit、monkey、dog 和 panda。

（2）掌握句型 Look！I have a... 和 Act like a...。

3. 技能目标

（1）四会动物名词 cat、duck、rabbit、monkey、dog 和 panda。

（2）能运用句型 Look！I have a... 和 Act like a... 进行口头表达并理解其意义。

教学重难点：

1. 教学重点

（1）四会动物名词 cat、duck、rabbit、monkey、dog 和 panda。

（2）学习与运用 Look！I have a... 和 Act like a... 进行口头表达并理解其意义。

2. 教学难点

根据指令作出迅速而恰当的反应。

教学过程：

（1）教师首先通过头脑风暴的形式和讲述有趣的故事，引导学生接触动物的英语名称，理解英语句子的意思。教师："同学们，你们家养了动物吗？养了哪些动物呢？现在我想告诉同学们我家养的动物。想认识它们吗？Do you want to meet them?"教师出示图片或者动物的头饰并说："Look，I have a cat. Cat."要求学生跟说，学习生词 cat。通过此法，帮助学生学会说单词 duck、rabbit、monkey、dog、panda 和句子 Look！I have a... 并理解其意义。

（2）通过游戏"I know you"帮助学生看图说英语，巩固单词的语音和语义学习，即教师任意抽出一张刚才认识过的动物图片，让学生说出它的英语。要求学生从众多图片中，找出刚才认识过的动物并说："Look，cat. I have a cat." 以此巩固句型的学习。

（3）学习句型"Act like a..."，教师引导学生认识 cat、duck、rabbit、monkey、dog、panda 六种动物的显著特征，如行为或者声音。然后教师发出 Act like a cat 的指令，并带领学生表演 cat 的特有行为或者声音。接着，教师只说不做，学生跟着说 Act like a cat 并表演。最后，教师可以随意出示任何一种学习过的动物图片，要求学生边说 Act like a... 边做动作。

（4）认读单词和句子。依次出示有下标注 cat、duck、rabbit、monkey、dog 和 panda 的动物

图片，引导学生学习图片上单词的拼写，同时教师在黑板上的四线三格中展示这些单词的书写，要求学生跟进。打开教材，找到 Unit 4，引导学生看图并朗读单词和句子 Look, I have a cat/...

（5）巩固和作业。①回顾本节课所学的 6 个关于动物的单词和 Act like a... 句型，并对学生进行关于爱护和保护动物的德育教育。②课后作业：根据儿歌《两只老虎》的旋律，分别用 monkey、dog、duck、panda、cat、rabbit 创编 “Hello, monkey! Hello, monkey! How are you? How are you? I'm fine, thank you. I'm fine, thank you. And you?” 进行吟唱。抄写生词，每次一行。

案例分析：该案例充分考虑到小学三年级学生学习的特点和认知规律，在教学中运用直观教学法、游戏法、全身反应法、示范法、任务驱动法等方法，依次引导学生从单词的音、义、形和用几个方面学习。教学活动的设计按照“先听后说、听说结合”的原则开展，同时在游戏巩固环节又有单独“说”的环节。

语言的听、说、读、写四项基本技能紧密联系、互相依赖、互相促进，而这四项技能的获得需要通过大量的、反复的训练，故在以听、说技能为主的课堂教学中（尤其是针对从小学三年级才开设英语的学校），可以视情况将读、写训练灵活地穿插于教学过程之中。

湘少版小学英语五年级上册

Unit 12 The Spring Festival（Part D 部分）

D Let's Read

It is the Spring Festival. We also call it the Lunar New Year. People buy flowers and put them in their homes. They cook delicious food for the family. They also light firecrackers. When friends meet, they wish each other happiness and good luck. Their guests have nice food and drinks. The older people give red packets to the children.

Teaching aims:

1. Quality goals

(1) Get to know Chinese traditional festivals.

(2) Get to know the customs about Chinese Spring Festival.

2. Knowledge goals

(1) Master relative words and expressions about Chinese Spring Festival.

(2) Get to know the expressions about the customs of Chinese Spring Festival.

3. Ability goals

(1) Be able to understand the meaning of the whole passage.

(2) Be able to tell others some customs about Chinese Spring Festival in English.

Teaching important and difficult points:

1. Importance

The words and customs about the Spring Festival.

2. Difficulties

How to understand and use the words.

Teaching aids:

1. cards about eve of the Spring Festival, red packet, firecrackers

2. PPT

Teaching methods:

1. Content-based Instruction

2. Task-Based Language Teaching

Teaching procedures:

1. Lead in

Last time we learned some words about the Spring Festival. Do you remember? Let's see which group is the best? 教师开展"What is it?"小组竞赛，教师出示图片，学生用 It is... 说出图片内容，完成多的组获胜。

设计说明：采用小组竞争的形式开展看图猜词竞赛活动，调动孩子们的积极性。

2. Reading

We are going to know more about the Spring Festival. What do people do during the Spring Festival? Please write these down on your books and I will invite four of you to write on the blackboard. 教师在教室里走动，关注学生完成阅读练习情况，帮助有困难的同学。几分钟后，请四名学生将他们的答案写在黑板上，请全体同学检查他们的答案，教师评价学生的书写以及答案的正确

与否。最后用PPT图片呈现这四个动作：

True or false?

During the Spring Festival,

1. people light firecrackers. ☐
2. people have good food and drinks. ☐
3. people grow flowers at home. ☐
4. children get red packets. ☐

They buy ________________.

They give ________________.

They cook ________________.

They light ________________.

设计说明：这一部分是本节课的主要内容，通过提示帮助学生更快地从短文中找出人们春节期间要做的事情，引导孩子们抓住关键词。同时，孩子能够通过图片推测要完成的任务，这样就有效地解决了难点，通过板书也呈现了本节课的重点。

3. Reading in details

Jack是老师的一位朋友，他对中国的春节不是特别了解，请问你们愿意帮助他吗？你可以再在小短文里找一找，看看是否可以找到答案。

设计说明：通过情景设计，激发学生乐于助人的良好品质，进一步理解阅读内容。

4. Extension

小组讨论：你还知道哪些中国春节的风俗？

设计说明：春节是中国最重要的传统节日，通过小组讨论、互相交流培养孩子们的观察能力，加强与春节相关词汇的表达能力，帮助他们进一步了解春节的风俗。

5. Conclusion

春节的风俗有哪些？通过PPT展示中国春节的风俗，请学生们用英语表达。

设计说明：此部分的设计意图旨在帮助学生们总结回顾所学习的内容。

6. Homework

Sing English song *Happy New Year* and find more customs or stories about the Spring Festival.

设计说明：作业的形式不是单一的，要根据课程内容需要设计比较符合小学生性格特点的课后作业，激发他们自主学习的乐趣，享受英语学习带来的快乐。

案例分析：本案例为湘少版小学英语五年级上册，学生具备了一定的词汇基础，对中国传统节日春节非常熟悉，因此采用内容型教学法和任务型教学法，通过小组竞赛、情景模拟等围绕中国春节这一主题展开教学活动，激发学生学习兴趣以及爱国热情，培养学生乐于助人等良好品质。

本章知识结构导图

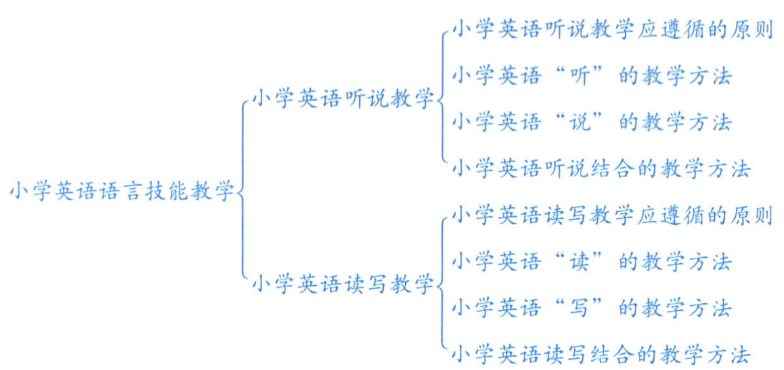

知识点检测

1. 请简述语言听、说、读、写四种基本技能的关系。

2. 举例说明如何运用 pre-listening，while-listening 和 post-listening 培养小学生“听”的技能。

3. 培养小学生英语语言基本技能的常用教学方法有哪些？

4. 请结合你所在地小学的现行英语教材，设计小学英语课堂听说教学和读写教学案例各一个。

参考答案

第七章 小学英语课堂教学技巧

学习目标

- 掌握课堂教学技巧的基本表现形式。
- 掌握使用课堂教学技巧应遵循的原则。
- 学会在实际教学中恰当地应用教学技巧。

案例导入

"丁零零"，上课铃响了，四年级一班的同学停止了玩闹，准备上英语课。师生相互问好以后，教师要求学生将书翻到第16页，学习 Let's talk。教师开始对每一句对话进行讲解，偶尔教师会抛出一两个问题，得到零零落落的应答声。随着教学的深入，学生开始搞小动作，并发出了"嗡嗡"的说话声。有一个学生给隔座的同学扔了个小纸团，靠窗的一个学生拿一面小镜子反射阳光，将光斑一会儿投在天花板上，一会儿投在其他学生脸上，好多学生的注意力被这片光斑吸引。教师终于发现了问题，对学生进行了训斥。学生安静了，教师又开始了讲解，后排的几个学生拿出了语文作业开始抄写词语。

案例分析：很显然这节课是失败的，教师没有给学生创设有效的英语学习情境，课堂从沉闷最终转向失控，学习效果可想而知。教师在课堂教学行为中必须使用教学策略，也就是教学技巧，才能达到预期的教学效果。

第一节 小学英语课堂教学技巧的表现形式

教师为了达到教学目标在教学过程中使用的方法和手段都称为课堂教学技巧，其主要表现形式有 free talk 式，实物、简笔画、图片、多媒体式，歌曲、歌谣式，游戏、活动式，角色表演、故事式等。

一 free talk 式

对话式是在英语课堂教学中应用最普遍、操作最简便的方法。新课之前，教师会与学生就一个或多个已学话题进行 free talk，通过与学生的 free talk，唤醒学生英语积累意识，顺利过渡到英语学习环境，进行新内容的学习。例如在教学 *What's the weather like today?*（人教版四年级下册 Unit 3）一课时，可以就四季、四季的着装、月份、天气的冷热等学生已学过的知识与学生自由交谈，在温习旧知识的同时，自然引出本节课教学内容 sunny、rainy、cloudy 等。

二 实物、简笔画、图片、多媒体式

此种形式旨在合理利用各种教学资源，提高学生的学习效率。“利用实物、图片等展示词汇意义，使教学内容直观形象，让学生在轻松、自然的语境中吸收，从而降低词汇教学的难度，激发学生学习兴趣和自主学习的欲望”（人教版英语《教师教学用书》五年级下册，第 12 页）。在课堂教学中，实物、图片、简笔画和多媒体有着特有的沟通信息的作用，它们可以变抽象的语言符号为具体的可感知的事物，不仅能激发学生的学习兴趣，还能培养学生用英语感知事物的能力，为学生后续的英语学习打下坚实的基础。如在教学 *Where is my ruler?*（人教版三年级下册 Unit 5）一课的导入中，教师可以充分利用简笔画的特点，在黑板上画小动物，例如小猫、小猴子等。在黑板上添画的过程中，询问 What's this? 学生不断地在脑海中搜索可能的答案，他们的注意力被高度集中，有效地复习了旧知识。最后，一只可爱的小猫出现在黑板上，ruler 在小猫的脚掌下，引入课题，顺利进入下一个教学环节。在教学人物类、职业类、水果类、动物类、乐器类单词的过程中，用实物、简笔画、图片或照片教学，能起到事半功倍的作用。将图片用多媒体出示，由于配有声音和颜色，学生更喜欢。在教学 *What's your favourite subject?*（人教版五年级上册 Unit 2）时，多媒体课件可出示本班各教学科目的教师照片，将科目与本学科任课教师联系起来教学，学生的学习热情空前高涨。在 *Look at the elephant*（人教版三年级下册 Unit 6）一课的教学中，可制作一个显示动物局部的课件，让学生猜动物，呈现新词，非常有趣。

三 歌曲、歌谣式

在英语课堂中适当地引入歌曲歌谣，有助于培养学生的学习兴趣，陶冶情操，唤醒旧知。英文歌曲易学易唱，歌声使人愉快，在愉快的氛围中学习，会很轻松。在人教版教材中，设计了许多 chant，这些 chant 节奏明快，动感十足，旋律优美，富有童趣，深受学生喜欢。在教学 *What time is it?*（人教版四年级下册 Unit 2）时，可用 *Ten Little Indians* 歌曲引入，熟悉愉快的旋律，既让学生感到愉快，又复习了数字，为新内容的教学奠定了基础。较长的韵文，也可以配上学生熟悉的旋律歌唱，学生非常喜欢。利用歌谣朗朗上口的节奏，巩固记忆单词也是不错的方法。在人教版二年级 *park* 单元教学中，要学习 hill、lake、bridge、flower、grass、tree 等单词，单词多，且互相之间没有联系，对于二年级学生，单词读音很难记住，在教学时可教唱这首 chant：

I see a hill in the beautiful park. I see a lake in the beautiful park.

I see a bridge in the beautiful park. The flowers are red. The grass is green.

The trees are tall in the beautiful beautiful park.

在反复吟诵过程中，再配以彩色简笔画（图 7-1）提示，相信学生很快就会记住单词读音。

图 7-1

四 游戏、活动式

Games are fun and fun elements can create a desire for children to communicate and games can also create unpredictability①。游戏是最受儿童喜爱的一种活动。在英语教学中使用猜谜、捉迷藏、找朋友、Simon says 等一系列游戏活动，能极大地激发学生英语学习的兴趣，满足学生爱玩好动的心理，寓教于乐，达到玩与学相结合的目的。下面介绍几种教学中常用的游戏活动。

“动”与“做”是小学生喜欢的学习方式，它们不仅可以全面调动学生学习积极性，还可以采用肢体语言呈现新词。如在教学 smile、hug、cold、hot、jump、run 等单词时，教师可边做动作，边读单词，学生看着形象的动作，理解了词义。在复习身体器官时，用 Simon says：touch your nose，close your eyes，open your mouth，snap your fingers 导入，顺利开展新环节的教学。

美国学者埃克斯雷提出：“能够引起学生学习英语兴趣的方法就是最好的方法。”一个谜语、一道智力题可以给严肃紧张的课堂注入活力。如介绍职业时，教师给学生出这样的谜语：If you are not well，you can go to see him. He works in a hospital. What does he do? 这样的问题既活跃气氛，又活跃思维，还加深印象。用谜语引出新单词也不失为一种好方法。一位教师在教学 clock 时，让学生猜：“I have two hands and a face，but no arms and legs. What am I?”学生们听了，好奇心十足。一会儿有学生就想到了这个物体，此时教师利用学生急于说但不会用英语表达这一兴奋点，顺势而为，学生们很快便投入 clock 的学习中去了。在教学 *Let's go for a picnic*（人教版五年级上册 Unit 6）时，可在袋子里藏一些野餐时用的勺、叉、筷子等炊具，让学生猜猜袋子里有什么，自然引出 picnic。

“大小声”（loud and low）是一个适合巩固单词读音的游戏，具体做法是：教师边出示图片边读单词，如果教师大声读，学生则小声读；反之，如果教师小声读，则学生大声读。这种活动，胆子极小的学生也乐于参与。这个游戏既适合集体开展，也适合小组内开展，学生轮流当小老师。

“聪明的鹦鹉”（clever parrot）是一个既巩固单词读音又认读单词的方法。具体做法是：教师举起单词图片的同时，说出这个单词，如果读音与图片相符，学生则跟读，反之，学生则不读。此游戏不仅涉及听说能力，还涉及认读能力，学生需集中注意力才能完成，此游戏同样适用小组内开展。

“缺少了什么”（what's missing）可以用于巩固和认读单词。具体做法是：教师在多媒体课件上短时间内展示几张单词图片，按键让一张图片消失，学生迅速说出消失图片所对应的单词。高年级可拼读该单词增加难度。

全身反应法是一个巩固单词游戏的方法，可在学习身体部位、文具、颜色、服装时使用，教师说出单词，学生迅速指出该单词所对应的事物。

“看图找物”是巩固记忆单词和学习方位介词时可选用的不错技巧。例如图 7-2 中两幅图出示的是相同的房间场景，不过两幅图摆放的东西有不同。Tom 丢了一些东西，在房间图下方

---

① 王蔷. 小学英语教学法（第二版）[M]. 北京：高等教育出版社，2008：213.

已列出，他询问 Jenny 东西在哪；同样 Jenny 丢了一些东西，在房间图下方已列出，她询问 Tom 东西在哪。

Tom

You live in a very untidy house. This is your living room.

You have lost these things:

Ask the others where they are.

Jenny

You live in a very untidy house. This is your living room.

You have lost these things:

Ask the others where they are.

图 7-2

［资料来源：“国培计划（2013）”示范性集中培训北京外国语大学英语学科研修项目培训材料］

在有效信息交流中，学生对知识点的掌握会很快。

在语句学习过程中，时态的掌握对于学生来说较难，在巩固运用阶段，“找不同”是一种学生愿意积极参与的活动。例如在教学现在进行时态时，让学生根据例句找出两幅图（图 7-3）的不同点进行描述。

Find the differences in your pictures.

A. In my picture two boys are playing in the sea.

B. In my picture one boy is playing in the sea.

图 7-3

在“找不同”活动过程中，学生既解决了学习难点，又学得很快乐。

特级教师魏书生认为：“大脑处于竞赛状态时的效率要比未处于竞赛状态时的效率高得多，即使对毫无直接兴趣的智力活动，学生也会因渴望竞赛取胜而产生间接兴趣，也会使他们忘记事情本身的乏味而兴致勃勃地投入竞赛中。”在课堂竞赛活动中，教师可按男女生将学生划分为“Boys and Girls”，也可按座位将学生划分为“Group A and Group B and Group C”，根据内容设计竞赛情景，例如抢红旗比赛、摘水果比赛、青蛙上岸比赛等，最后，教师做出公平的评价，并给予及时的奖励。比赛中，学生会想为本组获得一分而积极参与。

五　角色表演、故事式

角色表演是英语课堂最常见的教学技巧之一，学生常会在角色表演中有出人意料的举动，他会自觉地根据情景的需要而迁延所学知识，达到运用语言的目的。学生对角色表演总是有极大的兴趣，课堂高潮频发。在 *What does she do?*（人教版六年级上册 Unit 5）一课中，学生自选职业，有医术高超的 doctor，有兢兢业业的 teacher，有解人危困的 policeman 等，学生还准备了自制的道具：听诊器、帽子、眼镜等。学生在角色表演中巩固了新知识，温习了旧知识，交流有效，达到了教学目的。

在绘本故事 *The very hungry caterpillar* 教学中，教师边讲故事，边让学生根据故事发展情节选图贴画，二年级学生学习兴趣很高。外语教学的最终目的是使学生能用所学的语言在一定的语境中传递信息和交流思想，因此在真实的情景中进行语言的交流是句段教学最有效的技巧。一位教师在教学 *Children's Day*（人教版五年级下册 Unit 3）一课时，在学习新词组 Children's Day gift 时，设计了一个赠送礼物的互动环节，制作了一个多功能礼物箱，让小朋友到礼物箱中摸出这些小朋友互相赠送的礼物，然后再进行叙述：“Elle gives Peter a ________ for Children's Day gift. Oh, it's pretty! Peter gives Maria a ________ for Children's Day gift. Wow, it's cool! Peter gives Elle a ________ for Children's Day gift. Ha-ha, it's lovely!”这样既提高了小朋友参与的热情，同时又让他们在内心里有一种真实的体验和感受。

“教学有法，但无定法，贵在得法”。课堂教学技巧多种多样。在具体教学中，教师应根据教学内容、教学目标及学生的具体情况，灵活运用各种技巧，优化组合，以求得最佳的教学效果。

Activity　请自选一课，设计教学过程，交流教学技巧在本设计中的使用。

第二节 使用课堂教学技巧应该遵循的原则

教学技巧就是为了特定的目的，教师在教学过程中所运用到的方法、手段，是实际的课堂行为，是教师为贯彻教学方法和为达到目标而选取的具体的教学策略。(田在原，2004)

建构主义认为，教学不是知识的传递，而是知识的处理和转换。学习者的知识是在一定的情境下，借助他人的帮助，如人与人之间的协作、交流、利用必要的信息等，通过意义的建构而获得的。“学习不是由教师把知识简单地传递给学生，而是由学生自己建构知识的过程。学生不是简单被动地接收信息，而是主动地建构知识的意义，这种建构是无法由他人来代替的。”①

孔子在《论语·雍也》中说：“知之者不如好之者，好之者不如乐之者。”兴趣是学习的动力，学生学习的兴趣毫无疑问会影响他们学习的效率和效果。在课堂教学中善于运用教学技巧，会让课堂变得生动有趣，学生乐于学习。因此，把握课堂，追求教学技巧成了教师提高课堂效率不可或缺的方法。

教师在使用教学技巧时要注意几种原则：有效性原则、趣味性原则和灵活性原则。

一 有效性原则

遵循有效性原则，也就是说，课堂上使用的教学技巧要建立在针对解决英语教学问题的基础上，要有目的性，要与所教内容相关，不能仅仅为了课堂热闹而使用，并且学生能够理解和接受，难易适当，过难或过易都会降低学生的学习积极性。教学技巧是否符合有效性原则，主要取决于学生的知识水平、年龄和需要。

二 趣味性原则

“快乐、轻松的课堂活动有助于形成小学生喜欢的课堂氛围。”（人教版英语《教师教学用书》五年级下册，第 9 页）理学家朱熹有言：“教人不见意趣，必不乐学。”教学最主要的任务就是创设营造兴趣盎然的学习氛围和环境，使学生对学习内容产生兴趣。在设计教学技巧时，要重视激发学生的学习兴趣，让学生乐在其中，在乐中学。

① 张琪. 浅析建构主义学习观和教育观［J］. 黑龙江教育学院学报，2008（4）：67-68.

三 灵活性原则

灵活性原则包括两个层面。第一个层面是任何教学技巧并非单一或一成不变的，它是没有程式可循的，每种教学技巧在课堂各个环节的使用是可以变通的，导入的教学技巧可以在呈现单词中使用，而语句的教学技巧也可在导入中使用，因此，课堂上要注意教学技巧的灵活性。第二个层面是教师在课堂上所选择或设计的教学技巧应该是可变的，教学环节之间的衔接应该是顺畅自然的，在教学中要根据课堂实际需要因材施教，因势利导，懂得变通，灵活使用。

第三节 教学示例

图 7-4 是人教版英语（三年级起点）五年级上册 Unit 1　Part A　Let’s learn，Let’s find out 部分。

图 7-4

Step 1 Warming-up

Greetings

Hi, everyone! Nice to see you.

I'm an English teacher. Do you like English? Do you like math? Who's your favourite teacher?

Please listen to the chant.

Let's chant

My math teacher is very smart.

My English teacher has a kind heart.

My P. E. teacher is very strong.

My music teacher sings nice songs.

They help us learn. They help us play.

When school is over, I want to stay.

歌谣中唱到了哪些学科的老师？

Show a timetable（表 7-1），问学生几个问题，引出本课重点内容。具体会话可参考如下：

T：Which subject do you like best?

T：Who's your favourite teacher?

T：What's he like?（学生可根据实际情况用英语或汉语回答问题）

表 7-1 五年级一班课程表

		Mon.	Tue.	Wed.	Thur.	Fri.
上午	1	Chinese	math	Chinese	English	math
	2	English	Chinese	science	math	Chinese
	3	math	computer	math	Chinese	social studies
下午	4	art	English	music	P. E.	English
	5	music	P. E.	moral education	art	P. E.

Step 2 Presentation and practice

课件出示大象和猴子图片，对比复习 strong 和 thin。出示长颈鹿和小矮人图片，对比复习 tall 和 short。在复习过程中引入新句子：What's he like? He's tall. 出示老人和小孩图片，对比学习 old 和 young。出示猪八戒图片学习 funny。再次出示小矮人图片问：What's he like? He's short and kind. 学习新词 kind 的同时，让学生听明白其含义，描述时语言可更丰富。播放单词读音，让学生在听过一遍后跟读单词，逐步掌握正确的读音。认读单词时，结合字母读音可利用大小声读、看嘴型读等方法巩固单词读音。

Step 3　Consolidation

课件出示 Let's learn 部分的图片，T：This class we'll learn how to describe teachers。向学生介绍说：They are Sarah's teachers. Describe these teachers. 并从图中找出对话中 Sarah's art teacher，再引导学生利用 Let's learn 部分所提供的替换句型，描述 Sarah 的其他教师，练习巩固所学新词。

Step 4　Development

Let's find out

指导学生用所学新词和句型描述 Let's find out 部分几位教师的体貌特征，然后找出正确的图片。

Group work

采访一位组员完成表格 Name（表 7-2）。

表 7-2　Name

Question	Answer	Question	Answer
Who's your math teacher?		What's he /she like?	
Who's your deskmate?		What's he /she like?	
Who's your favourite friend?		What's he /she like?	

Listen and write the number（附听力材料）（如图 7-5 所示）

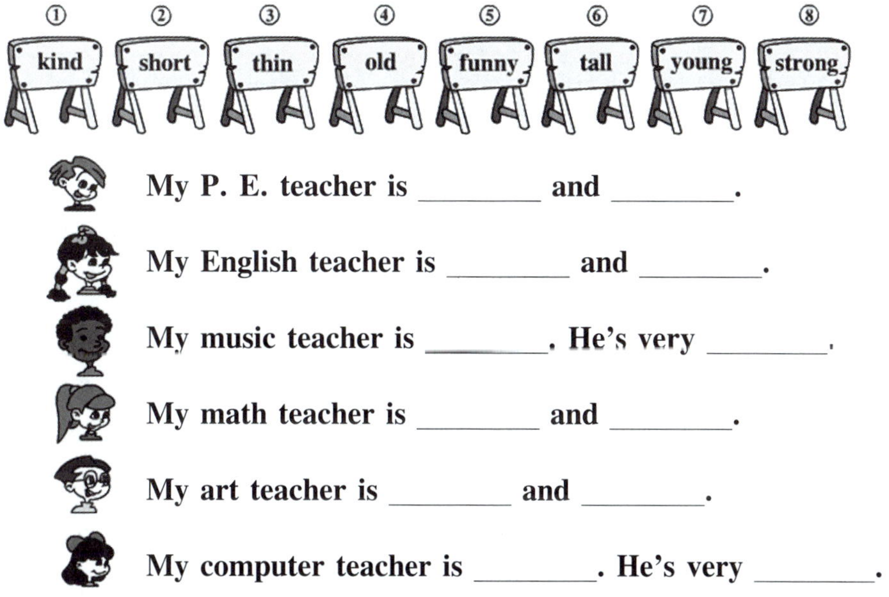

① kind　② short　③ thin　④ old　⑤ funny　⑥ tall　⑦ young　⑧ strong

My P. E. teacher is ________ and ________.

My English teacher is ________ and ________.

My music teacher is ________. He's very ________.

My math teacher is ________ and ________.

My art teacher is ________ and ________.

My computer teacher is ________. He's very ________.

图 7-5

Choose and write（如图 7-6 所示）

图 7-6

Step 5　Homework

Design a card for your favourite teacher.

Activity 1　group work 以上教学过程示例是否运用了教学技巧？如果是，你认为使用了哪些教学技巧？

Activity 2　“教学过程示例”中是否有课堂技巧运用不恰当的环节？如果有，说明理由。

本章知识结构导图

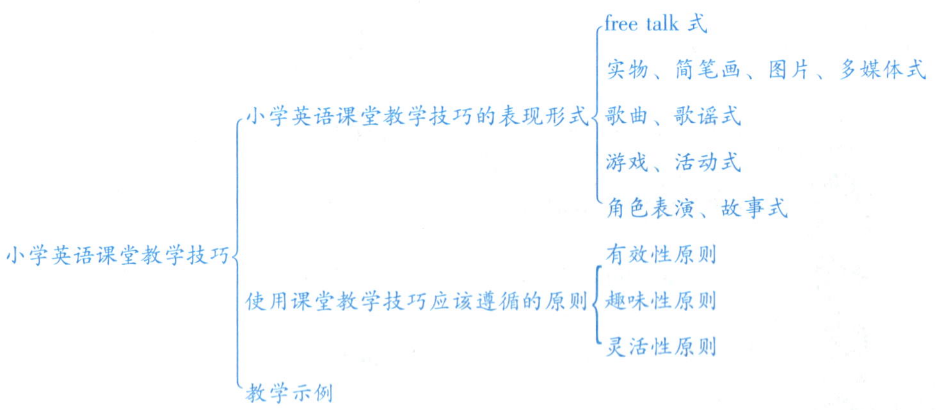

知识点检测

1. 使用课堂教学技巧应该遵循哪些原则？
2. 课堂教学技巧有哪些？

参考答案

第八章 小学英语教学课件设计与板书设计

学习目标

- 了解小学英语教学多媒体课件的含义与类型。
- 了解小学英语课堂板书的作用。
- 掌握小学英语教学多媒体课件与板书设计的原则。
- 掌握多媒体课件和板书在小学英语课堂教学中的运用。

案例导入

某市为促进本市小学英语教学的发展，特邀请周边市兄弟学校一起开展小学英语课堂教学研讨课活动。该市一位小学英语教师王老师花了一个月的时间精心准备了此次研讨课，从备课到课件制作，每个环节都投入了大量的心血。上课铃响了，王老师情绪饱满地进入课堂，用多媒体课件展示了一首画面精美、极具动感的节奏性儿歌，孩子们跟着画面一起唱唱跳跳，很快被吸引入了课堂，王老师也以此完成了她的课堂的 warming-up 部分。突然不知什么原因停电了，这可怎么办？此次参加教学研讨课的有来自本市及周边市各兄弟学校的同行们，大家对这节课有很高的期望值。王老师心里一紧，捏一把汗，但很快镇定下来。她想，没有了多媒体课件，我用一支粉笔加黑板一样可以完成本节课的教学任务。于是她凭借着自己丰富的教学经验，扎实的教学功底，将本节课的教学重点借助板书清晰地展示出来，完美地完成了本节教学研讨课。在课后的研讨上，专家及同行们对王老师扎实的教学功底及教学技能给予了高度的评价，一致认为在今天这样的多元化的社会环境下，教师既应该具备信息化教学的能力，又不能丢失教师的传统教学技能，二者应该相辅相成，共同服务于教育教学工作。

案例分析：随着社会的发展，信息技术能力已成为每一位教师应该掌握的基本技能。在小学英语课堂中，多媒体课件能充分调动学生视觉、听觉等多种感官，产生强烈的感官冲击，同时也加快了教学节奏，增大了教学容量，对小学英语课堂起着良好的辅助作用。传统的板书设计则一直以来都是作为教师教学技能考核的一项重要指标。案例中王老师的此次经历很好地展示了这一技能的重要性。多媒体课件与传统板书都具有益智增趣的功能，二者相得益彰，在课堂教学中各自发挥着不可替代的作用。因此，作为一名教师，尤其是小学英语教师，根据小学生易兴奋、注意力不专注、以具体形象思维为主的特点，结合小学英语重视培养和激发学生学习英语兴趣的课程目标，小学英语教师需要全面掌握这两项基本教学技能，并能在教学中合理运用，从而高效完成教学目标。

第一节 小学英语教学课件设计

多媒体计算机辅助教学因其具有生动形象、信息储存量大、交互性强、适合个别化学习等特点，而深受师生们的青睐。对于小学英语教师来说，它不仅可以提供形象逼真的情景、正确标准的发音、生动有趣的练习游戏，还能激发小学生学习英语的兴趣，提高教学效率。而对于小学生来说，他们可以根据自己的学习水平与需要选择学习内容，充分体现了他们的主体作用。多媒体辅助教学应用灵活，既能进行课堂计算机辅助教学，也可以进行网络教学，其教学质量与教学效率也远高于传统教学。

在多媒体辅助教学条件下，教学课件在学校育人环境的改善、教学过程的优化、教学质量的提高方面功不可没，因此，提高教师的教学课件设计水平至关重要。

微软公司出品的制作课件的软件，是目前教师最常用的教学辅助工具。它的优点是制作比较方便、容易上手，图片、视频、文字资料的展示较为直观。由于办公软件具有一定的普遍性，所以其使用一般也不需要进行打包等处理，只是需要注意易机使用时的音、视频文件的路径即可。如图 8-1 所示。

一 小学英语多媒体课件的类型

在实际的教学工作中，我们需要根据不同的需求去进行不同的课件设计。在小学英语教学课件设计上，普遍使用 Power point，也就是 PPT，它不仅功能强大而且操作简单。为了让大家更直观地了解到不同类型 PPT 之间的差异，以下内容以湘少版小学英语五年级上册 Unit 1 *What does she look like?* 为例展开。

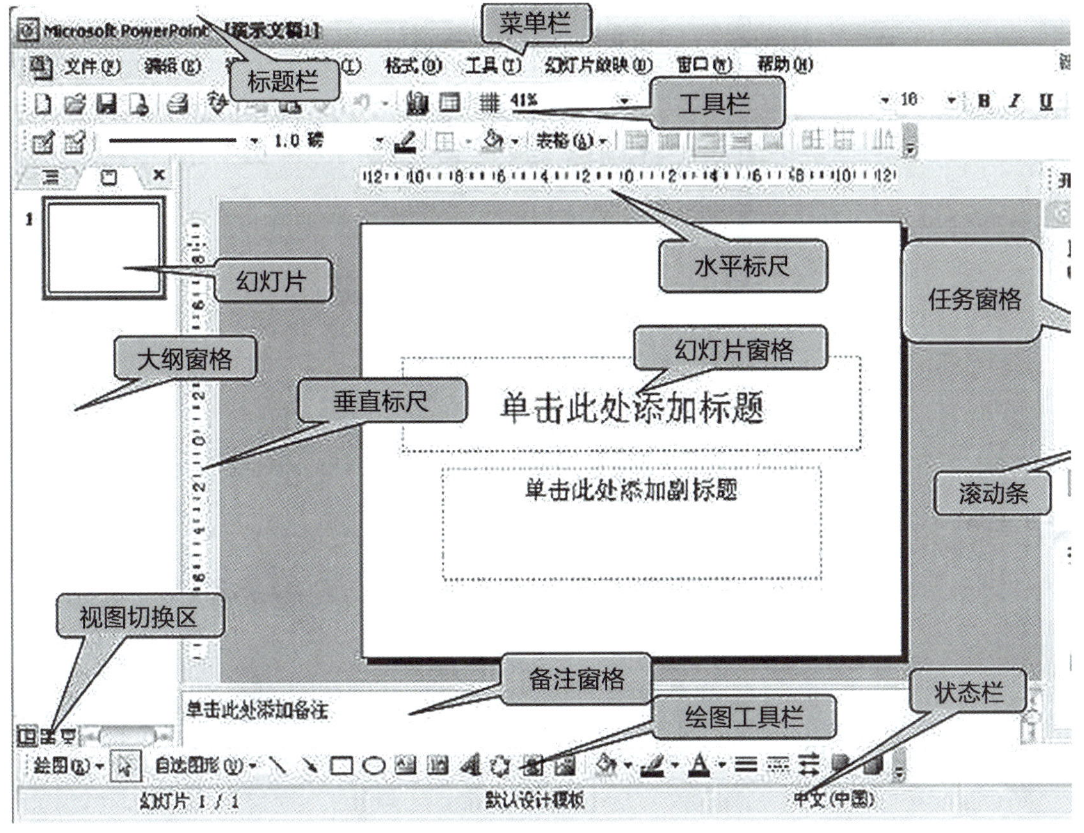

图 8-1

（一）以单词教学为主的 PPT

本节课主要要求学生掌握一些描述人物的形容词。在新授时可采取对比图的形式让学生明白单词的意思，让学生初步感知。在复习巩固时可将单词归为一页 PPT，让学生整体感知。以单词为主的 PPT 在制作时最需要注意的是图片的选择、颜色的搭配、字体大小是否适宜等，如图 8-2 所示。

（二）以句型教学为主的 PPT

本节课孩子们所要掌握的内容是运用句型 What does she/he look like? 进行提问，并以 She/He has... 来回答。为了让学生得到更好的锻炼，句型的教学绝大部分都是放在单词教学之后的。这一句型的教学可通过对实物的提问让学生掌握，这里的实物既可以是文具，也可以是娃娃，还可以是自己的同桌。PPT 不需要太多装饰，简简单单将句型出示在屏幕上即可，这样既简洁又实用，如图 8-3 所示。

图 8-2

（资料来源：https//wk. baidu. com/view/1911adc4f01dc281e43af058？pcf=2&from=singlemessage）

图 8-3

（资料来源：https：//wk. baidu. com/view/1911adc4f01dc281e43af058？pcf=2&from=singlemessage）

（三）以文章教学为主的 PPT

本单元第三课时的教学是两篇短小文章的学习。文章的教学不仅要求学生会翻译，还得弄明白其中的知识点，如果只是枯燥的讲解，则会出现两个问题：一是学生不知道老师讲到哪里了；二是知识点记不住。所以此时采用 PPT 将所有知识点一步一步地呈现才是最好的选择。如图 8-4 所示。

图 8-4

（资料来源：https：//wk. baidu. com/view/1911adc4f01dc281e43af058？pcf=2&from=singlemessage）

（四）以语法教学为主的 PPT

其实在小学阶段学生要掌握的语法屈指可数，绝大多数就存在于该单元的重要句型中。纵观教材不难发现每一单元的 C 部分都是这一单元需要掌握的语法的聚集地。在设计以语法为主的 PPT 时，我们不妨把书本的 C 部分利用起来，再进行必要的知识补充。这样一来，不仅教师教的思路清晰，学生学的思路也一目了然。如图 8-5 所示。

C Let's Practise
What does he/she look like?
He/She is tall.
He/She has small eyes.
My Chinese teacher is Mr Yang.
Mr 先生
Mrs 夫人;太太
Miss 小姐
What does he look like?
He's tall. He has small eyes and...
That's Mr Yang.

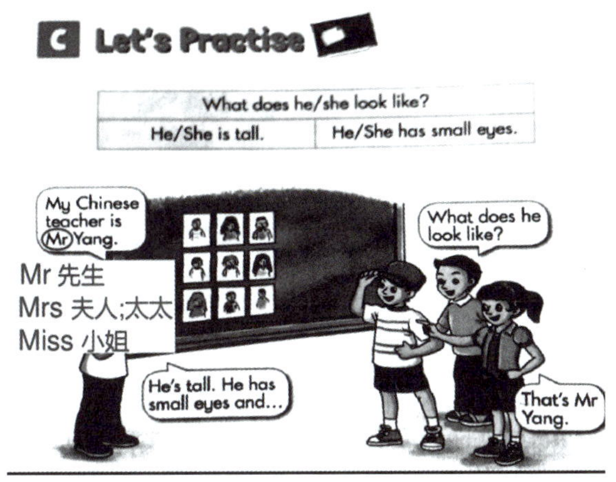

图 8-5

（资料来源：https：//wk. baidu. com/view/1911adc4f01dc281e43af058？pcf=2&from=singlemessage）

（五）以游戏教学为主的 PPT

如果整节英语课都是枯燥的单词、句子、语法、文章学习，学生会失去兴趣，游戏才是最好的兴奋剂（当然这并不意味着每节课都必须有游戏，漫无目的的游戏是毫无作用的）。比如这一单元的单词教学是所有知识点的基础，也就意味着必须掌握，但又不能一直让学生朗读，这个时候就可以通过 PPT（图 8-6）来设计快速反应的单词抢答游戏——PPT 随机出示单词的中文或英文，学生快速反应。这样既考验了学生的反应能力，又加强了学生对单词的记忆。

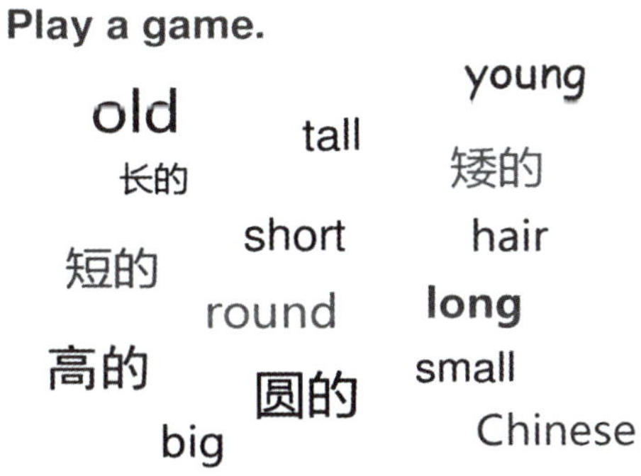

Play a game.
young
old
tall
长的
矮的
短的
short
hair
round
long
高的
圆的
small
big
Chinese

图 8-6

（资料来源：https：//wk. baidu. com/view/1911adc4f01dc281e43af058？pcf=2&from=singlemessage）

二 小学英语教学课件设计的原则

课件的基本功能是实现有效的教学，它是由一定的教学目标、教学内容、教学思想和教学方法，通过程序设计和运行程序来实现的。课件将决定或者影响教学过程，课件与学科教学结合的紧密度是衡量课件在教学中能否发挥有效性的重要指标之一。那么小学英语教学的课件设计又该遵循哪些原则呢？

（一）教学优化性原则

教师在制作英语课件之前，必须围绕语言知识、语言技能、情感态度、学习策略、文化意识这五个方面来确定明确的教学目标，即要解决什么样的语言问题，训练学生哪些方面的交际技巧，扩充学生哪些方面的文化背景知识等，然后根据教学目标和教学内容确定是否需要制作课件以达到资源优化。在设计多媒体课件的时候，一定要合理规划，安排好课件内容，特别是要突出教学重点。对重点内容可以采取一定的特效方式，如特效声音和效果、一些突出颜色的字体等。以这样的方式突出教学重点，不仅能够吸引学生的注意力，还能引发他们学习的兴趣，使学生对要学习的内容有更加清楚的了解。比如：在教学 *Nice to meet you* 这一课时，通过 PPT 既可以出示课文原文还能插入原文音频，学生听觉视觉都得到关注。如图 8-7 所示。

图 8-7

（二）信息量适度原则

信息量大是多媒体教学的主要特点之一，但教师在设计英语课件的时候要始终遵循“以人为本”的设计理念，要考虑到小学阶段学生的认知水平、新知识的接受能力，要切实认识到多媒体课件只是辅助工具，是提高课堂效果的一种重要的手段。课件演示要科学合理，内容尽可能精练、简洁。要考虑英语课件是否有必要，容量是否合适，图片搭配是否合理，能否帮助学生理解教学内容。在实际教学过程中，不能忽视板书的作用，不能完全以多媒体课件替代传统的课堂教学，切忌“走马观花”式的教学。

例如：教师在介绍词组 Spring Festival 时，给学生呈现了大量与之有关的图片、影片、歌曲，尽管课件的图片精美，影片、音乐有趣，学生也欣赏得津津有味，但这并不是本课的重点，教师的讲授重点可能被淹没在大量信息中，变得模糊不清，从而影响到其他内容的教学，得到适得其反的效果。实际上，在这里教师只需要通过几张图片介绍该词组即可。但如果是作为文化欣赏课来讲解 Spring Festival，那么大量的与之相关的信息呈现就显得很有必要了（图 8-8）。因此，在制作多媒体课件时，教师要谨记媒体和课件都是为教学服务的手段，千万不要被这些手段牵着鼻子走，舍本逐末。课件中展示的信息量应以能否出色完成教学目标为依据，适量而不过量。

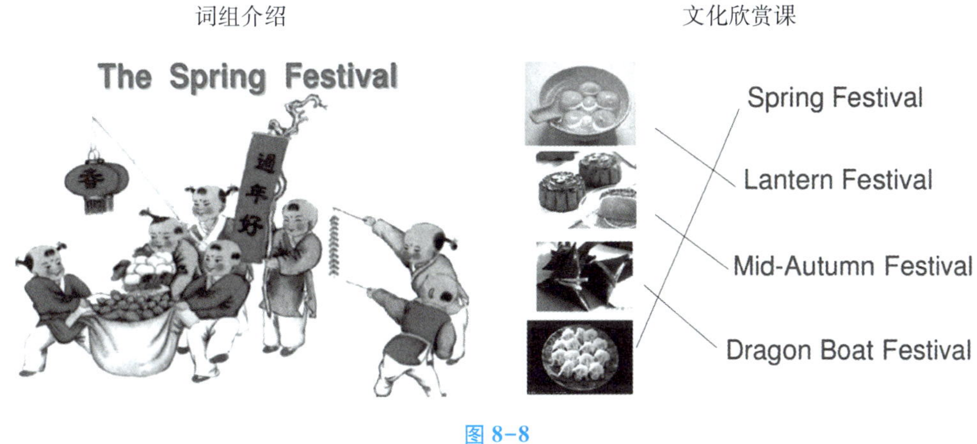

图 8-8

（资料来源：https//wk. baidu. com/view/f381cac5a1116c175f0e7ed184254b35eefd1af2？pcf=2&from=singlemessage）

（三）操作简易性原则

一堂课通常只有短短的 40 分钟，在课堂上教师既要讲解新知识，又要组织学生做大量的语言练习。因此，教学课件应符合操作简易性原则。操作简易性原则体现在以下三个方面：

首先，在多媒体课件的操作界面上设置寓意明确的菜单、按钮和图标，最好支持鼠标，尽量避免复杂的键盘操作，避免层次过多的交互操作。

其次，为了便于教学，尽量设置好各部分内容之间的转移控制，可以方便地前翻、后翻、跳跃。

最后，对于以学生课堂练习为主的多媒体课件，要对学生的输入做及时应答，并允许学生自由选择训练次数、训练难度；对于演示多媒体课件，最好可以根据现场教学情况改变演示进程。比如在教授器官单词之后教师可以通过 What's missing? 的游戏将这些单词进行巩固，此时就可以借助 PPT 出示三到五张少了某些器官的动物图片。如图 8-9 所示。

The ears.

图 8-9

（四）画面简约性原则

多媒体课件展示的画面应符合学生的视觉心理，画面的布局要突出重点，同一画面对象不宜过多，避免或减少引起学生注意的无益信息干扰。注意动物与静物的色彩对比、前景与背景的色彩对比、线条的粗细、字符的大小，以保证学生能充分感知对象。避免多余动作，减少文字显示数量（可能的话，尽量用语言声音表达），过多的文字阅读不但容易使人疲劳，而且干扰学生的感知。

教师在“warming-up”中使用多媒体播放 Flash 动画 *Color Song*，这样教师无须解释，学生只需要看动画就可以进行记忆学习。思考问题时，学生可以用英语进行思考，而不需要在头脑中事先进行英汉互译，这样就大大提高了学生的学习效率。在单词教学中，可将表颜色的形容词用斜体或粗体标记（图 8-10），再配上声音、动画，使抽象的词义形象化，再加上屏幕上有各种颜色的气球在天上飞，这样的场景设计很容易被学生接受，教学效率得到大幅度的提高。在句型的学习中，这节课重点句型是“What color is it?”。教师对每一幅动画图片进行提问练习，根据对颜色的不断提问，学生在不知不觉中掌握了句型“What color is it? It is...”。

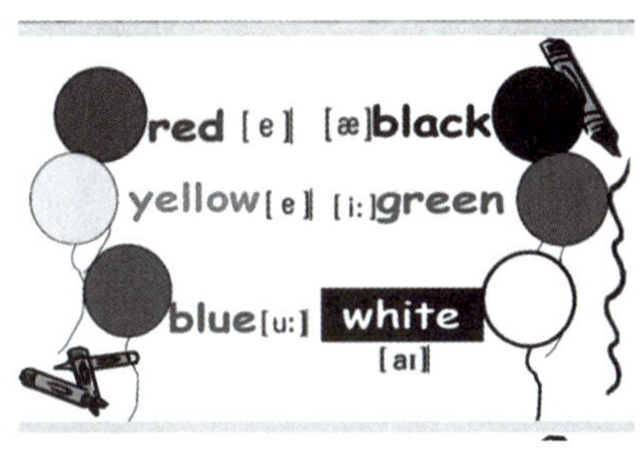

图 8-10

（五）直观形象性原则

小学阶段的学生年龄一般为 6 至 12 周岁。根据皮亚杰的儿童认知发展理论，该年龄阶段的儿童跨越了前运算阶段、具体运算阶段，向形式运算阶段过渡，因此在设计课件时必须使之符合小学生的年龄特征。英语课件中可能受学生年龄特征影响的组合因素有：课件界面、人机交互控制的难易程度、教学信息内容、文本、图形图像、声音、动画、视频、色彩搭配等。因此，课件界面的形式应该活泼，色彩鲜明，易于引起学生的注意力；人机交互控制方式不能太难，并且尽量从儿童的心理特点出发，设置可能的交互对象与区域；所呈现的教学信息内容不超出学生的认知范围；对于文本，选择标准的字体和合适的字号；细心地设计和制作图形图像、动画、视频等。

三 小学英语教学课件设计的过程

教学课件需要缜密地思考，整体设计，其包含的内容信息量很大。如何设计出有效而又精美的课件呢？接下来将以湘少版小学英语六年级上册 Unit 1 *What did you do during the holidays?* 为例进行分析。本单元的课时安排为 3 至 4 课时，不同课时的重难点都大不相同。教学课件的设计与教学设计有共同点，但更具有现代化教学手段的优势，因此在设计中要注意兼顾。

（一）明确目的

在小学英语教学中，要想高效率地利用多媒体课件提高教学效果，最重要也是最首要的问题便是明确目的，那到底要明确哪些目的呢？

首先，明确课型。明确课型即明确这是一节新授课还是一节复习课又或是一节欣赏课。新授课的多媒体课件应更注重于教学重难点的讲解，切忌太过烦琐；复习课的多媒体课件则应当安排多种形式的活动，采用声音、图片、游戏等方式吸引学生兴趣，切忌枯燥无味的单纯的知识罗列；欣赏课的多媒体课件则应当关注知识的扩展。

其次，明确教学目的。通过内容的比较，明确重难点，有取有舍。多媒体课件的制作不是越多越好，也不是越丰富越好，课件过多往往会导致学生们的视觉疲劳。一节课总共就 40 分钟，要分清主次，有重点地进行设计。小学阶段的孩子的确喜欢图片的形式，但如若所有的内容都采用图片的形式且没有丝毫变化，那一节课下来学生根本不知道哪里是重点。因此，小学英语教学课件设计的重要任务就是明确目的，也就是明确重难点。

（二）教学设计

一堂课的好坏最根本还是取决于教学设计是否合理，只有层层递进的教学设计才能展示出一堂精彩绝伦的课。在教学设计前一定要对教材、教学环境以及学习者进行分析，这样才能更好地贴近学生、贴近课堂、贴近生活。教学设计有三要素，分别是优化教学目标、策划最佳策略以及做出反馈评价。

1. 优化教学目标

这一要素主要包括分析学习者来掌握学习支点，分析教材来把握课程标准，确定目标来明确教学目的。其中学习者的分析主要从一般特征（年龄特征及个性差异）、初始能力（预备技能、目标技能和学习态度）、信息素养（信息知识技能和能力、意识态度和责任）这三方面来进行分析。

2. 策划最佳策略

是否为最佳策略需要通过策略实效与策略应用来决定。策略实效顾名思义就是该策略是否有用，能达到一个什么样的效果，它是由教学目标与重难点的确立而决定的，当然也还会受到学科性质、学生年龄、教师个性等的影响。策略应用是指要遵循策略的应用规则，不能随意应用。在小学英语教学中，常见的策略有游戏法、情景教学法、TPR 教学法、五步教学法等。以 TPR 教学法为例，如果学生是三、四年级活泼爱动的孩子，教师个性大方得体，在课堂上收放自如，那么策略实效就会比学生为六年级的学生，教师为内向害羞的教师的策略实效高得多。策略应用方面，以情景教学法为例，该策略应当按照创设情境、感受体验、激发兴趣、引导学习这几步来完成，如若执教者不遵守应用规则，先让学生学习，再激发兴趣，那便是一场失败的策略应用。总的来说，有效的教学策略必须满足三个条件，分别是引起学生的意向、学生明确学习所要达到的目标和所学内容、有益于学生理解的教学方式。

3. 做出反馈评价

反馈的作用是检验教学效果，发现有价值的问题。评价的作用是弥补教学的不足，特别是弥补学习差异较大的学生的不足。教学设计完成后，必不可少的部分就是反馈和评价。反馈是可以量化的，方法之一就是目测，即通过交谈查看学生的目光、语言、肢体反应；方法之二是检测，即通过任务和练习来查看学生的正确率。评价有形成性评价和总结性评价。形成性评价重在教学过程中找出问题，总结性评价重在教学结束后更宏观地找出问题。

（三）脚本设计

脚本设计是制作课件的重要环节，需要对教学内容的选择、结构的布局、视听形象的表现、人机界面的测试、解说词的撰写、音响和配乐的手段等进行周密的考察和细致的安排。教师应利用丰富的教学经验，运用教育学理论和恰当的教学方法编写脚本，根据教学思路制作课件，自然地把自身的风格融入课件中，既体现自己的教育思想，又让学生易于接受。

在脚本设计过程中，首先要做到三个明确，即明确教学思路和教学内容；明确课程需要的文字、图形、动画、声音、视频、测试题等内容；明确它们之间的关系以及内在顺序。其次，还要注意以下几点。

1. 概念简要

这里的概念指的是整个课堂教学纲要和具体实施细则，以及某些功能实现的方法和过程等。

2. 基本要素齐全

这些要素包含教学内容、教学目的、教学重点和教学难点，以及完善的页面内容等。

3. 撰写步骤合理

撰写步骤一般为：收集素材—明确要素—搭建框架—充实内容。

脚本设计其实就是在教学设计的基础上进行改良，将教学设计所收集的相关素材加以整理设计成脚本。脚本设计不要求面面俱到，只需要精、简、顺、明，能发挥出学生的主体性，激发出学生的创新意识。

（四）收集素材与处理

在脚本设计的基本步骤中，我们了解到，收集素材为第一步。收集素材顾名思义就是把这堂课上要用到的内容的相关素材收集起来，再进行整理分类，这些素材包括文本素材、声音素材、图像素材、图形素材、动画素材、视频素材。比如在单词教学过程中，第一眼就要让孩子们看到单词的外貌，那我们就需要用到文本素材把这个单词呈现出来；在文本素材之后孩子们又可以通过声音素材来感受这个单词的发音；为了让孩子们更好地掌握单词意思，则又需要借助图片或者动画、视频的素材了。收集素材的渠道很多，可以自己制作，也可以通过网络下载，当然也可以共享他人的创作。所以说，我们在收集素材的同时更多要考虑的是，这一知识点用怎样的形式呈现出来更加利于孩子掌握，这样一来，我们就可以在短时间内找到最合适的素材来进行课件设计了。

找到合适的素材依然是不够的，还需要对这些素材进行处理加工。

1. 文本素材的获取与处理

文本素材可以通过自己录入或者网络下载的形式获取。在处理过程中要把握住教学重难点。重点内容用不同颜色的字体加粗或采用动画的形式跳入来吸引孩子们的注意力。文本素材可以用 Word 中的字体、颜色、运动效果等来进行处理加工。

2. 图形图像的获取与处理

图形图像素材可以通过网络下载、截屏、手机拍照等形式进行获取。可在 PPT 制作过程中进行形状处理以及批量处理，也可以用 PS 来进行抠图色彩处理、滤镜等，还可以制作各种特效。

3. 声音素材的获取与处理

声音素材的获取来源则更为广阔，可从网络中获取，用软件创作，用已有光盘中的声音素材，用录音机录制，用计算机声卡录制，从计算机 MIDI 接口获取，从 CD 和 VCD 中直接捕获等。声音素材最大的问题就是格式的转换，常用的转换方法有：千千静听格式转换功能、Format Factory、Video Converter 等。声音素材的处理要用到 gold wave，它可以对声音进行编辑，如倒转、回音、摇动等，也可随意剪切、复制和粘贴。

4. 视频动画的获取与处理

视频动画的获取可在各大视频软件中找到，如优酷、腾讯等。视频的播放可借助暴风影音，编辑则可借助绘声绘影，动画编辑最强大的是 Flash。

（五）搭建框架

收集好素材之后，下一步就是根据教学设计中的教学过程来搭建一个好的框架。这一环节一般采用五步教学法：步骤一导入，步骤二呈现新知，步骤三操练，步骤四练习巩固，步骤五作业布置。在搭建过程中要注意以下几个关键点：突出教学效果；突出重点内容；多用图表，文字少而精；以关键词和短语来代替长句；颜色协调，搭配合理；文字够大，与背景形成鲜明对比；图标质量好，说明清楚；制作方便，操作简单，较少链接；简洁干净，没有多余元素。

（六）充实内容

搭建好框架并不意味着该课件就已经完成，还需要对内容进行充实。需要注意的是，充实不等于烦琐，不是越多越好，不是越丰富越好，也不是越精美越好，而是越实用越好。一般来说，只需按照搭建好的框架将收集到的素材进行整理就可以了。

（七）评价

好的课件设计不是一蹴而就的，需要不断检查。检查来源于大家的评价，包括自己在使用过程中的评价，学生在观看过程中的评价，他人的评价等。只有通过大家的评价，才能不断完善一份好的课件设计。那么评价的标准到底是怎样的呢？

1. 教育性

（1）教学目的是否明确，是否符合教学大纲要求。

（2）教学对象是否明确，内容是否适合学生的年龄特点、认知水平。

（3）课件选题能否解决教学中的重点、难点。

（4）素材选择是否具有典型性，是否便于学生理解、接受。

（5）课件结构是否符合教学原则和认知规律，内容是否少而精，针对性是否强。

（6）课件是否有启发性，能否激发学生的想象力和创造力。

（7）课件是否经过教学实践，是否有学生反馈或其他教师的评价意见。

2. 技术性

（1）制作工具选择是否恰当，素材运用是否体现了多媒体特征。

（2）课件兼容性是否强，运行环境是否宽松；课件安装是否方便。

（3）操作界面是否友好，按钮和图标放置是否合适，前后跳转是否灵活。

（4）允错性（对误操作的更正能力）是否强，课件运行是否可靠。

（5）是否可以移植到 Internet，是否适合进行网络教学。

3. 艺术性

（1）采用的内容和表现形式是否具有吸引力。

（2）页面布局是否简洁美观，画面色彩搭配是否合理、有审美性。

（3）画面是否清晰、生动形象，框面设计是否规范。

（4）视、听觉配合是否和谐，音乐是否优美动听。

（5）视频、动画中的对象运动是否流畅，是否有跳跃的感觉。

4. 文档

（1）文档内容是否清晰、易懂。

（2）文档是否反映了课件所需的应用环境与课件本身的特点。

（3）文档的内容结构和层次是否明确，是否提供索引。

（4）对操作方法的说明是否清楚，是否适合于用户的水平。

5. 交互性

（1）提问的内容是否明确，题目形式是否丰富。

（2）对学生的回答是否给出针对性反馈，反馈形式是否文明、得体。

（3）学生是否能随时调出帮助信息，帮助信息是否具有针对性。

（4）帮助信息的呈现是否影响课件的正常工作状态。

对课件评价标准的制定要科学、严格，对共性的标准可以统一，而对特殊性的标准就应灵活掌握，绝不能机械化、教条化，那种硬性规定课件中必须综合运用文本、图片、视频、声音、动画的做法既不科学，又有悖于教学原则，必须杜绝。

高质量的多媒体教学课件，是深化教育改革、提高教育质量的需要，课件的设计直接影响课件的质量，只有在教学过程中和课件设计制作过程中不断总结和探索，才能把多媒体教学的课件做得更好，才能适应现代教育教学。

第二节 小学英语教学板书设计

“精湛的板书是撬开学生智慧的杠杆，是知识的凝练和浓缩，是老师的微型教案，也是把握重、难点的辐射源。”① 板书可以强化人的视觉刺激，帮助学生理解和记忆所学知识。众所周知，板书是课堂评价不可缺少的组成部分，板书设计则是教师必须掌握的基本教学技能之一。现代媒体技术的发展，给我们提供了丰富多彩的教育教学资源，即便如此，板书的优势依然是不可替代的。在课堂教学中，板书以其独有的魅力发挥着多媒体课件和投影等现代化技术手段所不能比拟的功效，并且在一定程度上弥补了这些方式、方法的短板，与现代多媒体技术相得益彰，共同服务教育。

板书有着良好的视觉效果，因此它在课堂教学中发挥着非常重要的作用。小学生注意集中性的深度不足，相对于抽象的语言表达而言，他们更易于被具体形象的事物所吸引，而英语作为一门非母语的语言学科，对于小学生来说，如果能将抽象的语言点形象化、具体化、可视化，必将为他们带来截然不同的学习效果，而板书在很大程度上可以实现这一目的。充分利用板书来辅助小学英语的课堂教学，是提高小学生英语学习效率的有效途径。

案例8-1

教学内容：white、green、yellow、blue 四个表颜色词汇的学习和句型 The... is... 和 The... are... 的掌握。

板书中所有的图案都是教师当场用简笔画完成的。课堂开始，教师就愉快地和学生交流：“同学们，今天老师带大家一起去郊游好吗?” 然后教师用简笔画的方式依次呈现了郊游过程中常见的自然元素 sun、clouds、mountains、birds、grass、lake，并借此情境进行 white、green、yellow、blue 四个颜色词汇以及句型 The... is... 和 The... are... 的教学。在板书的过程当中，教师娴熟地用简笔画带领着孩子们进行了一次愉悦的户外旅行，整堂课中他们的注意力被这幅形象生动的画牢牢地吸引住了。

---

① 刘显国. 板书艺术［M］. 北京：中国林业出版社，1999：1.

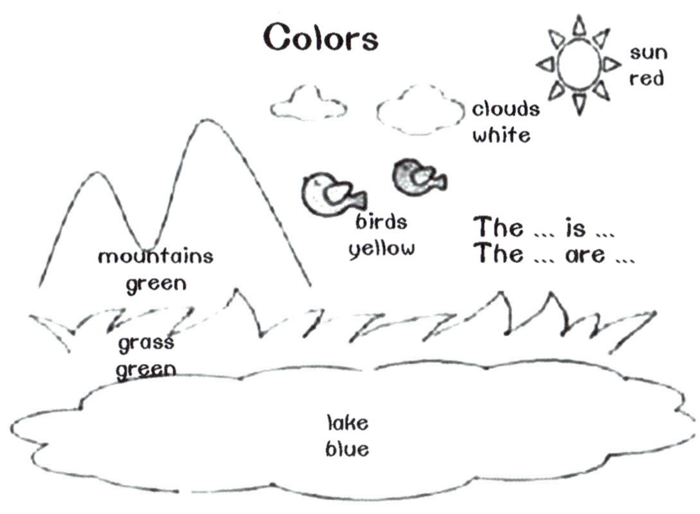

［资料来源：王丽春. 例谈小学英语课堂板书的基本原理［J］. 南京晓庄学院学报，2013，29（01）：42-46.］

案例分析：该板书布局合理，错落有致而不失灵动，构思巧妙而不乏新颖。它通过写意的方式很好地诠释了和谐美的内涵，让孩子们仿佛置身于大自然中。在该板书的设计中，教师创设情境，合理编排，在充分展现板书布局美的过程中，突出了教学重点，优化了课堂教学。该板书生动形象，色调鲜明，很好地吸引了学生的注意力，引导学生观察细节，帮助学生理解教学重难点，激发了学生的学习兴趣和表达欲望。在板书书写过程中，教师用高饱和度的颜色勾勒出青山、白云、黄鸟、绿草和蓝湖。整个板书过程让学生如同行走在一幅温暖的山水画中，不仅给了学生美的熏陶，也引导着学生观察大自然，发现自然美，从而激发学生对大自然的热爱，很好地将情感教育融入了教学。教师在课堂中教态亲切，激情盎然，渲染出很好的课堂气氛，使学生在不知不觉中习得语言，产生了极强的语言学习动力。

当今，小学生超强的模仿能力对教师的板书提出了更高的要求。教师在书写过程中一定要注意规范、整洁、清晰。如教师在板书单元标题时要区分大小写，细节虽小但不能被忽视。当然，书写笔顺也是要注意的，因为书写本身就是一种示范教学。教师一定不能低估了正确展示板书的效能，学生良好的书写习惯的养成与教师正确规范的板书书写密不可分。

 一 小学英语教学板书的作用

学生课堂上接受信息最重要的途径就是听觉和视觉。相关研究表明，人的大脑中能够记住的信息有百分之八十来自视觉，百分之十来自听觉，剩余百分之十分别来自嗅觉和触觉，可见视觉冲击对人的影响力之大。因此，教学中的板书设计在学生接受知识过程中发挥着举足轻重的作用。

（一）突出教学重点

板书主要用来呈现一堂课中最重要的教学内容，是对教学内容的高度概括。它通常对教学内容进行关系梳理，删繁就简，以达到突出教学重点与难点，展示知识之间的相互关系的目的，帮助学生理解课堂上的重点和难点，从而高效掌握知识。

（二）强化直观教学

板书可以把难以记忆的复杂、抽象的语言知识点直观地展示在学生面前，其形式多样，包含文字、图形、符号，同时还有色彩的变化。这些都能给学生感官最直接的刺激，强化直观教学，非常有助于小学英语课堂达到更好的教学效果。

（三）激发学习兴趣

板书带来的视觉效果在很大程度上弥补了仅靠教师讲、学生听所获得的有限且模糊的知识，能帮助学生更好地掌握知识。同时小学英语课堂强调以学生操练为主，板书则可以让学生实时参与课堂教学，体验教学，帮助学生增加获得感，激发学习兴趣。

（四）培养思维品质

课堂中，教师一般是一边讲解，一边板书，书写下关键的内容，引发和控制学生思考。同时板书有着很好的引导性，教师往往按一定的逻辑顺序来设计教学板书，板书内容的完成过程就是逐步推进课堂教学的过程，带有很大的启发性，因此可以很好地培养学生的思维品质。

（五）联络师生情感

板书具有极强的感染力，教师一手漂亮的英文书写，不仅展示了自身的才华，也给了学生很好的示范，更能在学生心目中树立良好的教师形象。漂亮的书写容易使学生对教师产生崇拜之情，获得学生的认同感。同时板书过程中与学生的交互，也加深了师生间的交流，是很好的联络师生情感的纽带。

二 小学英语教学板书设计的原则

所谓教无定法，贵在得法，小学英语教学板书的设计亦然。板书设计灵活多样，但不管选取哪种板书设计，都要遵循一定的科学原则，才能发挥出其最好效果从而实现“得法”。

（一）目的性原则

板书要有明确的目的性，突出教学重难点，为教学目标的实现做好最直接的服务，为学生的课后复习提供重要依据，为学生的知识掌握指引明确的方向。因此，板书书写必须目的明确，清晰明了。

（二）概括性原则

板书是一节课的高度浓缩，不能照抄课本，也不能太过详细。照抄内容没有意义，内容太多不利于学生记忆，过多书写会增加学生负担，学生忙于记笔记，影响学生与老师的课堂交流，进而影响教师课堂效果，同时也阻碍了教师的教学进度。高度概括、精练的板书能帮助学生高效消化课堂内容，辅助教师开展高效教学。

（三）灵活性原则

板书虽然在课前已经进行了很好的设计，但由于教学对象的特殊性，课堂教学并不是完全按部就班的。因此，在进行板书设计时，应适当留白，给这些“突发”事件留有空间；还要考虑学生的特性，比如年龄、知识水平、接受水平等，灵活调整板书。

（四）示范性原则

教师的现场板书作为课堂中最重要的呈现，是一种最直观、最便捷和最有效的示范方式，尤其对于模仿能力很强的小学生来说它的示范功能更是强大，直接影响小学生的书写习惯。因此，教师在书写英文字母时，要特别注意书写的顺序、整洁及规范，这时的“身教”将会起到事半功倍的效果。小学生良好书写习惯的养成，教师的板书示范功不可没。

（五）启发性原则

板书的作用不仅仅是重要知识点的呈现，一个好的板书还可以从内容、形式、布局上给学习者带来深思。板书具有导向性，学生会根据教师的课堂板书来整理思维，发展思路。因此在进行板书设计时，应充分考虑如何启发学生思维，加强学生分析问题、解决问题能力的培养。

（六）审美性原则

美育是全面发展教育不可或缺的部分，但美育并不仅仅是艺术教育的专利。学校所开设的各学科教学中均蕴含着大量的美育内容。小学英语作为一门基础学科，必然也承担着这份责任。板书内容准确、层次清楚、布局合理、色彩得当、图形美观等，这些都是在板书设计中应综合考虑的内容，审美性原则应贯穿于整个课堂板书设计中。

三　小学英语教学板书设计的案例

小学英语教学板书设计形式多样，教师可以依据自己的教学需要进行适当的选择。适宜的教学板书设计将大大提高小学英语课堂教学的效率。因此，在日常教学中，教师一定要精心设计板书，利用板书的独特魅力全力服务好自己的教学，充分发挥板书的优势，提高课堂效率。一般情况下，板书可以进行几种形式的组合，但不宜太多。下面就来介绍几种在小学英语课堂教学中常见的板书设计类型。

（一）提纲式

提纲式板书紧紧抓住教学内容的结构或提要，用简洁清晰的文字概括要点，提纲挈领地编排书写内容。这种板书结构严谨、层次分明、教学重点突出，学生容易掌握要领，明确思路，把握学习内容的层次和结构，同时利于培养学生分析和概括问题的能力。提纲式板书便于学生看、听和记，帮助他们理清文章的思路，巩固复习所学知识。该类板书多适用于小学高年级的阅读、句型和听说教学，运用范围较广。

案例8–2

教学内容：人教版英语（三年级起点）六年级下册 Unit 2 Part A Let's read

板书设计：教师根据教材内容，将生病时与治疗后的效果，按事物发展顺序从左至右排列，同时按照看病步骤依次将相关的动词短语从上至下以列提纲的方式书写出来，这样的布局既符合人的一般认知规律，便于学生阅读理解，又使学生对课文内容一目了然，方便学生依据关键词复述并掌握课文内容。同时，教师还根据小学生的心理特点添加了与动词短语内容相关的图画，辅助学生学习和理解文章，在突出主题的同时兼顾了视觉美。这样的板书，逻辑清楚、结构合理，图片加深了学生印象，直观地帮助学生理解了生病治疗的有关流程并掌握相关英语语言表达，通过将语言点形象化、视觉化辅助学生轻松掌握课文内容。一堂阅读课就以这种提纲式的板书有逻辑且条理清晰地呈现在大家面前，帮助学生在头脑中形成了深刻记忆，辅助教师更好地完成了该堂阅读课的教学任务。

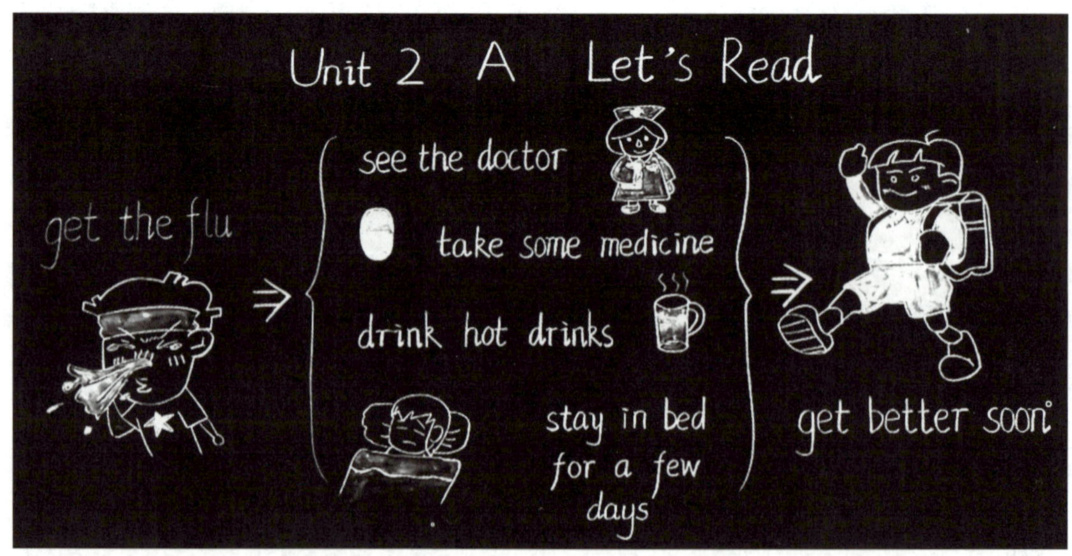

（二）对比式

对比式板书是把课文内容中彼此对应的两方面排列起来进行对比而形成的板书。这类板书内容通过鲜明的对比，突出教学内容，加深学生印象，很容易利用无意注意加强小学生对学习内容的消化，便于他们的理解、记忆。对比式板书对于那些对比成分较多的教学内容非常适用。教师根据教材内容，设计出比较性的问题，供学生思考和回答。然后根据课本内容和学生的回答，把对比强烈的正反、对错或相似等两方面内容放在一起，让学生进行对照和比较，区别和分辨，在黑板上列出有明显相似或差异点的内容，形成鲜明对比，使学生达到准确、牢固记忆的效果，同时也可以培养学生的求同或求异思维。对比式板书常运用于阅读教学、词汇教学、语音教学等教学活动中，且形式可以多样化，比如表格、图画、文字等。

教学内容：人教版英语（三年级起点）六年级上册 Unit 4　Part B　Let's read

板书设计：为了使课文脉络一目了然，帮助学生根据板书提示就能复述甚至背诵课文，教师将教材中具有对比性的内容：父母亲的工作地点、职业、上班出行的交通方式，两个小孩上学出行的方式及业余活动等一一对应呈现出来，形成对比。同时用简洁而清晰的文字有条理地展示出教学内容，用对比的方式勾勒出阅读材料。在板书中还醒目地指示出有关第三人称单数动词的使用特点，既完成了阅读教学，又巩固了本单元所学语言知识点，将语言学习生活化、情境化，达到了语言学习的目的。这样的板书加深了学生对课文内容的印象，突出了教学重难点，帮助学生掌握了课文内容，消化所学语言点，是教学很好的辅助。

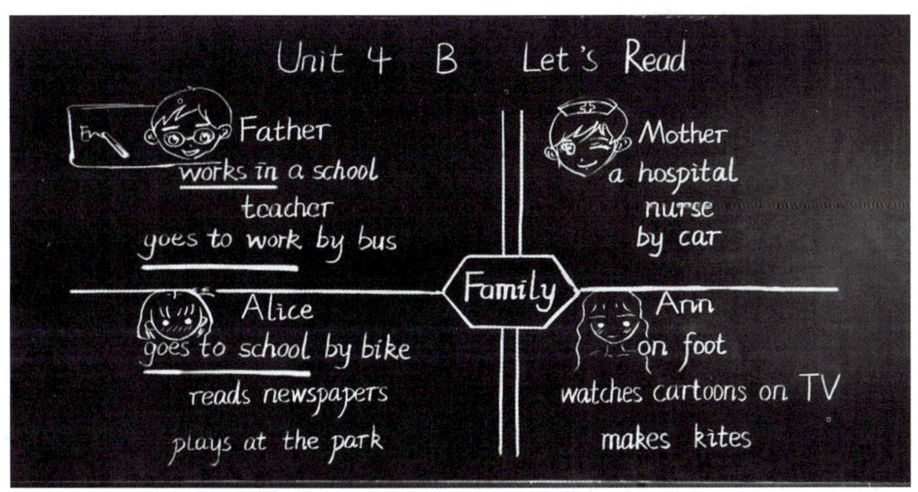

（三）图文式

图文式板书通常使用文字、符号、简笔画以及图表等共同完成教学内容的展示。中国汉字为象形文字，表意性很强，而英语单词是基于拉丁语系的语言，属于记音的语言，根据读音拼单词，因此对于小学生来说单词记忆比较抽象、相对枯燥且有一定的困难。而这个时期的孩子对图画等形象的东西较为敏感，兴趣较大，图画容易引起学生对学习内容的积极的注意倾向，并激起热烈而持久的情绪从而调动起他们的大脑系统，协调多种器官参与教学活动，从而实现学生由抽象到形象的认识。这种板书比较适合小学低年级的词汇教学，创设情境，直观效果明显，也可以很好地辅助阅读教学。

案例8-4

教学内容：人教版英语（三年级起点）四年级上册 Unit 4　Part A　Let's learn

板书设计：本单元以家为主题，本课时重点学习表示家里各个功能房间的词汇，教师首先画出了一个房子的轮廓，创造了学习的情境，并简单地配上了树、太阳，使整个板书顿时有了暖意，唤起了学生的情感。在学习新词时，将单词依次书写在对应图片下方，依托图画的直观性将词、义很好地融合在一起，方便且加深了学生的记忆和理解，当单词呈现完毕后，一个漂亮、温暖的家也跃然于黑板上，为之后的环节“介绍我的家”提供了有效支持，这样图文并茂、主题鲜明的板书不仅将其价值最大化了，还勾起学生对美好的家的向往，培养学生的情感意识。

［资料来源：石伟芬. 巧用板书 趣学英语——浅谈小学英语不同课型的板书设计［J］. 小学教学研究，2019（10）：71-73.］

（四）表格式

表格式板书是指将教学内容分成若干项并制成表格，然后逐项填写内容或采用交叉结构体现各部分内容之间的逻辑关系。表格可以由教师设计也可以由学生自己设计。如果由学生自己设计教师要注意给予一定的导向，其中的内容可以由师生共同填写也可以由学生分组或单独完成。表格式板书设计的优点是信息量大、条理明晰、通俗易懂，而且表现方式灵活，教师可以根据教学需要和学生特点自由进行多种编排。表格式板书可以用在词汇教学、句型教学、阅读教学等多种教学中。

教学内容：人教版英语（三年级起点）四年级上册 Unit 2　Part A　Let's talk

板书设计：本节课的教学重点是区分三个频率副词 usually、often、sometimes，并能在情境中正确运用这三个频率副词练习 How do you come to school? 的提问及作答。这是一节抽象的语言学习课，教师利用表格的形式则形象、清晰地展示了三个词的区别。首先将学生生活中经常出现的情景，周一至周五的上学交通方式用表格清晰且有条理地表示出来，同时将三种出行方式 on foot、by car 和 by bus 用简笔画的方式形象地展示出来，在表格中分别用不同数量的图画提示出行方式的频率，帮助学生形成直观感受。如频率较高的词 usually 使用了四个脚印的符号来表示，often 使用了三辆小汽车，最低频率的 sometimes 则用了两个一样的公交车或小汽车来表示。还特意将词汇 usually 与其对应图形用了相同的红色，often 与其对应图形用了相同的黄色，sometimes 与其对应图形用了相同的蓝色，通过板书的直观优势进一步引导学生注意到三个频率副词的使用特点。学生通过观察表格很容易根据教师设计的重点提示发现三个频率副词在概率上是有差异的，从而理解并归纳出三个频率副词的使用规律。这种表格式的设计使学生在熟悉的生活情境中形成语言感受，再充分地运用板书的双边活动原理，让学生在语境中进行对话练习，或单独汇报，或结合表格在同桌之间合作进行问答操练，从而实现语言在生活中的实践运用，在语境操练中培养和发展了语言交际能力。

（五）粘贴式

粘贴式板书在多媒体运用频繁的今天备受青睐，尤其是在小学英语教学中。教师将课堂需要讲解的内容事先以图片、卡片等的形式准备好，并做好充分布局，在课堂讲解过程中根据需要适时粘贴，呈现教学内容。粘贴式板书形象、生动、直观，有较强的视觉冲击效果，并且能够节约一定的课堂时间，提高课堂效率，比较受年轻教师的喜欢。这种板书也非常适合配合多媒体课件进行课堂展示。在内容较复杂的阅读、词汇教学中，粘贴式板书是不错的选择。

教学内容：人教版英语（三年级起点）五年级上册 Unit 6　Part A　Let's learn

板书设计：该课的课题为 *In the Forest*。该堂课教师的板书独具匠心，深刻挖掘了森林的特点来进行巧妙的设计。首先森林一词很容易使人将它与大自然发生联想，于是教师在板书中设计了各种与大自然相关联的东西。最细致的是该教师还抓住了各种相关物质形状和颜色的特点来完善自己的板书，根据 Forest 一词中各个字母的特点设计了相应的图画，f 对应的是森林，o 对应湖泊，r 对应小草，e 对应花，s 对应河流，t 对应山脉。这几幅图不仅蕴含了本课的 6 个新词 forest、lake、grass、flower、river、mountain，更让人联想到森林中的美景——湖光山色，红花绿草。在整个板书过程中，学生一直跟着教师思路走，注意力高度集中。同时它为学生插上了想象的翅膀，激发了学生的学习兴趣和热情，从而达到强化知识、增强记忆的效果。

［资料来源：邓秀华. 小学英语课堂板书有效性探析［J］. 湖南第一师范学院学报，2015，15（03）：13-16.］

（六）思维导图式

思维导图通常从中心主干向中心主题周围辐射相关分支，并用关键词或图形标记分支，然后利用颜色和字体的变化，将思维的过程和结果可视化，被称为“21 世纪全球革命性思维工具、管理工具、学习工具”。思维导图构架清晰，利于学生理解，能启发学生思维，帮助学生分析、记忆、消化所学内容，在小学英语教学中能起到事半功倍的效果。小学英语教学中很多地方可以使用这一类型板书，如词汇教学、阅读教学、口语教学和写作教学等。

案例8–7

教学内容：人教版英语（三年级起点）五年级下册 Unit 2　Part B　Let's learn & Ask and answer

板书设计：本单元的主题为 seasons，本课重点通过情境交流了解他人喜欢的季节以及原因，帮助学生展开话题，提高英语语言表达能力，同时培养学生热爱大自然的情感意识。在本单元之前的学习中学生已经掌握了有关四季的英文表达，学生根据他们的生活经验也能很好地总结出四季的基本特征，利用这些已有条件，教师可以用思维导图的特点设计思维导图式板书。由中心主题词 seasons 向四周辐射出 spring、summer、autumn 和 winter 四个次主题，也就是二级分支。再引申出三级主题 warm、hot、cool 和 cold。再由这些三级主题引申出喜爱这些季节的理由。每级分支使用了相同色彩的图示和词汇，这样的板书在给学生提供清晰思路的同时，更重要的是启发了学生的思维，扩展了语言表达思路，为学生进行情境交流提供了更多语言素材，帮助学生克服了由于思维局限而带来的常见的语言表达不足也就是学生通常感觉到的无话可说的困境，这是提高学生学习素养非常重要的手段。同时板书中心用爱心图案圈出本课主题词汇 season 也激发了学生对大自然的热爱，完美实现了本节课的三维目标。

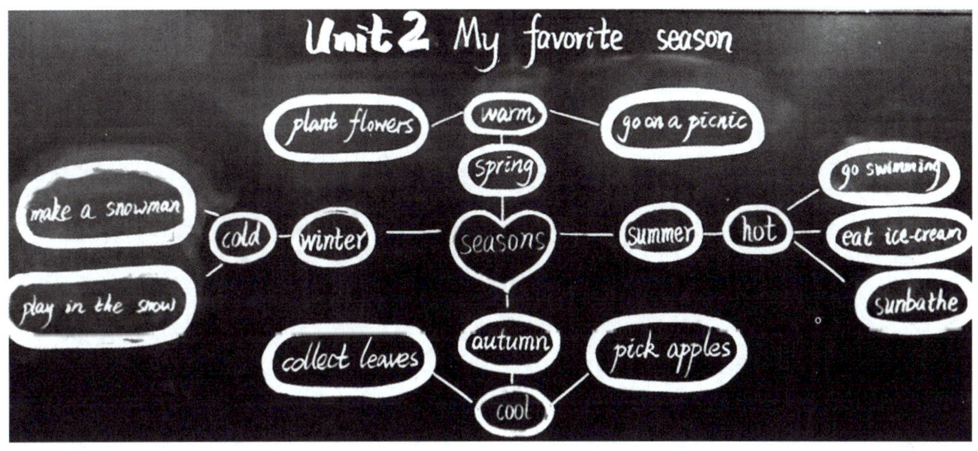

板书的种类多种多样，除了以上介绍的几种外还有许多，比如线索式、简笔画式、趣味式、关键词式等。随着信息化的迅猛发展，学生们的思维、知识储备都发生着日新月异的变化。身处这个时代的教师必须“武装到牙齿”，才能满足学生需求，真正实现自己的价值。传统的板书必须在原有的基础上融入时代的元素，才能发挥出它在小学英语教学中独特的魅力；

教师也必须在教学中不断积累经验，在生活中不断学习，拓宽视野，才能充分利用好板书这一教学“利器”。

本章知识结构导图

- 小学英语教学课件设计与板书设计
  - 小学英语教学课件设计
    - 小学英语多媒体课件的类型
    - 小学英语教学课件设计的原则
    - 小学英语教学课件设计的过程
  - 小学英语教学板书设计
    - 小学英语教学板书的作用
    - 小学英语教学板书设计的原则
    - 小学英语教学板书设计的案例

知识点检测

1. 请设计制作一个以文章教学为主的多媒体课件。

2. 多媒体课件制作中，有些图片、视频、音频等不能顺利置入课件怎么办？

3. 小学英语板书设计的原则及类型有哪些？

4. 请结合实际教学，进行一堂阅读课和一堂口语课的小学英语板书设计。

参考答案

第九章

小学英语教师应具备的专业素养

学习目标

- 了解小学英语教师应具备的教育教学理论知识。
- 了解小学英语教师应具备的语言知识与教学能力。

案例导入

师范生小李，顺利通过招教考试，怀着对教育事业的热爱和满腔的热情走上了小学英语教学工作的岗位。按照学校领导的安排，小李和经验丰富的张老师共同承担小学三年级的英语教学工作。小李老师认真阅读教材，查阅资料，精心备课，一学期下来，小李的教学效果却不如张老师。不仅如此，与自己小时候相比，现在的小学生的心理状态发生了很大的变化。这些问题，使小李感到非常困惑。

案例分析：上述案例中，小李的教学理念没有发生改变，依然沿用自己老师的教学方法，而且对小学生的心理缺乏了解。不仅如此，她对小学英语教材把握不准，导致教学效果不佳。英语教学理念的形成是以英语教育理念为前提的。因此，学习和掌握英语教学的基本理论，了解小学生的心理状态及相关的教育学知识对提高小学英语教师的核心素养，提高英语教学效果具有重要的意义。

第一节 小学英语教师应掌握的教育教学理论知识

“我们的学生置身于全球化、信息化、智能化的新时代，面对一个富有挑战的世界和不确定的未来，这对我们的教育提出了新的要求”（梅德明，2019）。《标准》确立了“立德树人”的根本任务，英语学科的四大核心素养是落实“立德树人”教育总目标的重要保证（屈凌云、魏静静，2019）。我国学者历经几年探索，对于英语核心素养的内涵界定有了明确的认识。

培养学生核心素养的主要目的：（1）全面贯彻党的教育方针，落实“立德树人”的根本任务；（2）适应世界教育改革发展，提升我国教育国际竞争力；（3）全面推进素质教育，适应教育领域综合改革。小学阶段是英语教育中的基础性阶段，是英语教育大厦的重要基础部分，也是小学生意志、情感、思维、想象、感知等能力发展的关键时期。英语核心素养是影响学生全面发展的重要因素。因此，核心素养的培养只有从小学抓起，并将其渗透小学英语教育的各个方面，才能为将来培养出更多社会需要的高素质人才打下坚实的基础。因此，了解和学习英语教学的基本理论，掌握一定的教育学、心理学知识对提高小学英语教师的专业素养，提升英语教学效果具有重要的意义。

美国教育家 Person 和 Shulman 认为，优秀教师的知识结构包括四个方面：（1）学科知识（Knowledge of content），就是英语语言和文学知识；（2）教学内容知识（Pedagogical content knowledge），就是语言教育和语言教学知识；（3）一般教学知识（General Pedagogical knowledge），即教育学和心理学通识知识；（4）Knowledge of learners and learning，即了解学习者和学习（李静纯，2016）。这四方面的感性知识来源于教学实践，而理性知识来源于专业阅读。作为小学英语教师，必须树立终身学习的意识，不断提升自己的理论素养和专业素养，转变教学观念，调整知识结构，进行有效教学。

为顺应课程改革的要求，培养合格的小学英语教师，提高英语教师的专业素养，还需要从以下几个方面做起：首先，作为小学英语教师，应保持职业情怀，提升文化品格。“外语教学应该培养学生具有一种开放的心态、包容的态度”（龚亚夫，2012）。[①] 其次，教师应该具备扎实的专业素养，不断提升专业水平和课堂教学能力。再次，要保持专业之树常青，面对不确定性因素的教育环境，教师要善于在教学中发现问题，开展各类教学研究，向专家讨教，向同行中优秀教师学习。最后，教师要保持一种主动热情的姿态，创设一种包容、鼓励的课堂环境，培养学生的良好思维品质，期待学生在课堂的优秀表现（施丽华，2019）。

教师资格考试是贯彻落实《国家中长期教育改革和发展纲要（2010—2020）》的重要举措，是依据《教育部关于开展中小学和幼儿园教师资格考试改革试点的指导意见》（教师函〔2011〕6 号）和《教育部办公厅关于 2012 年扩大中小学教师资格考试改革和定期注册制度试点工作的通知》（教师厅〔2012〕1 号）文件开展实施的考生项目。根据文件精神，我国除内蒙古、新疆和西藏外，其余省份全部实行教师资格全国统一考试，不管是师范类专业的考生还

---

① 龚亚夫. 论基础英语教育的多元目标——探寻英语教育的核心价值［J］. 北京：课程. 教材. 教法，2012（11）：26-34.

是非师范类专业的考生，要想成为一名教师，就必须参加教师资格考试。教师资格考试是对教师能否从事小学英语教师的一次全面的检测。因此，本节内容结合教师资格考试科目的教育教学能力部分，介绍外语学习理论、外语教学理论及教育学和心理学的相关内容。

一 外语学习理论

（一）二语习得理论

1. 对比分析

对比分析理论是指在学习外语的过程中，研究母语学习与外语学习在语音、词汇、语法等方面的差异，预测学习者可能遇到的困难，在外语教学中，有的放矢，重点讲解，从而促进外语学习。“如果教师已经把外语与学生的母语进行了比较，就能更清楚地知道真正的问题所在，也能为教授这些难点做好准备”（Lao，1957）。但实际情况却不是这样。这就说明对比分析不能解释人们在学习第二语言时出现差异的原因，但可以运用对比分析的方法进行小学英语词汇、句子等的教学。外语教师要善于对比分析英汉两种语言，发现相似和相依之处，预测小学生学习英语的困难之处，有的放矢地组织教学。

通过对比教授单词

（The teacher shows two pencils to the students，one is long，the other is short.）

T：Look，I have a pencil. It's long. Now read after me. It's long.

Ss：It's long.

T：Look，I have a pencil. It's short. Now read after me. It's short.

Ss：It's short.

T：Good. Do you have long pencil?（The teacher asks a boy）

S：No，I don't. I have a short pencil.

案例分析：案例中，教师采用实物教学，教授英语单词 long 和 short。采用实物对比的方式进行教学，句子中显示的语法规则即句子顺序与汉语中的对等规则十分相似，便于小学生理解。

2. 错误分析

现在，第二语言习得研究开始把第二语言习得错误同儿童习得母语时的错误进行对比。对于小学生在英语学习中的错误，根据错误的类型，可采取不同的纠错方式，主要有教师纠错、学生纠错、同伴纠错以及全班同学纠错等。一般来说，教师间接纠错相比教师直接纠错，更能避免伤害小学生的自尊心。间接纠错的方式主要有重复问题句子，运用升调朗读、运用面部表情或手势等引起学生注意、提醒学生错误所在。

启发学生自主纠正错误

T：Can you tell us something about your father，Tom？

Tom：My father is 40 years old. He is very high. He is a doctor. He works in our City Hospital…

T：Oh，good. Very good，Tom. You said your father is very high？What word can we use instead of high？

Tom：Yes，tall. He is tall.

T：Very good，Tom.

案例分析：这里，教师并没有直接指出错误，但是他通过提问学生有没有其他替换词来描述人物的身高，引起学生的注意，使学生意识到错误，达到启发学生自主纠正错误的目的。

（二）语言学习的关键期理论

一切正常的儿童不用正式教授就能成功地学会母语，但是学习外语时，人们的学习速度比较慢，最后达到的水平也不如母语的水平，出现这种情况的原因是什么？学习外语的过程与习得母语的过程是否相同？这些问题已经被探讨多年，但仍未彻底解决。

这些问题表明，儿童习得外语时的过程和环境与学习母语不完全相同。儿童学习母语比较自然，在使用母语的环境下学习，而学习外语时则不是这样。由于学习外语和学习母语的环境不同，导致学生学习外语的速度不同，学习外语的速度要比学习母语的速度慢得多，最终使外语水平大大低于母语水平。学习任何语言，最理想的开始年龄是在关键期结束之前，因为那时的大脑仍保持着灵活性。学习者的认知发展已比较成熟，能对语言系统进行分析，同时又对学习语言不感到拘束。

二语习得或学习中是否存在着“临界期”的问题，研究者们对此存在着分歧。结论指出，不论是成年人还是儿童，其学习动机、自信心以及学习的环境都比年龄对语言学习成败的影响更加重要①。在英语学习中，年龄通常是与社会、心理和教育等其他因素共同作用而影响英语

① ［英］马丁·韦德尔（Wedell，M.），［中］刘润清. 外语教学与学习——理论与实践（英汉对照）［M］. 北京：高等教育出版社，1996.

学习的总体水平的。

（三）建构主义学习理论

建构主义也称结构主义，由瑞士学者皮亚杰（J. Piaget）首倡。该理论认为个体的认知发展与学习过程密切相关。建构主义倡导在教师指导下以学习者为中心的学习，也就是说，既强调学习者的认知主体作用，又不忽视教师的指导作用（王铭玉，2008）。

二 外语教学理论

20 世纪以来，语言学习和教学主要受四种不同的语言观的影响，即结构主义语言理论、功能主义语言理论、交互语言学习理论、儿童语言习得理论。

（一）结构主义语言理论

结构主义语言观明确地将语言研究分解为语音、词汇和语法。将语言能力明确地分解为听、说、读、写 4 项技能。他们认为学习语言，就是学习这些语言结构和技能。结构主义语言观主要关注词汇和语法的教学。在语法方面，强调单词按照语法规则如何组成句子，但它不能解释语言是如何作为交际工具来使用的。

用实物教读单词

T：OK，look，I have some toys here. Now，boys and girls，what's this?

Ss：Teddy bear.

T：Can you spell “Teddy bear”?

Ss：T-e-d-d-y Teddy，b-e-a-r bear.

案例分析：教师让学生拼读单词的做法实际上体现了教师的结构主义语言观，注重单词的结构组成。

（二）功能主义语言理论

20 世纪 60 年代，为了满足学生交际的需要，功能意念大纲被提出。功能主义理论学家认为，语言不仅是一种交际的工具，而且具有某种功能：请求，建议，道歉，暗示等，因此，学生学习语言，就是为了能够学会用语言做事。为了体现语言的功能，学生需要知道如何把语法规则和词汇结合起来表达功能和意念。

运用猜谜和实物教单词

T：Now, let's play a game. Please listen to me carefully. You can drink it.（边说边用手势表示"drink"的意思）. You can find it at home. It is no color and no taste. And you can drink when you feel thirsty. What is it?（重复表达一次）What is it? Can you tell me, Wang Wei?

Wang Wei：Is it a juice?

T：A juice? No. Please look at me.（出示一杯水）Boys and girls, is this a juice?

Ss：No. What's this?

T：A cup of water. Water.（板书单词 water）Water is no color and no taste. We can drink it every day.

案例分析：案例中的教师运用猜谜和实物相结合的方法进行英语词汇教学，教师没有就单词教单词和进行反复的朗读，而是通过学生已学的语言知识描述 water 的外观（It is no color and no taste）和功能（We can drink it every day）。

（三）交互语言学习理论

交互式语言理论学家认为语言是一种交际的工具，其主要作用在于建立和维持人们之间的社会关系。因此，学生不仅需要了解语法和词汇，更重要的是学会在某种交际情境中如何使用语言。在课堂教学中，教师应该营造和谐、积极、平等的气氛，具有处理和协调人际关系的才能。

学生在交互中学习词汇

(The teacher is trying to teach a sentence.)

T：Look, I have a pencil. Tom, hold up your pencil.

Tom：(does not know what to do.)

T：Everyone, what's this?

Ss：A pencil.

T：Boys and girls, look at me.（The teacher is holding up the pencil.）Hold up your pencil。

Ss：(Hold up their pencils.)

T：Tom, hold up your pencil.

Tom：(Hold up his pencil.)

案例分析：很明显，在本案例中，教师试图让 Tom 拿起自己的铅笔，但 Tom 似乎对句子不太理解。教师通过反复示范提示、与全班同学互动等方式，使 Tom 自己明白句子的意思。

（四）儿童语言习得理论

小学英语教学的对象是小学生，教学内容主要包括词汇、语篇、对话等。教师只有先了解语言学习理论，遵循儿童身心发展的规律，才能科学设计教学。关于儿童语言习得理论的观点主要有环境论、先天决定论、认知论等。

如何教水果

T：What's your favourite fruit, Mary?

S1：My favourite fruit is apple.

T：Why?

S1：Because it's round and red. It looks nice.

T：Oh, because it's round and red. Is the pear your favourite fruit, Tom?

S2：Yes.

T：Why?

S2：Because it's round and yellow.

T：Oh, it's round and yellow. Do you know what is my favourite fruit? Guess.

S3：Watermelon?

T：Watermelon? No. Grape? Yes, of course. My favourite fruit is grape. Do you know why?

S3：It's round and purple!

T：So I like grape very much.

案例分析：该案例中，老师通过启发性的问题，开放性的有意义的问题，反复询问，在学生一次次的重复回答中，练习了水果的名称、颜色及有关形状的单词，给学生适当的刺激，达到了良好的教学效果。

学生在语境中学习单词的使用

T：What can you give to a turtle?

Ss：A scarf.

T：Good，why?

Ss：Because it has a long neck. It feels cold.

案例分析：案例中，教师注重创设情境进行教学，即启发学生注意单词 scarf 在 It feels cold 语境中的使用。①

三 教育学和心理学知识

小李是一名刚开始从教的小学英语教师。在小学英语教学过程中，为了培养小学生学习英语的兴趣，小李在每一次教学中都精心设计了游戏、歌曲、舞蹈等丰富多彩的课堂活动，但学生参与的积极性却不高，而且孩子们对她的课也不太喜欢。一学期结束，小李的教学效果并不理想。小李感到迷茫，无所适从。

案例分析：小学生还处于英语学习的初步感知阶段，对于较为高深抽象的语法知识可能完全无法理解，他们往往对有趣味的小故事、旋律轻快优美的儿歌、色彩鲜艳的图片和颇有趣味的小游戏有较高的兴趣，也会投入较多的注意力。教师应该了解小学生的心理特点，具有一些教育学和心理学知识，设计符合他们年龄特征和心理特征的教学任务，同时还要考虑他们已有的知识和能力水平。

（一）教育学知识

教育学是揭示教育规律，研究教育原则和方法，探索如何培养人和教育人的科学。现代教育学在理论上不断完善，外语教师要掌握并充分利用这些人类教育的精华，应努力学习新经

---

① 王蔷. 小学英语教学法教程［M］. 北京：高等教育出版社，2003：180.

验，不断改进自己的教学。教育观是人们对教育所持有的看法，它既受社会政治、经济制度的制约，又受人们对教育要素不同观点的影响。

以全面提高全体学生的基本素质为根本目的的素质教育，是以尊重学生主体性和主动精神，依据人的发展和社会发展的实际需要，注重开发人的智慧潜能，注重形成人的健全个性为根本特征的教育。思想性和时代性是素质教育的本质。素质教育是我国教育界在迈向 21 世纪的过程中提出的一种新的教育思想，是一种新的教育价值观，一种新的教育境界。第一，素质教育是以提高所有公民素质为根本宗旨的教育。第二，素质教育倡导人人都有受教育的权利，因此，素质教育不同于应试教育。第三，素质教育是促进学生全面发展的教育。素质教育必须遵循“立德树人”的总目标，促进学生全面发展。第四，素质教育是促进学生个性发展的教育，教育还要尊重并充分发展学生的个性。第五，素质教育是以培养创新精神和实践能力为重点的教育，必须培养具有创新精神和实践能力的新一代人才，这是素质教育的时代特征。校园文化对于学生素质的形成具有潜移默化的作用，因此，应营造良好的校园文化氛围，开展多种有益于学生身心发展的、学术的、文娱的、体育的活动，使学生受到良好的校园文化的熏陶，培养他们健康的心理（山香教师，2019）。

（二）心理学知识

心理学也与外语教学有着紧密的联系，但联系最为紧密的是外语教学心理学。外语教学心理学从语言的心理特征出发，研究掌握外语的过程。儿童心理学对儿童语言学习的规律有一个全面的分析。儿童天生具有好奇心，他们总是充满热情，表现出极强的参与活动的愿望。儿童可塑性强，擅长模仿，勇于尝试新事物，好奇心强，这些都是学习语言的优势。

1. 语言迁移理论

“迁移”（transfer）是一个心理学术语，指的是学习者已经掌握的知识在新的学习环境中发挥作用的心理过程。语言迁移，指一种语言的学习对另一种语言的学习产生的影响。语言迁移一般有正迁移和负迁移两种。正迁移对外语学习起促进作用，负迁移对外语学习起干扰作用。因此，在外语学习中应尽量利用正迁移，克服负迁移（田式国）。

2. 奥苏伯尔认知结构理论

戴维 · 保罗 · 奥苏伯尔（David Pawl Ausubel）根据新知识与原有认知结构的关系，将知识学习分为下位学习、上位学习和并列结合学习。小学英语教师在教学中，可以运用该理论进行词汇归类学习，便于小学生理解掌握英语单词。

3. 元认知理论

所谓元认知理论，是指个体将实践知识进行总结归纳之后，对认知活动如何运作的一种认识。该理论最早由美国心理学家约翰 · 弗拉维尔（John Hurley Flavell）于 20 世纪 70 年代提出。元认知是学习者对自己认知活动的理解。主要包括在认知活动中形成的情感、认知管理、认知调节等具体的认知过程。

4. 刺激-反应理论

华生和斯金纳是刺激-反应理论的代表人物，该理论属于行为主义范畴。该理论认为人的行为反应与所受到的身体内部的刺激或外部环境的刺激有关（刘爱华，2018）。因此，在外语教学中，教师要在课堂中创设情境，利用色彩鲜明的图片、角色扮演等方式进行教学，刺激学生大脑，延长小学生有意注意的时间，增强教学效果。

第二节 小学英语教师应具备的语言素养

一 英语专业基础知识

语言素养是英语教师必备的核心素养之一，其中语音素养和语法素养是十分重要的组成部分。作为英语教师，坚实的英语基础和良好的听、说、读、写技能是必备条件。准确流畅的语音语调、全面的语法知识、一定量的词汇、应付自如的听读技能和流畅得体的说写技能是最根本的要求（李观仪，2003）。提到英语教师的语言素养时，多侧重语言的表现力，多数都会提到“准确的语音语调”“语言的准确”“语言的变化性”“语言的艺术性、生动性、直观性”等（叶小芳，2007）。王笃勤（2018）提出英语教师的语音素养包括系统的语音知识和标准的语音语调，以及对各种语音差异的感知能力；语法素养则包括系统的语法知识、良好的语法能力和语言应用能力。本节重点讨论小学英语教师应具备的英语专业基础知识及其在小学英语课堂中的具体应用。

（一）语音知识

语言最主要的表述方式就是“说”，语音是“说”的外在表现，语音教学是小学英语教学的一个重要内容。小学阶段是学生英语语音培养的重要阶段，在这个阶段形成的语音习惯可能会长期影响学生的英语发音，有的甚至会延续终身。因此，语音知识的丰富程度、语音面貌的好坏，是评价小学英语教师的重要因素。

案例9-9

小李老师刚刚大学毕业走上工作岗位。在一次公开课上，他发现一个奇怪的现象：一位教师授课时，把 July［dʒʊˈlaɪ］多次发音为［juˈlaɪ］，这和他的一个同事发音一模一样，这让他很迷惑。后来，一次偶然的机会，他知道了那两位老师是同学，英语发音受同一位老师的影响。

案例分析：作为教师，语音问题影响的不只是自己发音是否标准，更会影响许许多多的学生，让他们形成错误的语音习惯。由于小学生对教师的崇拜和信任，以及小学处于英语语言学习的初级阶段，小学生自身的判断能力较低，小学英语教师对学生的影响力更大。在小学阶段一旦形成错误的语音习惯，可能会很难改变。

案例9-10

试讲题目	1. 题目： 2. 内容： water，tiger，sister，computer，dinner 3. 基本要求： （1）讲解 er 的发音规律 （2）设计相应的教学活动 （3）全英文试讲
答辩题目	1. 你打算如何教授低龄小朋友？ 2. 你觉得教小学生跟教中学生有什么不同？

（资料来源：http：//www. zgjsks. com/html/2019/linianzhenti_ 0518/376924_ 3. html）

案例分析：本课所学单词都以 er 结尾，因此本课教学中，让学生准确发音，并且培养学生的语音意识，熟悉字母组合 er 的发音是非常必要的。该试讲题目中要求讲解 er 的发音规律，对试讲教师有两方面的考核：一是要具备语音知识，明确了解 er 的发音规律，并能准确地进行发音示范；二是要具备一定的语音教学的基本方法。在小学英语教学中，语音教学应该通过大量的听音、反复模仿来进行，而不是简单地通过识记音标来学习，这也是小学生和中学生在语音学习中的差异。

案例9-11

试讲题目	1. 题目： 2. 内容： chicken, lunch, fish, sheep 3. 基本要求： （1）讲授 sh、ch 的发音规律 （2）全英文 10 分钟试讲 （3）适当板书
答辩题目	1. 如何让学生掌握所学的发音？ 2. 上课时，你的学生不能集中注意力听课，你会怎么办？

（资料来源：http：//www. zgjsks. com/html/2019/linianzhenti_ 0518/376924_ 4. html）

案例分析：本课教学内容为四个单词，每个单词均包含字母组合 sh 或 ch，因此 sh 和 ch 的正确发音为本节课的教学重点，也是教学难点。试讲基本要求第一条为“讲授 sh、ch 的发音规律”，试讲教师很容易走入音标教学的误区，给学生单纯地讲授其发音规律，并要求背诵，以此完成本教学内容。本节课围绕四个单词展开教学，语音教学穿插其中，教师可通过让学生听音、模仿学习单词的发音，再通过发音示范、口型及舌位演示准确发音，然后对容易混淆的字母组合 sh 和 ch 的发音通过设置对比发音练习进行纠错和巩固。整个教学活动不是以教师的讲解为主，而是以学生为主体，进行大量的互动实践。答辩题目中第一条“如何让学生掌握所学的发音？”实际是考查答辩人对语音教学的方法掌握情况，是对试讲过程中语音教学的一个总结和扩展。

案例9-12

教师通过自己的身体部位导入今天所学的单词 nose、face、head、hand，并通过图片帮助学生识记单词的意义。

T：Look at the card, this is nose. Read after me.

教师出示鼻子的图片，并指着图片下方的英文单词 nose 为学生领读。以同样的方法教授 face、head、hand。

让学生集体读单词，每个单词分别用升调和降调各读两遍。

用开火车方式让学生练习读单词。

在学生练习过程中，对于学生出现的发音错误，教师提醒学生注意，并发出正确的音让学生跟读。

案例分析：在本节课的教学中，教师采用实物、图片、游戏等方法进行教学，把形和义有效地结合起来，但是，本节课的四个单词中，“head、hand”属于易混淆单词，词形上只有一个字母不同，发音上一个是“[e]”，一个是“[æ]”。教师在进行词汇教学时，只是单纯地进行领读、跟读。当学生出现发音错误，教师也只是简单地示范，让学生模仿。因此，在后续的教学中，学生依然不断出现语音错误。究其原因，教师具备了语音知识，但是缺乏语音教学的技巧。

（二）语法知识

语法素养是英语教师语言素养的一个重要组成部分。教师应该具备语法知识，了解语法结构，能够用语言准确传达信息，表达情感、态度。同时，教师还应该具有良好的语言运用能力，即良好的理解能力和良好的表达能力，在课堂教学中，表达清晰、有序、准确，能够进行有效的交际和教学。

小学英语教学中，语法教学是重要内容之一。要想进行有效的语法教学，教师除了具备丰富的语法素养，还要了解语法教学的原则，掌握语法教学的方法。

案例9-13

试讲要求：

（1）全英文试讲

（2）讲解第三人称单数

（3）试讲时间：10 分钟

案例分析：本节课要求讲解第三人称单数，该语法现象在小学英语中非常普遍也非常重要。作为一种最基本的语法现象，该要求主要考查试讲人的语法教学方法，如何把一种最基本的语法现象以简单有效的方式让学生理解并学会应用。在试讲过程中，试讲人要关注小学生的心理特点，切忌直接给学生讲解语法规则和意义，应该注意创设有意义的语境，把抽象的语法通过实物、动作、图片等变得具体生动，让学生在语境中熟悉和应用该语法。

答辩题目：

（1）请谈谈什么是语法教学中的归纳法？

（2）请你谈谈这节课的教学重点是什么？

案例分析：答辩题目的第一个问题“请谈谈什么是语法教学中的归纳法？”考查答辩人对语法教学的基本方法的掌握情况。归纳法是小学英语语法教学中最常用的一种教学方法，其特点是先让学生大量接触该语法现象，即进行大量的输入，当输入达到一定的量，学生对于该语法有了一定的认识，再由教师引导学生对该语法现象进行归纳总结。答辩人可以简单地对归纳法的教学过程做一个介绍，并附一语法案例进行说明。

在三年级的一节课堂上，教师要帮助学生了解如何介绍自己的家人及其工作，涉及的句型有：This is my mother. She is a teacher. This is my father. He is a doctor. They are my little sisters. They are students. I am a student, too. 在教学的过程中，为了让学生准确应用 am、is、are，教师首先给学生讲了人称和数的变化，强调了第三人称单、复数的差异，然后，教学生顺口溜“我是 am，你是 are，is 用在他、她、它”。最后，老师举例，和学生一起应用 am、is、are 造句。

案例分析：本课教学中，教师讲解语法清晰、全面，但是忽略了学生的年龄特点和认知能力。首先，学生为 9 岁左右的孩子，认知能力较低，对于较长的叙述性的语言接受能力差，教师大量讲解语法规则，学生只是被动记忆，不能达到真正的理解。其次，语法讲解完后，教师没有给学生设置真实的语言环境，在真实的交际中练习语法，而是简单地进行造句，让学生进行机械练习，或者是单词替换，不利于学生对语法现象的真正理解及应用。在此案例中，教师具备了语法知识，但是缺乏必要的语法教学方法。

二 良好的语言表达能力

语言的学习，必须有足够的输入，才能有一定量的输出。在英语课堂上，教师要利用各种资源给学生提供大量的语言输入，教师自身的英语语言的应用，就是学生语言输入的主要来源之一。因此，扎实的语言表达能力是小学英语教师应具备的基本素质，教师语言的准确性、规范性、条理性、启发性等对教师的课堂教学有着重要的影响。

（一）良好的语言表达的特点

1. 条理清楚、逻辑性强

教师在课堂中的语言要条理清晰、逻辑性强。教学环节的实施，各个教学环节之间的过渡，都通过教师的语言组织和展开。条理清晰、逻辑性强的教师语言可以让教学活动更加顺畅。

案例9-16

T：Look！Here comes a rabbit. The rabbit can jump. Jump，jump，jump.（做动作、领读）The rabbit is jumping. Jumping，jumping，jumping.（领读）Can you jump?

S1：Yes，I can.

T：Show me，please.（一个学生学兔子跳）Yes，good. He is jumping。（引导全班同学说）

案例分析：教师通过图片、动作等帮助呈现新内容，教学语言简单直接，采用学生已知的句子 The rabbit can jump... 引出新句子 The rabbit is jumping，并通过动作帮助学生理解其意义，再通过“Can you jump?”设问，为学生创设真实的情境，应用本课重点句型。整个教学过程中，语言的应用条理清晰、层层递进、逻辑性强。

2. 语言富有启发性和引导性

小学英语课堂中，教师要通过语言来启发和引导学生，启迪学生的思维和想象，引起学生的思考。如果大量使用描述性的语言，学生会习惯性地等待教师告诉自己结果，不利于对学生思维品质的培养。

案例9-17

T：Who is the man?

S1：She is my father.

T：She is your father or he is your father.（老师说的过程中对 She 和 He 加强语气）

S1：He is my father.

案例分析：师生交流过程中，学生对 she 和 he 混淆，教师没有直接指出他的错误，而是重复学生的语言，对错误的词加强语气，并提供正确的语言，对错误的词的正确表示方式也加强语气，以此来提醒学生注意，自己发现错误，改正错误。

3. 语言富有韵律和节奏感

小学生的年龄特点和心理特点决定了他们的注意力集中时间较短，因此如何吸引小学生的注意力，引起他们的学习兴趣，是小学英语教师的一个难题。富有韵律和节奏的语言是吸引小学生的重要手段，声音的高低变化，语音语调的抑扬顿挫，可以有效地组织课堂，调动学生的学习兴趣。

王静是一名实习老师，在学校她是一名品学兼优的学生，二年级就过了英语四级和六级，获得了许多奖励，她对自己充满信心。成为实习老师后，她用心备课、讲课，学生们却总是昏昏欲睡。看着趴在课桌上的学生们，她既焦虑又伤心。一次偶然的机会，她听到学生们的谈论："王老师上课像念经，一听她说话就瞌睡。"她反思自己：在课堂上一直都是平铺直叙的语气，习惯于反复的讲解，没有语音语调的变化，声音总是保持在一个高度……

案例分析：丰富的专业知识是成长为优秀教师的基本条件，但是还需要专业技能的提升。科学合理的教学设计、灵活多样的教学方法、良好的语言表达等诸多因素都影响着教学效果。案例中，作为小学英语教师，王静虽然拥有了丰富的专业知识，但她忽略了小学生活泼好动、乐于变化的心理特征，在课堂上采用了讲授为主的教学方法，且语言单调，平铺直叙，容易让小学生产生厌倦心理。

4. 语言表述难易适中

教师对课堂教学语言难易程度的把握对学生的学习起着至关重要的作用。教师要依据学生的已有语言知识和语言技能来选择教学语言，这就要求教师必须熟悉教材，知道学生学过哪些词汇和句型，同时，教师还要了解学生，掌握学生的学习情况。Krashen 提出了"i+1"的原则，认为外语学习依赖于大量的语言输入，但这些输入必须是有效的。"i"指的是学生已有的知识和能力，"1"指的是学生要学习的新内容。该原则表明，如果给学生的输入太简单，就不能激发学生的学习兴趣，加强学生的学习动机，获得有效学习；如果输入难度过大，超出了学生的认知能力，学生不能接收教师的输入，这样的语言输入就失去了意义，也不能帮助学生获得有效学习。只有进行适度的语言输入，才能达到帮助学生学习语言的目的。

案例9-19

教学内容：人教版英语（三年级起点）三年级上册 Unit 1 *Hello!* 第一课时

T：Hello, nice to meet you. Look at the box, I have many things. What's this? It's a ruler. I have a ruler. Do you have a ruler?

Ss：…

案例分析：教师所采用的教学语言循序渐进，逻辑清晰。但是，本课为三年级第一节英语课，是系统学习英语的开始，教师的教学语言远远超出了学生的已有语言知识和语言能力，尽管教师表述很清晰，对学生依然是无效输入。

（二）教学语言的分类

小学教师应该能运用恰当合理的语言组织课堂教学活动，进行课堂提问和课堂评价。

1. 课堂组织与管理

教师对课堂的组织和管理通过语言进行，从课堂导入、热身到课堂中活动指令、学生分组，教师语言的运用对教学的顺畅展开和教学效果起着重要作用。进行课堂的组织和管理时，教师语言应该简单明了，能够让学生理解并按照要求执行。如果教师语言过于烦琐难懂，则加重了学生的负担，为教学的顺利进行增加了难度，同时，也浪费了小学英语课堂有限的教学时间。

案例9-20

在词汇的练习环节，老师组织进行“大小声”活动。

T1：I say red（大声），you say red（小声）. I say red（小声），you say red（大声）. OK? Let's do.

T2：If I say red loudly, you must say red lowly. If I say red lowly, you must say red loudly. Do you understand?

案例分析：本课所练习词汇为人教版（三年级起点）三年级上册第二单元内容，学生才刚刚接触英语，第一位教师使用简短的语言，并伴随着声音的高低示范，使小学生理解教师的指令。第二位教师直接使用英语发出指令，且英语句子较长，句法复杂，完全超出了学生的语言能力，故而这个指令对学生无效，活动无法开展。

2. 课堂提问

教师在课堂中的提问技巧是教师高水平教学技能的要求之一。难易适中的提问内容、灵活多样的提问方式、准确到位的提问时间是教师进行有效提问的重要因素。如果问题的难度过大，学生无法回答，则不能达到提问的目的；如果问题过于简单，学生很容易就能回答，则该提问没有意义；提问过多，引起学生学习兴趣和激发学生思考的效力有所降低；提问过少，不能有效了解和检查学生的学习效果。提问的方式可以根据提问的目的进行选择，如果只是检查学生对该知识的掌握情况，可以设计为简单的回答性问题；如果是想要了解学生对该语言技能的训练情况，则设计为主观性问题，学生可以自由发挥。

教授水果单词：apple、pear、orange、banana。(课堂导入环节)

T1：大家喜欢吃水果吗？想知道水果用英语怎么说吗？都知道什么水果呢？

T2：Look at the picture（出示四种水果的图片）. I like them very much. It's good for us. They have English names. What are they?

案例分析：本案例为课堂导入环节，第一位教师接连使用了3个问题，但是3个问题都对今天的教学没有实际的意义，且第三个问题为开放性问题，学生的回答可能超出教师的预计，容易使课堂变得混乱。第二位教师通过水果图片的展示，明确了教学内容，问题的提出和教学内容密切相关，又可以引导学生积极思考，尝试说出已知的水果英文名称。

3. 课堂评价

教师在教学中对学生的表现要进行及时有效的反馈，即通过语言进行评价，或者通过手势、表情、眼神等体态语进行评价。进行语言评价时，教师采用的语言要简单、准确、多样化，才能达到有效促进学生学习的目的。采用体态语进行评价时，体态语应该得体、到位、和学生有情感呼应，才能激起学生的求知欲，有效调节课堂氛围。

案例9-22

T：Now let's do an interesting activity together. I will show student 1 a picture, student 1 should say the season and tell us he/she like the season or not, why? And then, he/she can show student 2 a picture, he /she will tell us the season and he/she like the season or not, why? Student 3… Let's begin.

T：Look at this picture.

S1：It's summer. I like summer because I can eat ice cream in summer.

T：Good.

S1：Look at this picture.

S2：It's spring. I like spring because I can fly kites in spring.

T：Good.

S2：Look at this picture.

S3：It's winter. I like winter because I can make a snowman in winter.

T：Good.

案例分析：本案例中，教师在活动开始前，首先向学生说明了活动的展开方式，教师语言比较复杂，采用了长句子，不利于小学生的理解。在活动开展过程中，针对学生的表现，教师对每位学生都进行了评价，但是全部单一地使用“Good”，显得很笼统，并且随意，不能够起到鼓励学生、激发学生学习动机的作用。

本章知识结构导图

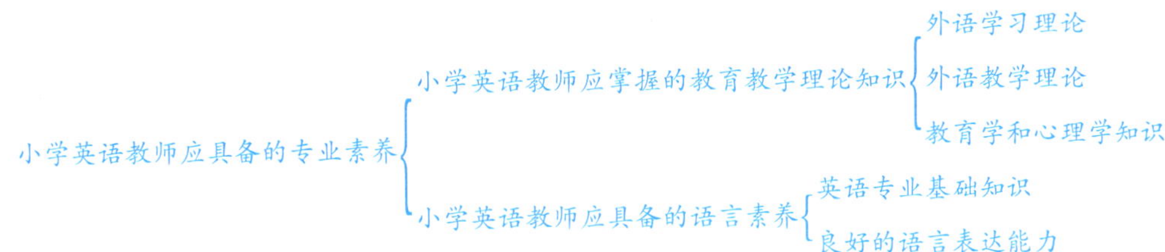

知识点检测

1. 小学英语教师应具备的专业素养有哪些？

2. 请结合教学实际，分析小学英语教师为什么要掌握一些基本的教育学、心理学知识。

参考答案

参考文献

[1] Brown, J. S, Collin. A & Duguid P. Situated Cognition and the culture of Learning Educational Research [J]. Journal of Education. 2013：19-21.

[2] 陈冬花. 小学英语教学设计 [M]. 北京：高等教育出版社，2015.

[3] 陈琳，程晓堂，高洪德，张连仲. 英语教学研究与案例 [M]，高等教育出版社，2007.

[4] 程晓堂. 核心素养下的英语教学理念与实践 [M]. 南宁：广西教育出版社，2021.

[5] 程晓堂. 义务教育课程标准（2022 年版）课例式解读小学英语 [M]. 北京：教育科学出版社，2022.

[6] 崔允漷. 论课堂观察 LICC 范式：一种专业的听评课 [J]. 教育研究，2012（5）：79-83.

[7] 范芳干. 小学英语语音教学的问题分析与思考 [J]. 英语广场，2016（01）：148-149.

[8] 教育部考试中心. 中国英语能力等级量表 [M]. 上海：上海外语教育出版社，2018.

[9] 胡潇译，胡海建. 英语交际教学法的教学路径与生成策略 [J]. 课程. 教材. 教法，2019（5）：121.

[10] 高媛媛. 谈如何开展小学英语的语音教学 [J]. 学周刊，2018（17）：69-70.

[11] 龚亚夫. 论基础英语教育的多元目标——探寻英语教育的核心价值 [J]. 课程. 教材. 教法. 2012（11）：26-34.

[12] 乐伟国. 小学英语精彩教学片段和课例赏析 [M]. 宁波：宁波出版社，2015.

[13] 林立. 新版课程标准解析与教学指导 [M]. 小学英语. 北京：北京师范大学出版社，2012.

[14] 黎茂昌，蓝卫红. 小学英语教学论 [M]. 武汉：华中师范大学出版社，2018.

[15] 林银芝. 浅谈小学英语语音教学 [J]. 中国校外教育中旬刊，2012（01）：106.

[16] 刘爱华，英语听力教学及测试研究 [M]. 北京：中国商务出版社，2018.

[17] 卢福波. 小学英语教学活动设计案例精选 [M]. 北京：北京大学出版社，2012.

[18] 鲁子问. 小学英语教学设计 [M]. 上海：华东师范大学出版社，2017.

[19] 罗晓杰，张璐，洪艳. 小学英语优质课例：新设计，新说课 [M]. 上海：华东师范大学出

版社，2019.
[20] 潘洁. 国际音标与自然拼读法在小学英语语音教学中的应用［D］. 上海：上海师范大学，2017.
[21] 曲景萍. 浅析小学英语语法教学几点体会［J］. 情感读本，2018（20）.
[22] 曲娜娜. 情境教学法在农村小学英语教学中的应用研究［D］. 石家庄：河北师范大学，2019.
[23] 王电建，赖红玲. 小学英语教学法（第三版）［M］. 北京：北京大学出版社，2018.
[24] 王笃勤. 中小学英语教师语言素养调查研究［J］. 基础外语教育，2018（02）：25-34.
[25] 王丽春. 小学英语教学技能［M］. 上海：华东师范大学出版社，2012.
[26] 王萱. 小学英语［M］. 北京：北京师范大学出版社，2010.
[27] 王容花，江桂英. 多模态外语教学：图文资源的整合——以人教版小学英语教材中故事部分为例［J］. 基础教育，2015（6）：84-90.
[28] 邢家伟. 小学英语课程与教学［M］. 北京：教育科学出版社，2013.
[29] 曾燕虹. 英语教学游戏设计与运用［M］. 广州：广东高等教育出版社，2012.
[30] 张蕾. 浅谈语音教学原则和方法［J］. 教学探讨，2014，32（23）：64-65.
[31] 中公教育教师资格考试研究院. 国家教师资格考试——教育教学知识与能力［M］. 北京：世界图书出版公司，2019.
[32] 中公教育教师资格考试研究院. 教育教学知识与能力历年真题及标准预测试卷. 小学［M］. 北京：世界图书出版公司，2019.
[33] 褚琴伟. 浅谈三年级英语的拓展教学［J］. 学周刊，2014（08）.

后 记

本教材立足于专科层次小学英语教师和全科教师的培养，以专业认证为指导，倡导以学生为中心，注重学生的实践能力的培养，突出教材的科学性、针对性和实用性。

本教材共 9 个章节，按照 72 学时设计，三年制大专可在二年级开课，五年制大专可在四年级开课。主要编写思路如下：

一、本教材是全国专科层次小学教师培养规划教材之一，教材内容凸显产出导向，以大量具体的案例进行引导，把抽象的理论转换为具体的教学案例，让学生进行思考和练习。

二、适度介绍英语教学及英语学习理论，满足学生理论学习的需求；结合课程标准及教师资格考试，满足学生知识和技能的学习需求。

教材的编写人员为英语教学研究领域经验丰富的大学教师和中小学优秀教师。具体编写分工如下：第一章、第四章第三节及第九章第二节由陇南师范高等专科学校姚小淑执笔；第二章第一节第一部分及第二节第一、二、三部分由衡阳幼儿师范高等专科学校王芳幼执笔，第一节第二、三、四部分由衡阳幼儿师范高等专科学校刘梅香执笔，第二节第四、五、六部分由淄博师范高等专科学校刘晓霞执笔；第三章第一、三节由娄底幼儿师范高等专科学校王修文、何怡度执笔，第二节由湘中幼儿师范高等专科学校黄明洁、杨婕、刘孟云执笔；第四章第一、二节及第七章由陇南师范高等专科学校附属实验学校刘娟丽执笔；第五章第一节由淄博师范高等专科学校边俊执笔，第二节由湘南幼儿师范高等专科学校龙程执笔，第三节由湘南幼儿师范高等专科学校黄明香执笔；第六章第一节由永州师范高等专科学校王雅梦执笔，第二节由永州师范高等专科学校唐飞云执笔；第八章第一节由怀化师范高等专科学校李泽民执笔，第二节由怀化师范高等专科学校张臻执笔；第九章第一节由陇南师范高等专科学校杨桂琴执笔；附录 1、附录 2 由成县第一中学李敏完成（见封底二维码）。全书由姚小淑设计、修改并定稿，由首都师范大学李文岩教授审稿。

本教材是在湖南省教育厅教师工作与师范教育处的指导下组织编写的，在教材的编写过程中，我们参考和借鉴了大量的国内外相关研究，首都师范大学李文岩教授给予了大量的建议和意见，同时，得到了湖南大学出版社和陇南师范高等专科学校的大力支持，在此一并表示感谢。

姚小淑

2023 年 8 月